本书属于教育部人文社会科学研究规划基金项目"新时代中国特色乡村治理体系现代化研究"（项目编号：19YJA710031）

新时代中国特色乡村治理体系现代化研究

Research on the Modernization of Rural Governance System with Chinese Characteristics in the New Era

邱春林◎著

人民出版社

目　　录

导　论 ……………………………………………………………… 1

　　第一节　研究现状综述 ………………………………………… 1

　　第二节　研究意义方法和目标 ……………………………… 13

　　第三节　研究内容和创新 …………………………………… 16

第一章　新时代乡村治理体系现代化的理论溯源 …………… 18

　　第一节　治理理论的发展与概述 …………………………… 18

　　第二节　马克思主义关于乡村治理的理论概述 …………… 36

　　第三节　中国传统乡村治理的历史演进与启示 …………… 51

第二章　中国特色乡村治理体系发展的实践剖析 …………… 62

　　第一节　中国特色乡村治理体系发展的基本历程 ………… 62

　　第二节　中国特色乡村治理体系发展的主要成效 ………… 87

　　第三节　中国特色乡村治理体系现代化问题分析 ………… 119

第三章　新时代中国特色乡村治理体系的基本框架与逻辑理路 …… 132

　　第一节　新时代中国特色乡村治理体系的基本框架 ……… 132

　　第二节　新时代中国特色乡村治理体系现代化的逻辑理路 ……… 148

第四章　新时代乡村治理体系现代化的中国特色与基本经验 ·········· 165

　　第一节　新时代乡村治理体系现代化的中国特色 ············· 165

　　第二节　新时代乡村治理体系现代化的基本经验 ············· 173

第五章　新时代中国特色乡村治理体系现代化的实现路径 ·········· 184

　　第一节　新时代乡村治理组织体系的完善与现代化 ·········· 184

　　第二节　新时代乡村治理内容体系的完善与现代化 ·········· 193

　　第三节　新时代乡村治理运行体系的完善与现代化 ·········· 202

　　第四节　新时代乡村治理保障体系的完善与现代化 ·········· 208

第六章　中国特色乡村治理体系现代化之路 ················· 219

　　第一节　始终坚持以党的领导为本 ··················· 219

　　第二节　始终坚持以农民为主体 ···················· 220

　　第三节　始终坚持以理论创新为引领 ·················· 221

　　第四节　始终坚持与时俱进,实现两个转变 ··············· 223

附录:新时代中国特色乡村治理体系现代化调查问卷 ············ 225

参考文献 ··································· 229

导　　论

在中国,谈到国家治理,乡村治理在这其中无疑是不可或缺的重要内容,也是基础所在。中国传统上是一个以农业为主的国家,在国家积极实施乡村振兴战略、推进乡村建设行动的时代背景下,探索通过构建乡村治理新体系,提升乡村治理能力,实现乡村治理的创新并向现代化转型,这既是满足国家治理的现实要求,又是切实维护人民群众的基本权益与利益的现实需求,也是一个重大理论问题和现实命题。乡村治理现代化的实现程度与国家治理现代化实现程度是一体的不可分割的现实进程,更关乎党执政基础的巩固。习近平总书记在党的十九大报告中,首次提出要构建自治、法治、德治相结合的现代乡村治理新体系,无疑,这是我们党在新的历史方位上对乡村治理做出的重大决策部署和崭新安排。

第一节　研究现状综述

中国共产党成立 100 多年来,无论是在新民主主义革命、社会主义革命和建设时期,还是在改革开放以来,特别是新时代以来,中国共产党始终坚守党的初心和使命,对乡村治理都给予了高度关注和重视。习近平总书记在庆祝中国共产党成立 100 周年大会上代表党和人民庄严宣布:"经过全党全国各族人民持续奋斗,我们实现了第一个百年奋斗目标,在中华大地上全面建成了小康社会,历史性地解决了绝对贫困问题,正在意气风发向着全面建成社会主义现代化强国的第二个百年奋斗目标迈进。"①毋庸置疑,这一伟大成就是史无前例的,在人类反贫困史上也创造了新的奇迹。在这一基础上,对建党100多年来我国乡村治理变迁的基本历程、基本经验及其发展进行系统梳理与研究,无疑对新时代我们进一步推进国家治理体系和治理能力现代化具有重要现实价值和意义。梳理当前学界研究现状,可看出对新时代中国特色乡村治理体系现代化的研究与当前推进国家治理体系和治理能力现代化现实需求还不匹配,与我们倡导的推动人类命运共同体建设、推动全球治理体系的改革与完善的现实需要还不匹配。

一、国内研究现状

(一)关于乡村治理模式研究

关于乡村治理模式的研究,目前学界观点纷纭,分别从不同视角出发提出其相应观点,如俞可平从国家治理的角度提出了善治模式;吴理财通过分析研究中国农村治理60年的发展轨迹,提出了综合模式;徐勇提出的农村能人模式和"县政、乡派、村治"的构想;贺雪峰指出了中国农村治理中长期存在"三个主题";戴玉琴提出了农村治理模式变迁论;朱天奎提出了重新整合论等。针对转型期农村社会治理,于水提出了一种新的模式,即所谓"有限主导——合作共治"的乡村治理模式②。郑晓华、沈旗峰等人从社会主体建设、资本建设、秩序建设和权利建设等相关维度对浙江省 A 市个案进行了个案解剖与分析,认为,可以通过创新地方基层治理来进一步拓展开

---

① 习近平:《在庆祝中国共产党成立 100 周年大会上的讲话》,北京:人民出版社 2021 年版,第 2 页。

② 于水:《"有限主导——合作共治":未来农村社会治理模式的构想》,《江海学刊》2013 年第 3 期。

辟基层治理的实践路径①;胡洪彬则通过桐乡市乡镇社会治理的"三治合一"这一个案的分析研究,对其中的治理主体、工具和过程进行了详细梳理②;卢海燕也是从个案的角度出发,对德清县的"自治、法治、德治""三治一体"治理个案实践提出了一些新的优化路径。③ 此外,孙涉在对农村治理方式进行了研究后,认为农民作为乡村治理的基本治理主体之一,农民的有效参与可以实现乡村治理的质变。④ 张蓉则以北京郊外的马连洼村为个案作了探索分析,认为随着农村经济社会发展,农村逐步出现阶层分化,并产生内部矛盾,解决这种矛盾显然需要通过完善农村治理结构入手。⑤ 这些观点很大程度上反映了中国乡村治理的探索与实践取得较新的理论成果。

（二）关于乡村治理基本历程研究

学界关于乡村治理创新发展基本历程的研究目前主要集中在对其进行阶段性研究与梳理。如新中国成立 70 年来乡村治理历程困境与展望(刘丰华,2019);马池春对中国乡村治理 40 年变迁与经验进行了总结(马池春,2018);杨丹伟对抗日战争与乡村社会治理模式的变迁进行了探讨(2004);吕德文则从国家治理现代化的视角对乡村治理 70 年进行了梳理(2019);冯石岗对新中国成立以来我国乡村治理模式的变迁及发展趋势进行了分析(2014);龚思则对中央苏区的乡村治理实践进行了比较系统的梳理和研究(龚思,2017)。

---

① 郑晓华、沈旗峰:《德治、法治与自治:基于社会建设的地方治理创新》,《马克思主义与现实》2015 年第 4 期。

② 胡洪彬:《乡镇社会治理中的"混合模式":突破与局限—来自浙江桐乡的"三治合一"案例》,《浙江社会科学》2017 年第 12 期。

③ 卢海燕:《论发展和完善地方治理体系——浙江省德清县"三治一体"的经验及其改进路径》,《中国行政管理》2017 年第 5 期。

④ 孙涉:《新农村建设中的农村基层社会治理创新》,《中共南京市委党校学报》2008 年第 2 期。

⑤ 张蓉:《从管理体制的变迁看京郊村落的发展——马连洼村的个案研究》,《北京社会科学》2008 年第 6 期。

（三）关于乡村基层治理主体研究

学界对乡村治理主体的研究,侧重点有所不同。刘丽等认为,在目前乡村治理中存在多元治理主体(2009);党国英认为"乡村治理主体不外乎乡政府、其他乡村权威机构"(2013);张艳娥从宏观和微观的角度对其进行全面的分析(2010);苏敬媛认为"乡村治理主体还包括村庄内部各种得到村民认可的权威组织机构"(2010)。有学者认为在以前我们对农村治理主体或者说治理角色的认识与理解,一般来说就是停留在"干部—群众"这个层面,而现在乡村治理形势发生了很大变化,多元化趋势不断加强并日益复杂,治理主体也在不断增加,并呈现日益复杂化的趋势。[1] 谭德宇认为,在乡村治理中农民的作用很重要,农民的治理主体地位的确立,需要通过农民的政治认同感而确立,这样才能推动乡村治理逐步走向乡村善治。[2] 祝建兵重点分析了非政府组织在农村治理中的特殊作用,指出,农村非政府组织在推动农村社会治理结构的优化完善,对推动农村基层民主自治和市场经济发展作用不容忽视,目前农村非政府组织的迅猛发展也不容忽视,进一步提出了相应的对策。[3] 由此可见,当前我国乡村治理已进入了多元治理主体时代。

（四）关于乡村治理结构研究

有学者采取了个案剖析与研究法,对中国农村整体结构改革与转型做了相应的认真梳理和分析,认为,农村政治结构改革在中国事实上一直处于动态变化中,农村经济制度改革和农村民主政治改革对中国农村政治结构的变化具有重要作用。项继权也关注到20世纪70—80年代的中国乡村治理体系的显著变化与改革,他认为对乡村权利配置的调整是乡村治理的重要内容和任

---

① 田原史起:《中国农村的政治参与》,武萌、张琼琼译,《国外理论动态》2008年第7期。
② 谭德宇:《乡村治理中的农民政治认同问题探讨》,《湖北社会科学》2015年第11期。
③ 祝建兵:《论社会主义新农村建设进程中农村NGO的发展》,《云南行政学院学报》2007年第3期。

务,具体来说,就是做好乡村基层各治理主体,包括基层党组、政府、企事业单位及村民组织等的权力配置。① 尹焕三则对乡村政治结构的合理性作了相应分析,就农村社会治理主体之间的权力分配与制约关系而言,他认为在乡村基层治理实践中,地方基层政府首先需要对自己的定位有个比较清晰的认识,如果不够准确,其结果必然导致乡村治理效果大打折扣。② 吴丽峰对中国农村社会管理制度的历史变迁进行了比较系统的梳理,提出中国农村社会的稳定基于农村社会治理结构的变化,对此,在改进中国乡村治理结构实践中,要注意对农村利益的关注和特别重视。③ 曲延春认为,中国农村经济改革的迅速变化,也带来农村治理结构的转型,但滞后于经济改革与变化,对此,在推动基层治理现代化的进程中,特别是在农村基层职能的调整转化、服务均等化,以及乡村文明创建实践中,首先就要注重发挥基层政府的作用。④ 蔡斯敏在研究中,认为随着社会结构的变化农村社会治理主体也在变化,农村治理格局的多中心特点日益凸显,在传统乡村自治和当前组织治理机制的实践中,农村社会组织发挥着不可替代的作用。⑤ 郭振宗从三个方面分析了多元治理对于乡村治理结构完善的重要性:一是地方政府部门在农村社会治理中处于基础地位,特别是在基础设施建设、社会保障体系完善和社会公共服务中;二是对村党支部和村委会两者职能要分清,既要坚持村党支部的领导,又要充分发挥村委会自治功能;三是积极培育农村民间组织,发挥其积极性。⑥ 张云英指出,农村社会组织在农村社会治理结构中发挥着非常重要的作用,随着社会发展,社会组织的协同性、基础性作用日益明显,日益成为现代乡村治理格局难以替

①　项继权:《20世纪晚期中国乡村治理的改革与变迁》,《浙江师范大学学报》2005年第5期。

②　尹焕三:《乡镇村治治理架构的缺憾与优化》,《国家行政学院学报》2006年第2期。

③　吴丽峰:《农村社会管理模式改革》,《延边党校学报》2008年第1期。

④　曲延春:《社会转型与农村社会治理体制创新》,《农村经济》2014年第8期。

⑤　蔡斯敏:《乡村号召力变迁下的农村社会组织》,《西北农林科技大学学报(社会科学版)》2012年第5期。

⑥　郭振宗:《构建农村社会三层管理的体制及机制》,《时代人物》2008年第11期。

代的重要组成部分。① 吴业苗则根据研究认为,当前农村治理的重点无非是两个方面的内容:一是随着治理的深入,逐步实现由行政村建制向社区建制的转变,二是随着地方政府公共服务供给范围的扩大,进一步推动城乡居民共享公共服务。②

此外,也有学者从农村土地制度、国家战略目标以及基层自治等其他视角出发,提出从"乡政村治"向社会管理体系的变革,从治理现代化的视角提出了向多元共治的治理结构变化。③ 贺振华从宗族治理的视角出发,对经济社会发展程度不同的乡村治理进行了探讨分析,认为农村市场经济发展程度高低对农村社会治理影响不容小觑,农村市场经济的开放程度与农村治理程度是一致的,而农村集体经济的发展程度则与农村社会治理呈反向。④

（五）关于实现乡村治理体系内涵问题研究

进入 21 世纪以来,各个学科对自治、法治和德治的探讨呈现出火爆局面,对三者之间关系的考察也日益增多,既有考察自治、法治和德治三者的内外关系的研讨,也有具体如何建构的分析与讨论,还有涉及其相应功能作用如何发挥的探讨。自改革开放至今,村民自治制度实践虽然在实际运行中问题不少,但不可否认,村民自治的基础地位始终没变。在学界有诸如贺雪峰、温铁军等一批专家学者对乡村治理⑤给予了高度关注;何晓杰、陈潭等将其按照五个主

---

① 张云英:《农村社会组织:农村社会管理创新的基础》,《湖南农业大学学报(社科版)》2011 年第 6 期。

② 吴业苗:《农村社会转型与社区服务样式的流变》,《学术界》2013 年第 12 期。

③ 吴家庆等:《论我国乡村治理结构的现代化》,《湘潭大学学报(哲学社会科学版)》2015 年第 2 期。

④ 贺振华:《转型时期的农村治理及宗族:一个合作博弈的框架》,《中国农村观察》2006 年第 1 期。

⑤ "乡村治理就是性质不同的各种组织,包括乡镇的党委政府、'七站八所'、扶贫队、工青妇等政府及其附属机构,村里的党支部、村委会、团支部、妇女会、各种协会等村级组织,民间的红白喜事会、慈善救济会、宗亲会等民间群体及组织,通过一定的制度机制共同把乡下的公共事务管理。"参见郭正林:《乡村治理及其制度绩效评估:学理性案例分析》,《华中师范大学学报(人文社会科学版)》2004 年第 4 期。

要阶段的发展历程进行了解读分析①。当然,我们也关注到学界关于"自治、法治、德治"的探讨可以说是从整体上进行的,在考察地区实践经验中,将"自治、法治、德治"当成一个整体来看待。关于乡村治理体系现代化研究目前成果为数不多,如兰凯军的《当代中国乡村治理体系现代化路径研究》(2015)、戴玉琴的《基于乡村治理现代化的三维权力运行体系分析》(2015)、夏红莉的《新时代构建自治、法治、德治相结合的乡村治理体系的思考》(2018)、朱新山的《中国乡村治理体系现代化研究》(2018)等。

也有学者认为,在推动乡村治理格局走向优化的过程中,自治、法治、德治三者的关系可以表述为"一体两翼"的关系。所谓的"一体",也就是村民自治作为"三治一体"治理体系中的主体,所谓的"两翼",就是法治和德治,两翼的作用在于为主体的落实与实施提供了相应的辅助和支持,以便更好地实现自治的目标。② 村民自治作为乡村治理体系的主体,其发展也经历了一个曲折的过程,直到今天,依然在发展完善中,作为基层群众制度,其职能在于通过自我管理、自我教育与自我服务,作为一项重要制度安排,村民自治从1978年开始到今天,已经运行40多年,在实践中也经历了诸多曲折,当然其中影响因素众多,既受到传统宗族势力的影响,也有派系斗争因素的影响,此外,基层政府在实践中也有一些超越自身职责范围而对村民自治事宜产生不当影响的干

---

① 即:(1)传统社会中,乡村治理体现出"县政绅治"或"县政乡治"的结构特征,由于当时"皇权止于县政",中央及地方政权常仅延伸至县一级,乡绅、族长等民间力量便与其对接成为基层治理的主体。(2)待到晚清及民国时期,随着政权下沉,乡村治理实行的是以乡村代理人为代表的"经纪体制",即国家权力通过"乡村经纪人"进入村庄,最终导致治理停滞不前的"内卷化"现象。(3)新中国成立初期国家推行"乡—村政权"并存的治理模式,在这个"小乡制"阶段,乡和行政村并为我国最基层的政权与管理单元。(4)人民公社时期强调公共资源的高度集中调用,"政社合一"的全能主义治理模式使得国家基层政权和乡村社会经济组织以"人民公社"的形式实现整合。(5)改革开放以来,国家基层政权设立至乡镇一级,以下采取"村民自治"来激励农民的生产积极性,也就是延续至今的"乡政村治"模式。从整个发展过程看,县/乡层面的政府管理是一贯继之,深入到基层生产单元的全能政府体制淘汰并消失了,民间力量参与乡村治理的力度则是几经起落,目前呈回升之势。

② 卢艳齐:《"三治合一"的内部关联与治理目标探究》,《长春市委党校学报》2018年第3期。

扰。事实上,在村民自治运行实践中,还存在制度设计的初衷与现实运行之间的不匹配,导致其结果效率并不能令人满意,但群众的创造是无限的,在各地村民自治的具体实践中实现不断创新,如广东佛山、湖北十堰等探索推广的"庭院自治""小组自治"实践,在乡村治理实践中取得令人兴奋的效果。徐勇认为:"村民自治研究不仅没有终结,反而才刚刚开始。因为,从自治本身看,只是自治主体根据自己的情况和意愿选择的一种治理方式。"[①]

"三治合一"的乡村治理体系建设作为一项社会行动,无疑是立足国情的、符合时代发展要求的,也是实现乡村振兴战略的顶层设计。何阳、孙萍从时代意蕴和维度关系的角度对"三治合一"的乡村治理体系建设进行了理论探讨,认为"三治合一"的乡村治理体系建设,是推动国家治理现代化的具体探索与实践,另一方面,则是实现乡村振兴的方法论,并对三治关系做了剖析,认为"三治合一"乡村治理体系建设的主要内容就是自治,而"三治合一"乡村治理体系建设则是通过法治实现保障底线,"三治合一"乡村治理体系建设的辅助工具是德治,在此分析基础上,作者从传统农村与城市化了的农村出发,针对传统农村和城市化了的农村的不同特征提出了"三治合一"乡村治理体系建设的现实挑战与实现路径。夏红莉则对"新乡贤",以及自治、法治、德治三治合一体系的构建及作用进行了探讨与分析研究,认为,在中国特色社会主义进入新时代之后,适应新型城镇化的日益发展的客观需要,在乡村基层社会也逐步成长出一批有知识、有资财、有道德、有情怀的能人,亦称之为"新乡贤",在乡村治理实践中日益成为今天推进乡村治理的新生力量。健全自治、法治、德治相结合的乡村治理体系,离不开当代"新乡贤"的广泛参与。为此,必须着力培育新时代乡贤文化,完善工作机制,建强"新乡贤"队伍,多措并举,大力促进"新乡贤"有效参与乡村自治、法治、德治进程。[②]

---

① 徐勇:《拓展村民自治研究的广阔空间》,《东南学术》2016 年第 2 期。
② 夏红莉:《"新乡贤"与健全自治、法治、德治相结合的乡村治理体系》,《湖南省社会主义学院学报》2018 年第 3 期。

周天勇、卢跃东认为,三治中各自地位作用不同,第一位的当首推德治建设,关键是要有法治保障,最终目标是提升自治的水平与能力。① 也有专家对此给予了新的判断,对三治关系进行新概括,即"法治为要""德治为基""自治为本"。② 当然,也有专家持不同观点,认为德治是通过柔性法律来约束村民作为一种治理的,而法治是一种彰显刚性的约束,而自治则是一种内生的约束。③ 有学者提出了所谓"三脚架"的观点,认为"法治为纲、德治为基、自治为要",三者一起在维护社会和谐稳定方面发挥其各自作用。④ 此外,有学者提出"自治是核心、法治是保障、德治是支撑"⑤的观点,也有学者认为"德治创新风,法治扬正道,自治凝人心"⑥,并把这一观点作为考察自治、法治、德治三者之间的内在关系的尺度。此外,学界观点可以说是众说纷纭,但普遍认为自治、法治和德治需要相互配合,才能共同建构乡村治理新体系。

（六）关于乡村治理类型研究

关于乡村治理类型的研究也众说纷纭。如有学者指出,以自治为基础的行政、法治和德治的实践与研究,一般可以分为三种不同类型:一是所谓的以古希腊和古罗马为原型的城邦自治型⑦;二是中世纪的城市自治⑧;三是以联邦制的美国为代表的乡镇自治,以及以单一制日本为代表的町村自治。托克维尔认为,在这一类型的治理中,"法律规定到事情的细枝末节;同一法

---

①　周天勇、卢跃东:《构建"自治、法治、德治"的基层社会治理体系》,《光明日报》2014年8月31日。

②　向此德:《"三治融合"创新优化基层治理》,《四川党的建设》2017年第20期。

③　中共桐乡市委:《积极探索创新社会基层治理新模式》,《政策瞭望》2014年第9期。

④　张潘丽、江帆:《三治合一:桐乡走出县域善治新路径》,《浙江日报》2015年7月8日。

⑤　农民日报评论员:《健全自治、法治、德治相结合的乡村治理体系》,《农民日报》2017年11月10日。

⑥　罗晓君等:《四牌楼社区推进"三治"建设构筑美好家园》,《嘉兴日报》2015年10月27日。

⑦　《马克思恩格斯选集》(第4卷),北京:人民出版社1995年版,第100—103页。

⑧　[法]基佐:《法国文明史》(第4卷),北京:商务印书馆1988年版,第33—41页。

律既规定原则,又规定原则的应用方法;上级单位的法律,还给下属单位及其官员加上了一大堆严格而细密的义务";此外,除了法律没有规定的事务,乡镇可以通过自治来达成解决。① 此外,日本则是另一类情形,町村作为一级基层政府,治理的相应规则具体由町村议会制订,町村行政具体执行与落实②。

（七）关于乡村治理经验与教训研究

学界主要是从国家、传统文化等角度进行探讨分析,如陆学艺认为城乡分割、一国两策二元社会结构体制出现了治理危机(2000);赖海榕重点讨论了其他国家的经验和教训给中国带来的启示(2006);刘承礼则概括了匈牙利乡村治理的五条治理经验(2006);解安提出开展新农村运动和健全农村社会保障等措施(2007);高广景认为要注重发扬中国文化的优良传统、实现国家权力与农村民主自治的有机结合(2011);白启鹏基于改革开放40年发展,提出了中国共产党乡村治理现代化的基本经验(2019)。

二、国外研究现状

由于各个国家农村社会治理情况有较大的差异性,国外学者对我国农村社会治理的研究总体来说比较少。随着中国改革开放步伐的推进,我国经济社会有了较快的发展,陆续有国外学者对我国乡村社会治理展开了研究。

国外学界将注意力更多地转移到对乡村社会内部的关注,较少讨论国家治权对乡村的影响。海外学者关注的问题主要是村委会选举、村民自治等,由于不了解中国国情,加之在收集资料上的限制和困难,其研究在广度和深度上都有较大局限性。耶鲁大学的 HelenSiu 重点对 1949 年新中国成立前后一段时间的农村社会治理结构所发生的变化进行了对比分析,指出中国农村治理

---

① ［美］托克维尔:《论美国民主》(上册),北京:商务印书馆 1987 年版,第 74—76、81 页。
② ［日］松村岐夫:《地方自治》,北京:经济日报出版社 1989 年版,第 55 页。

前后的变化,由新中国成立前的农村精英治理向新中国成立后的国家政府为主的权利过渡。① Kevin 主要对我国的村组法执行情况进行了研究,认为地方政府的行为会直接影响该法律的实施效果。② Maria Edin 研究与探讨了中国乡镇干部在乡村经济中的作用。③

从国外的研究及实践观察分析来看,把基层自治主要分为两种形式:第一种形式是比较纯粹的基层自治,体现的载体是自治共同体,需要自治共同体公民的参与来实现。第二种形式是基层自治,在遵守国家及地方法律的前提下,在这里法治是作为外生而存在的,通过国家社会统一管理实现自治,诚然,这里谈到国外的所谓法治、自治、德治与中国的三治在特点上既有相同之处亦有不同之处,但有一点非常清晰,无论哪里的基层治理都是自治、法治和德治三者紧密配合共同发挥作用。④

治理理论虽源于西方,但梳理其研究内涵,国外的研究重点集中在这样几个方面:其一是对治理内涵的认识与理解,如《作为理论的治理:五个论点》⑤,再如詹姆斯·罗西瑙的《没有政府的治理》,以及《21 世纪的治理》。其二是关于治理的理论基础研究,如詹姆斯·温特的《制度分析与分权》,以及文森特·奥斯特罗姆的多中心治理理论⑥;其三是在地方治理模式方面还有肯尼

---

① Henlen Siu.*Agent and Victims in south China*:*Accom*[*lices in Rural Revolution*,Yale Uinversity Press,1989.

② Kevin J.Obrien and Lianjiang Li,"Accommodating'democracy'in a One-Party State introducing Village Elections in China",*The China Quarterly*,No.162,2000,pp.465-480.

③ Edin,Maria,"Remaking the Communist Party-state:The Cadre Responsibility System at the Local Lelvel in China,"1.1*China:An International Journal 1*(2000).

④ 邓大才:《走向善治之路:自治、法治与德治的选择与组合——以乡村治理体系为研究对象》,《社会科学研究》2018 年第 4 期。

⑤ 参见[英]格里·斯托克:《作为理论的治理:五个论点》,载俞可平主编:《治理与善治》,社会科学文献出版社 2000 年版,第 35—45 页。

⑥ 文森特·奥斯特罗姆(Vincent A.Ostrom),是美国著名政治学家、政治经济学家、行政学家和政策分析学家,作为公共选择理论的开创者之一,也是美国公共选择学派的创始人之一,他强调公民与社会"心灵的习性",提出了多中心为特点的地方治理的模式。

思·约瑟夫·阿罗,他的代表作是《社会选择:个性与多准则》①。

三、研究趋势前瞻

通过对学界已有研究成果的梳理,发现关于新时代中国特色乡村治理体系现代化研究还存在基层党组织弱化、思想强农、基本公共服务不均衡等一些亟待解决的问题和难点。此外,对乡村治理体系现代化的中国特色剖析不够,与中国的大国地位还不匹配。具体来说,呈现出"两多""两少"的特点:

一是从国家宏观层面对治理体系和治理能力现代化进行的相关研究较为丰富,但对乡村治理体系现代化进行系统梳理研究的则相对较少。目前仅有为数不多的数篇文章对乡村治理体系现代化有所涉及。显然这与十九大以来中央提出乡村振兴战略现实需要不相匹配。

二是对乡村治理的研究从社会学、政治学等视角进行观察分析而开展相关研究的多,从现代化的视角对新时代中国特色乡村治理体系进行系统梳理研究的相对较少。

目前学界相关研究成果明显与近年来推进国家治理现代化的力度不够匹配。近年来,农村经济社会发展推动了乡村治理的蓬勃发展,学界众多学者从政治学、社会学、公共管理等角度进行了相应的探索与研究,不同领域的研究成果也开始呈现在读者面前,无疑,这对于推动乡村治理体系现代化具有积极意义,如何将这些研究成果应用于乡村治理体系的完善亦成为当务之急。

基于此,本研究拟对新时代中国特色乡村治理体系现代化进行梳理研究,以乡村振兴战略为指导,以推动乡村治理体系现代化为目标,以乡村治理体系现代化的具体实现路径为主要内容,从组织体系、内容体系、运行体系和保障体系四个层面予以梳理研究,梳理总结新时代中国特色乡村治理体系现代化

---

① 在书中他提出,由许多不同准则来做选择十分相似于社会选择,在多准则的情况下,各种经验法则导出的结论往往比社会选择所得到的结论更为可取。

的进程与经验,以期为推动乡村振兴、实施乡村建设行动,继而为全面建设社会主义现代化国家提供一定学理阐释和支持。

第二节　研究意义方法和目标

一、研究意义

（一）理论价值

1. 开展新时代中国特色乡村治理体系现代化研究,有助于进一步拓展乡村治理体系现代化的理论研究。针对目前学界对乡村治理研究主要集中在治理模式、治理主体等方面,本研究以新时代中国特色社会主义乡村治理体系现代化为研究对象,比较系统地对乡村治理体系的形成、发展和创新做一系统梳理,从理论上梳理厘清乡村治理体系现代化的有关问题,对推动新时代中国特色乡村治理体系现代化的深入研究具有一定的理论价值。

2. 认真梳理中国特色乡村治理体系现代化的有关内容,从理论上对新时代乡村治理体系现代化的中国特色予以凝练,分析其实现的历程、经验与具体做法,以利于进一步完善中国方案。在梳理新时代中国特色社会主义乡村治理体系实践经验基础上,凝练中国特色,总结中国经验,形成中国范式,为建设人类命运共同体提供中国智慧和中国力量。

（二）应用价值

1. 开展新时代中国特色乡村治理体系现代化研究,可以助力开启全面建设社会主义现代化国家新征程。在胜利完成全面建成小康社会建设任务后,为推动全面建设社会主义现代化国家新征程的发展和深入实践提供一定的理论支撑,实践中不可否认,还存在乡村治理顶层设计不完善、乡村治理体制机制不完善、各治理主体间利益冲突加剧、群众参与不足、环境污染问题日益突出、乡村公共产品供给不足,以及社会保障水平不高等问题。无疑,通过乡村治理体系的创新,可以为推动乡村振兴战略、实施乡村建设行动计划,进而实现社会主义现代化提供理论借鉴。

2.开展新时代中国特色乡村治理体系现代化研究,为深入实施乡村振兴、推动乡村建设行动提供助力。传统乡村治理模式与新时代乡村治理环境客观上还存在着很大程度上的不适应,急需构建新型的、与新时代乡村治理环境相适应的现代乡村治理新体系,开展新时代中国特色社会主义乡村治理体系现代化研究,使基层党组织战斗堡垒作用得以充分发挥,使自治、法治和德治一体化乡村治理新体系得以进一步完善,从而助力乡村振兴战略的深入实施。

二、研究方法

本研究坚持以辩证唯物主义、历史唯物主义为根本遵循,具体运用逻辑与历史相统一、史论结合、实证与个案研究等方法开展相关研究。

(一)逻辑与历史相统一法

依据马克思主义经典作家文本和党的乡村治理的伟大实践,并把它置于逻辑的维度和历史维度上进行考察,力求做到将对党的乡村治理过程考察与乡村治理体系现代化的内在逻辑分析有机结合起来,历史考察在逻辑分析的具体指导下进行,逻辑分析则以实际历史考察为依据,揭示中国共产党乡村治理体系创新发展的本质及其内在的行动逻辑。

(二)史论结合法

本研究以中国共产党乡村治理发展历程为史;以乡村治理创新为主线,分析其时代背景、影响因素、基本特点、基本经验、做法与成效为论。把"史"和"论"结合起来,通过这一研究方法,对新时代中国特色乡村治理体系现代化进行系统梳理与研究。

(三)实证与个案研究法

为深化新时代中国特色乡村治理体系现代化研究,在材料的运用上,拟遴选落后与发达地区典型农村个案进行调研并重点剖析,以增强其说服力、时效性和可信度,并在山东沂南(革命老区)和浙江诸暨(沿海经济发达区)各选取了典型案例进行调研并深度剖析。

（四）比较研究法

本研究以基本文献为主要研究依据,又尽可能地避免脱离文献做空泛的论述。在此基础上,对马克思主义乡村治理理论与中国传统乡村治理实践进行了分析梳理并有机结合在一起,对其共性与不同之处进行了总结,以期对我们推进乡村治理体系现代化有所启发。

三、研究目标

（一）梳理中国共产党乡村治理的基本历程

在剖析新时代中国特色乡村治理现代化现状基础上,对中国共产党乡村治理的百年变迁历程进行梳理,在深入挖掘中国共产党乡村治理的理论溯源基础上,理清其发展轨迹,剖析中国共产党乡村治理创新演变基本历程、理论逻辑、影响因素,理清中国共产党乡村治理的基本框架:组织体系、内容体系、运行体系、保障体系,理清中国共产党乡村治理创新发展的逻辑变化理路,理论逻辑上由革命、管理、到治理的转换;实践逻辑上由生存、发展到美好生活的转换。

（二）总结中国共产党乡村治理创新的基本经验

在系统梳理分析建党百年中国共产党乡村治理创新发展的基本历程与主要影响因素的基础上,系统梳理总结中国共产党在推动乡村治理创新发展方面所取得主要成效、基本特点与经验,在此基础上,进一步构建中国共产党推动乡村治理体系现代化的中国范式,以期为人类命运共同体建设提供强大的中国智慧和独具特色的中国方案。

（三）提出新时代推进乡村治理体系现代化的实践路径

立足新时代农民最新诉求和乡村振兴战略发展的现实需要,坚持党总揽全局、协调各方,建立健全包括乡村治理组织体系、内容体系、运行体系、保障体系等在内的并相结合的现代化乡村治理新体系,具体包括四个层面:乡村治理组织体系现代化;乡村治理内容体系的现代化;乡村治理运行体系的现代化;乡村治理保障体系的现代化。

第三节　研究内容和创新

一、研究内容

乡村治理作为国家治理的重要组成部分。本研究以新时代中国特色乡村治理体系现代化为研究对象,系统梳理了在革命、建设、改革和新时代的乡村治理创新发展的基本历程、基本逻辑,剖析了乡村治理体系现代化进程中取得成效和主要影响因素,提出了新时代中国特色乡村治理体系现代化的基本框架:即乡村治理组织体系、内容体系、运行体系、保障体系,厘清了乡村治理体系现代化的逻辑依据、逻辑起点、逻辑主题、逻辑展开、逻辑统领,总结了新时代乡村治理体系现代化的基本经验与中国特色,从乡村治理组织体系的优化与现代化、乡村治理内容体系的优化与现代化、乡村治理运行体系的优化与现代化、乡村治理保障体系的优化与现代化等四个方面提出了实现新时代中国特色乡村治理体系现代化的现实路径,最后凝练了新时代乡村治理体系现代化的中国特色与世界意义。

二、重点难点

(一)研究重点

在实地调研基础上,运用马克思主义基本理论对新时代中国特色乡村治理体系现代化的现状与问题进行客观分析,在此基础上从组织体系、内容体系、运行体系和保障体系四个方面提出实现新时代中国特色乡村治理体系现代化的具体路径是本研究的重点内容。

（二）研究难点

新时代中国特色乡村治理体系现代化的影响因素众多，只有在正确分析影响要素的基础上找到症结所在，才能为提出并实现新时代中国特色乡村治理体系现代化奠定前提和基础。

三、创新之处

（一）学术思想特色和创新

本研究坚持问题导向，遵循发现问题、分析问题、解决问题的基本逻辑思路，遵循"一条主线、两个维度"的具体研究路径，以建党百年中国共产党乡村治理变迁为主线，从理论和实践两个维度，围绕着实现乡村治理体系现代化历程与经验总结进行布局谋篇，学术思想鲜明，研究视角与思路清晰，可行性较强。

（二）学术观点特色和创新

本研究系统深入梳理了中国共产党乡村治理体系现代化发展的基本历程，总结其基本特点、基本经验，提出新时代中国特色乡村治理体系现代化的未来发展路径，学术观点明确，研究成果应用前景较好，现实性较强。无疑，这为新的征程上开展乡村振兴，实施乡村建设行动计划，继而把国家治理体系和治理能力现代化提高到一个新的发展阶段提供了相应的理论借鉴和指导。

（三）研究方法特色与创新

本研究采用逻辑与历史相统一、史论结合、实证与个案研究等方法；在材料的运用上，本研究力求掌握第一手资料和最新经典文献资料，遴选山东、浙江、广东、河北等地区典型农村个案进行调研并重点剖析，以增强其说服力、时效性和可信度，研究方法与材料运用比较新颖，可信度较高。

第一章　新时代乡村治理体系现代化的理论溯源

治理体现了人类社会文明的发展和进步,更是一种新型民主政治模式,这种政治模式更有利于政府处理好与社会各方面的关系,推动社会治理的发展与完善。乡村治理在中国语境下具有特殊含义,客观来说政府与乡村社会之间的互动与协同过程就是乡村治理。在这一实践进程中,乡村社会发挥着不可替代的作用,在公民自治意识的培育方面有相应体现,此外,还体现在如何推动政府与社会实现积极有效沟通等方面。

第一节　治理理论的发展与概述

乡村,也就是我们平时所称的农村,当然,在大多数中国人眼里,"农村"的叫法当然更为普及,而在西方国家或社会那里,特别是在对西方作品的翻译过程中,"乡村"用得显然更为普遍,譬如"乡村风光""乡村生活"等。当然,什么是乡村治理?乡村治理的边界在哪等诸多问题,学界目前来说也有不同的看法和观点,如有学者提出:"乡村治理是指以乡村政府为基础的国家机构和乡村其他权威机构,为了维持乡村秩序,促进乡村发展,依据法律、法规和传统习俗等,给乡村社会提供公共服务的活动,是乡村多元主体协同公共管理乡村的过程。"①也有学者认为,"乡村治理就是性质不同的各种组织,通过某种一定的制度机制共同把乡级以下的公共事务管理好"②。对此需要对其基本概念及其相关理论等方面做一梳理。

一、何谓治理

那么,到底什么是治理呢? 按照汉语高级大词典对治理给出的解释,词条有二:一个是"整修改造";第二个解释就是"整治调理"。当然,"governance"其原意为"控制、引导、操纵"之意,该词最初源于拉丁文和古希腊语,在实际应用中,"governance"与 government 一词也出现经常交叉使用的情况,本质上没有太多区别。一般情况下,该词主要用于与国家公共事务相关的政治活动或管理活动中。"治理危机"(crisis in governance)一词最早是世界银行在1989 年首次使用,用来概括当时非洲出现的特殊情形。20 世纪 90 年代以来,治理一词开始被运用到社会生活的各个领域,在这一过程中,这一概念也被社会科学界开始接受并逐步推广应用,继而逐步发展成为一个非常广泛的理论,其内涵得到进一步丰富、适用范围得到进一步扩大。如早在 90 年代中期,全球治理委员会在《我们的全球伙伴关系》研究报告中,指出:"治理是各种公共的或私人的个人和机构管理其共同事务的诸多方式的总和。它是使相互冲突或不同的利益得以调和并且采取联合行动的持续的过程。"③毋庸置疑,治理的内容可谓丰富,涵盖了制度安排和非制度安排,其中制度安排包含了两个方面,既有正式的制度安排和规则,也有各种非正式的制度安排。

治理理论的产生有其深刻的时代背景。自 20 世纪 20 年代末、30 年代初世界性经济危机爆发以来,自由市场其自身存在的无法克服的内在缺陷充分

① 李正华:《新中国乡村治理的经验与启示》,《当代中国史研究》2011 年第 1 期。

② 郭正林:《乡村治理及其制度绩效评估:学理性案例分析》,《华中师范大学学报》2004 年第 4 期。

③ 全球治理委员会:《我们的全球伙伴关系》,转引自俞可平:《治理与善治》,北京:社会科学出版社 2000 年版,第 4—5 页。

暴露,人们逐渐认识到,在现实世界中市场机制并非万能。在这种时代背景下,人们开始关注对市场缺陷的研究,从倡导最小干涉的"守夜人"政府,亚当·斯密所推崇的"看不见的手"的市场调节,再到凯恩斯倡导所谓"看得见的手"的"全能政府"①,主张对市场进行干预,也宣告了自由放任的市场经济时代的终结。

特别是自 20 世纪 80 年代以来,与治理相关的代表性理论在西方社会受到关注。改革开放以来,在改革实践中中国共产党认识到实现国家善政与社会善治的现实意义,并从顶层设计予以关注,在实践中投入大量的人财物予以支持和保障,积极寻求适合中国国情和乡村实际的治理理论与体系。当然,随着改革开放 40 多年的进展,中国城乡社会都发生了翻天覆地的变化,在看到发展取得了显著成绩的同时,不可否认,诸多现实治理困境在实践中也不断暴露出来。在这种特殊情况下,理论界从政治学、管理学、社会学相关学科背景出发参与其中,并尝试对西方社会中的相关理论进行阐释与构建,以期对解决中国乡村治理问题提供一定启发。

1978 年,自从改革开放以来,围绕中国乡村治理实践与理论研究,国内学界开展了持续探讨与分析,无疑其关注的焦点,也不外乎包括这样几个方面,如参与治理理论、多中心治理理论等若干理论。

不可否认,不少西方国家的政府干预在战后一段时间内确实有力刺激了需求,推动了经济的繁荣和复兴,但政府干预同样也存在难以克服的弊病,在实际运行实践中,政府对市场干预的同时也带来了财政赤字、政府经费浪费、经济滞胀等问题,特别是 20 世纪 70、80 年代,政府失灵问题频现,世界经济进入以"滞涨"为特征的时期,出现了市场和政府的双重失败,也使得西方社会管理进入一个尴尬的循环状态。人们开始从突破社会管理市场和政府管理市场的二元观念入手,寻求新的分析视角,开始围绕着现实问题的解决而探索新

---

① 《政府:从"守夜人"到干预者》,《中国证券报》2009 年 1 月 10 日,http://paper.cs.com.cn/epaper02/html/2009-01/10/content_19868773.htm。

的出路和办法。这些相关治理理论在实践中得到不同程度的践行,客观上对中国国情下的乡村治理具有一定的借鉴作用。

正是在这种时代背景下,一批新的理论探索与研究成果相继形成,涉及公共选择理论、新公共管理理论、委托代理理论、有限政府论等。特别是在进入20世纪90年代以来,有关治理理论的研究也日益成为社会关注的焦点。正如 Gilles Paquet 所言,适应全球化、民主化趋势加速、社会关系日益复杂,相互依存的程度不断加深的需要,而且"政府、工商界和市民社会之间的合作正成为民主国家竞争力和国家繁荣的基本构成要素"①。

客观来说,当代地方治理思想和实践也在实践中也经历了由小到大、由弱到强的发展历程。这一理论最早发源于英国,在20世纪80年代初中期,又转向欧洲大陆、北美国家和大洋洲国家并得到进一步扩展,继而成为80年代以来发达国家政治与行政改革的一个方向。当然在这一发展历程中,我们可以看到一个基本现象,即治理在很大程度上也是民族国家应对国内外各种挑战的一种主动回应。实践中,当代地方治理和善治理念正一步一步向发展中国家缓慢渗透,这一过程与这些国家走向市场化体系的改革步伐相吻合,随着自由主义思潮的输入,其影响得到进一步彰显。与此同时,公共管理模式,作为一种新的治理理念和思想,也成为改革的一个新思路和可供选择的选项,同样也深刻地影响着这些发展中国家。当然,同其他别的任何一种理论的产生一样,治理理论也有其学术渊源,也需要学习借鉴包括公共选择理论、新公共管理理论、委托代理理论等在内的其他理论的长处。

到了20世纪40年代末,随着公共选择理论的诞生,事实上,公共选择理论在绝大多数国家都有广泛的应用意义,特别是对涉及收入分配、社会保障制度等方面的公共政策,亦从公共选择理论的分析思维出发进行设计和改革,旨在实现社会整体福利的最大化。布坎南被称为公共选择理论的奠

---

① Gilles Paquet, *Governance Through Social Learing*, Ottawa: University of Ottawa Press, 1999, p.214.

基者,他通过分析政府的经济人特性,并把市场与国家干预做了一个类比,他提出,"政府并不是神的造物,它并没有纯洁无私和正确无误的天性""如果讲市场不是一种完美无缺的经济机制、那么国家干预也并非解决问题的良方"。①

新公共管理理论,作为其中一个较早的探索理论成果,在 20 世纪 70、80 年代,在英国、美国开始掀起的一场政府改革运动,其主要代表人物包括英国的胡德②、美国学者奥斯本和盖布勒③、澳大利亚学者欧文·休斯④等。新公共管理认为,政府的力量与市场的力量可以相互补充各自的缺陷,认为政府虽然是公共服务的提供者,但不是公共服务的唯一提供者,主张引入私营部门进入公共服务领域,最终实现提高公共服务的质量与工作效率的目的。这一理论的理念核心就是,管理模式发生重大转变,由传统僵化的传统行政管理模式转变为以市场为基础的公共管理模式,这一模式以现代经济学作为其理论基础,主张在政府等公共部门中,推广采用私营部门成功的管理方法和竞争机制,重视公共服务的提供与产出,从而实现灵活而富有成效的管理。概括起来,其基本观点和主张如下:一是主张合理划分政府职能,这里既包括政策职能,也包括政府的管理职能,只有合理定位政府职能,才能为建立一个善治的政府提供基础和前提。二是比较关注市场竞争机制的运用。

委托代理理论,诞生在 20 世纪 60 年代末 70 年代初,刚开始是源于新制

---

① 张健:《布坎南与公共选择理论》,《经济科学》1991 年第 2 期。
② 胡德将新公共管理的本质概括为七个方面:一是管理专业化。二是明确业绩及测量。三是强调结果而不是过程。四是合理分散公共领域基本单元。五是引入竞争。六是改革用人方式,突出效益。七是注重节约和原则。
③ 美国学者戴维·奥斯本与特德·盖布勒的代表作是《改革政府——企业精神如何改革着公营部门》,书中就公共行政提出了他们的观点:认为政府的作用是"掌舵而不是划桨"、是"授权而不是服务";政府也引入竞争、要讲究效果、满足群众要求、注重预防,注重参与协作等观点。
④ 欧文·E.休斯将新公共管理概括为注重结果的实现、管理者个人负责任,注重组织、人事、任期的灵活性等六个要点。参见[澳]欧文·E.休斯:《公共管理导论》,北京:中国人民大学出版社 2001 年版,第 62—63 页。

度经济学①中的委托—代理理论,也就是基于对企业内部信息不对称和激励问题的研究而引发争议,客观来说,委托—代理理论对治理理论的产生具有重要启发意义。当然,委托代理理论也是基于这样一种假设:假设代理人知道委托人对代理的具体细节不够了解、不够熟悉,导致代理人自己认为可以利用这点获得好处,而且又不需要付出代价,那么代理人就会因受诱惑而有可能失去诚信而行事。基于此种假设,该理论提出两种解决途径:一种办法是:通过完善信息渠道,改变委托方和代理方两者之间的信息不对称状况,从而改变了原来存在的缺陷:由于对信息的掌握和了解,从而可以实现对代理人行为的目的相应制约和规范,以便能够清晰地监督观察到委托者的委托效果。第二种办法是:制订一种激励相容制度②,目的是实现委托者和代理者两者目标利益的一致性。通过激励相容机制,来更好地处理好激励和约束的关系,既能通过该机制激励代理者追求个人的目标,达到委托者所要实现的目标。显然,治理中关于多元治理主体参与治理,实现合作共赢的理念带有委托代理理论的影子。

此外,有限政府论关于政府权力的观点,同样也对治理理论具有一定的启发和借鉴。有限政府论,其基本观点如下:政府的功能是非常有限的,政府既不是神的创造,也没有正确无误、无处不在的天赋,如果说市场经济有可能不成功,无限政府的干预则一定不会成功。实事求是地说,我们可以看到,二战后政府的权力发生了很大变化,出现了一种趋势,即权力进一步扩大和膨胀,突出表现在政府责任、职权、机构和人员聘任等方面,导致最后出现"万能"的政府。③

不可否认,新自由主义的某些观点也被治理理论所吸收。新自由主义的

---

①　新制度经济学,就是用主流经济学的方法分析制度的经济学。新制度经济学研究对象是制度与经济的关系。其中,新制度经济学三个核心理论包括:产权理论、交易费用理论、委托代理理论。

②　这种观点是美国经济学家哈维茨(Hurwiez)的机制设计理论的观点。

③　参见[英]约翰·洛克:《政府论》,北京:九州出版社 2007 年版。

基本观点是反对国家干预,主张自由放任。该学派认为,如果离开了市场就谈不上经济的发展,更谈不上资源的有效配置,市场自身能够比较好地合理配置资源,市场失灵是政府过度干预的结果,而不是市场机制本身造成的。他们认为,那种集强制权力和统一权威于一身的大政府不是好的政府,政府本身作为一种集体性质的事业,就要严格限制它。

总之,治理理论的产生是在扬弃的基础上才最终形成,上述理论的产生与传播为治理理论的兴起提供了现实土壤及理论借鉴。当然,众多民间社会组织的兴起、发展与成熟也是治理理论发展的重要推动力量,众多民间的、非政府组织的出现及其日益完善,也为治理理论所倡导的多元主体的成长与发展提供了理论和现实的可行性支持。

二、治理理论若干主要观点与局限

治理理论源于西方,并在世界各地逐步达成一种共识。治理理论一方面既有较为完善的理论框架,也有相应的逻辑体系,许多国家在政治、行政和社会公共管理等方面的改革实践中,还形成了一套评估社会发展和管理优劣的价值标准,特别是随着市场化、分权化改革的深入,不仅推动了政府间权力关系的重新调整,而且使社会生活中的多元利益主体逐步获得了独立、自主的地位,激发了它们的利益诉求表达。可以说,治理理论在当前国际理论界比较火爆,并且这一理论一度被广泛应用到诸如地方治理、大学治理、公司治理、全球治理等各个领域。罗西瑙,作为现代治理理论的代表人物之一,他在其代表作《没有政府的治理》中曾经明确提出:"治理是一种比统治更宽泛的现象,它是由共同目标支持的活动,目标本身可能来自法律和正式规定的责任,但也可能并非如此,而且无须依靠警察的力量迫使人们服从。"①而罗德斯(R·

---

① James · N · Rosenan. *Governance without Government*: *order and Change in World politics*, Cambridge University Press,1992,p.4.

Rhodes）认为，治理可以用于指代任何活动的协调方式，其用法至少可以分为六种①。无疑，包括全球治理委员会在内的比较通行的看法与观点，一般表现为四个方面的具体特征：治理是作为一个过程而存在，并不是表现为一套规则或者说一种活动；作为过程而存在的治理强调的是协调，而不是约束或者控制；治理涉及的领域或者部门涵盖公共部门、私人部门；治理是一种体现持续的互动制度安排②。具体主要有以下几种相关理论。

一是参与治理理论（Participatory governance theory），该理论的代表人物阿诺德·考夫曼（Arnold Kaufmann）、哈达尔（Hadar）等。20世纪60年代兴起于西方社会的参与治理理论，开始在不同领域被广泛运用。阿诺德·考夫曼（Arnold Kaufmann）是所谓"参与民主"的概念③提出的第一人。哈达尔（Hadar）认为，所谓参与治理理论，是未来的治理的基本模式，通过参与实现治理，其这种新型治理理论的基本特点在于：在治理实践中，它更多表现为一种温和的模式。有人曾断言：参与治理可以看做是人民追求形式民主的一种发展与延伸，并集中表现在它是政治的民主追求与行政的集权实践的结合体这一特点上④。一是从权利结构和治理的实践来看，参与治理结构形式表现为单中心结构，客观上也导致了该理论依然包含治理主体的不平等，实践中这一治理理论还存在一些问题和不足，并不能充分满足当前社会各层面对社会变革的客观要求，在实践过程中并不能解决当前社会治理中的所有问题，还会遇到各种问题和不足。二是从权能和范围上看，治理过程中最主要的四种力

---

① 作为最小国家的治理、作为公司治理的治理、作为新公共管理的治理、作为"善治"的治理、作为社会—控制系统的治理和作为自组织网络的治理。R·Rhodes. "The New Governance：Goveranceing Without Government", *Political Studies*, XIIV, 1996, p.653. 参见陈振明：《公共管理学》，北京：中国人民大学出版 1999 年版，第 82 页。

② Commission On Global Governance, *Our Global Neighbourhood*, Oxford：Oxford Univerxity Press, 1995, p.2.

③ 陈朋亲、杨天：《参与式治理在中国的发展与实践》，《人民论坛》2016 年第 2 期。

④ 俞海山：《从参与治理到合作治理：我国环境治理模式的转型》，《江汉论坛》2017 年第 4 期。

量,不外乎是政府、公众、市场和社会,其中主导力量是政府,而政府价值定位和目标诉求其公共性为主要体现,当然,在其中公众、市场和社会则仅仅作为辅助力量的形式而存在,这种形式具体表现在政府行政活动的失灵或其权力范围内涉及不到的区域,客观上对政府缺陷可以起到弥补和补充的作用。因此,在这个意义上我们认为参与治理理论的出发点和构想更多的是从现实性出发,实践中尤其在中国这种特殊的国情下,更多地表现为"强政府—弱社会"(Strong government-Weak society)为主要形式,在这种氛围下,其呈现形式主要表现为"中心—边缘"(Center - Edge)型、"中心—外围"(Center - Peripheral)型。①

二是多中心治理理论。该理论的代表人物有奥斯特罗姆(Ostrom)、罗伯特·达尔(Robert Alan Dahl)等。通过深刻的理论分析,加上相应的实证分析,在这个基础上,奥斯特罗姆(Ostrom)提出了多中心治理理论。多中心治理理论与自主治理理论有着密切的关系,一定意义上可以说是其延伸与扩展,多中心治理理论的特点在于:在治理体系中,多个权力中心或服务中心是同时存在的,至于哪个主体可以为公民或社会提供相应的选择和服务,主要是通过彼此之间的竞争和协调方式来实现②。由罗伯特·达尔(Robert Alan Dahl)倡导的"多边控制"(Multilateral control)的构想又进一步演化为多中心治理方案③。其核心观点提出了在政府和市场之外引入"第三个中心"(Third center),社会这一治理主体,与以往学者认为只有国家或市场才是解决公共

---

① 王俊程、胡红霞:《中国乡村治理的理论阐释与现实建构》,《重庆社会科学》2018 年第6 期。

② 这一理论的逻辑出发点是就为了解决在公共事务领域中所存在的搭便车即"公地悲剧"(Public tragedy)等诸多类似的问题,旨在实现决策的科学性。参见李平原,刘海潮:《探析奥斯特罗姆的多中心治理理论——从政府、市场、社会多元共治的视角》,《甘肃理论导刊》2014 年第3 期。

③ 与单中心治理(Unicentrism governance)方案相比较而言,在西方社会文化背景演化中,才有了多中心治理理论的产生,并呈现出明显的"普适价值"(Universal values)和鲜明的西方自由民主主义(Western liberal democracy)烙印。参见罗伯特·达尔:《民主及其批评者》,曹海军、佟德志译,长春:吉林人民出版社 2011 年版,第 12 页。

事务之道的定式思维有着显著不同。当然,在中国这样一个社会主义国家,由于国情不同、传统不同,产生于西方社会环境下的多中心理论并不能够解决中国的现实问题。

三是协商治理理论。协商治理理论于 20 世纪 90 年代以来开始逐步形成,在学界也颇受认可欢迎。对比民主发展理论而言,协商治理理论(Consultative governance theory)明显是一大创新和进步。总体而言,协商治理理论的核心理念就是民主,认为公民个体可通过建立公共协商程序为媒介来实现客观理性地表达自己意愿,换句话说就是在公共的环境下,公民可以通过理性参与协商,在公共治理中不同治理主体通过协商的方式并扮演其相应角色、表达各自愿望。从协商治理理论的实际运用成效观察,协商治理理论的运用日益广泛。一方面我们要看到这种协商治理理论的积极作用,可以有利于实现由管控型政府向服务型政府的转变,另一方面也有利于保持清醒的头脑,特别是要充分注意我国国情的特殊性,不能照搬照抄。无论是协商治理理论,还是参与治理理论,从本质上来看,二者在实践中都表现出一定的共性特征,即在现实治理实践中国家公权力的作用不容忽视,不平等、不协调的问题确实依然存在,换言之,多中心治理理论与以往提出的多种理论一样,并没有摆脱"中心—边缘"的现实境遇。

随着时代之变化,治理理论也实现了与时俱进,二战以来发达国家发生的一系列新的发展趋势也在逐步证实,政府与市场之间所谓传统的二元结构治理模式客观上已不能较好地满足社会的发展需要,人类政治过程的重心正从统治走向治理,从善政走向善治,从政府管理走向全球治理。这些变化意味着传统的国家统治模式开始转型。进入 20 世纪 90 年代中期后,地方治理观念及其实践经验被作为一种改善国家政治与行政管理状况的手段,在广大的亚洲、非洲、中南美洲等一些发展中国家得到进一步的运用和发展,当然在这其中包括联合国、世界银行、亚洲发展银行等国际组织发挥了很大的推动作用,进一步促使这些国家作出改变,推动政府改革与政治民主化进程之间的协同发展,从而走出一条通过地方治理模式和分权化改革,从而较好地解决日益严峻的包括环境恶化、社会贫困、妇女权益、社会排斥等诸多方面难题在内的社会发展之路。由此可见,治理理论既是对社会科学传统范式的一种反思,又是对经济全球化浪潮的一种反映。时至今日,正如有学者所指出:"今天的国际多边、双边机构和学术团体以及民间志愿组织关于发展问题的出版物很难有不以它为常用词汇的。"①

我们认为就其实践过程来说,治理与统治同样都是对社会实施管理和服务的过程,两者有着明显的不同,政府管理模式实践,对社会公共事务的管理更多地体现了强制、垄断的性质特点,而以治理模式为特征的"有限"政府时代,政府的职能大大缩水,而不再是原来的所谓"全能型"政府,在这个意义上,我们认为,治理实现了对管理的某种程度的超越,实现了对管理的优化调整和改进。正如俞可平在《治理与善治》一书中所提出的一种观点,治理的目的就在于最大限度地实现公共利益,具体方式是通过运用权力去引导、控制和规范公民的各种活动。

虽然治理观点不尽相同、看法众多,但其核心要素也渐渐为大家所公认:在治理时代,治理主体发生了很多的显著的变化,除了原来传统上的政府作为治理主体之一,同时,越来越多的公共机构、私人机构也在治理实践中逐步成长为治理时代参与社会治理不可或缺的治理主体,与之相对应,治理主体多了,发展壮大了,必然要求治理权力的运行与之相匹配,由原来的单一治理主体向度向现在的多元治理主体向度转变,从而形成了多样化的社会网络组织,共同从事公共事务的治理。实事求是地说,治理理论也进一步推动政府改革深度广度,实践中治理理论实践涉及政治、经济、社会、文化等诸多领域,社会管理、企业管理等诸多方面也得以广泛运用治理理论,这一理论已经成为引领公共管理未来发展的一个潮流。不可否认,时至今日,治理理论也远没有定

① 辛西娅·休伊特德·阿尔坎塔拉:《"治理"概念的运用与滥用》,《国际社会科学》1999年第2期。

型,它还处在不断地发展完善之中,但这并不妨碍治理理论给我们推进党的农村治理能力现代化提供一定的理论借鉴和有益启示。我们也要清醒地认识到:治理理论也并非万能,虽然我们可以看到,在一定程度上,我们要看到治理理论的积极的面,特别是在国家和市场在调控和协调过程中的某些天然不足和缺陷,治理可以在一定程度上起到弥补的作用,但它也还远没有发展到成熟定型的阶段,因此,存在着一些局限也是一种客观现实。

三、治理理论在国内的发展

自 20 世纪 90 年代末以来,国内学术界对治理相关理论的研究也在不断深化和拓展。按照学界目前研究现状来看,就治理理论的认识和探索而言,我们可以把它分为两个时段来梳理。

(一)理论学习和借鉴阶段

对于西方学者提出治理理论的学习借鉴一定程度上存在滞后现象。中国学者对于治理问题的关注,侧重于解决中国现实问题。从 20 世纪 90 年代中期到十八届三中全会,这一阶段主要侧重于对治理理论的学习借鉴与解读,主要是翻译、介绍国外治理理论相关著作,了解其动态发展的阶段。

从 1949 年新中国的成立,发展到 20 世纪 70 年代末改革开放的启动,这一时期的土地改革、农业合作化和人民公社化运动给乡村治理带来了巨大的影响和变化,国家对乡村基层社会的治理也发生了翻天覆地的变化,经历了从乡与行政村并存,到乡与行政村"并乡",即"村社合一",再到乡、村"并社",即"政社合一"的巨大变化。中国传统乡村治理具有一定的历史传统,在《乡土中国》一书中,费孝通先生曾经提出了"中国社会是乡土性的"的认识观点。从历史的角度来说,中国乡村社会遵循着的基本治理逻辑,也就是人们所熟知的"国权不下县,县下惟宗族,宗族皆自治"。

对于中国国内学者对治理理论的关注和研究,学界一般认为开始的时间大约是从 20 世纪 90 年代中后期。"最早的一篇文章出现在刘军宁等主编的

《公共论丛：市场逻辑与国家概念》中"；在《Governance：现代治道新概念》，智贤先生将 Governance 译为治道，"治道是关于治理公共事务的效能，驾驭经济发展的能力"①，这也是较早系统介绍治理理论的文章之一。在《治理与善治》一书中，俞可平从不同角度出发对治理问题进行了比较深入的探讨，并提出了一个比较新颖的观点：要想实现真正的善治，就必须有一个健全发达的公民社会的支持。此外，学者毛寿龙也对此提出他的个人观点，认为："政府对公共事务进行治理，它掌舵而不划桨……意味着新公共行政或者新公共管理的诞生，因此可以译为治理。"②

关于治理理论的内涵梳理与研究，学界的相关梳理探索与研究大致涵盖了三个方面的内容：一是认识社会管理力量多元化的发展趋势，关注到社会组织群体势力的发展；二是政府的角色在多元化治理实践中予以新的定位；三是对治理中的网络管理体系进行了新的阐释。③ 此外，学界还通过会议的形式对治理理论进行相应的交流与研讨。早在 2001 年，中国行政管理学会等多家单位主办的"治理理论与中国行政改革"研讨会上就对治理的概念、含义、内容及其对中国的借鉴意义等方面进行了研讨，对治理的发展也起到了很好的推动作用。在这一时期，来自中国的学者也逐步尝试把这一理论应用于农村改革实践方面的研究，并把治理理论运用解决中国乡村实际问题，如徐勇等人就曾提出农村能人模式④，后来，又延伸成为"县政、乡派、村治"模式⑤。

自 1978 年改革开放以来，随着农村经济改革的逐步深入，乡村社会结构也在改革中发生变革，随着村民自治不断得到推广完善，人民的主体权益意识

---

① 陈振明：《公共管理学》，北京：中国人民大学出版社 2006 年版，第 79 页。
② 毛寿龙：《西方政府的治道变革》，北京：中国人民大学出版社 1998 年版，第 7 页。
③ 赵景来：《关于治理理论若干问题讨论综述》，《世界经济与政治》2002 年第 3 期。
④ 所谓能人模式就是指在分权式的经济体制改革和农村社会转型时期，一批懂经营、善管理的经济能人崛起，并在乡村社区政治运作中居绝对支配地位，形成能人型治理模式。
⑤ 徐勇：《由能人到法治中国农村基层治理模式转换》，《华东师范大学学报(哲社版)》1996 年第 4 期。

在实践中不断增强,推动了国家民主治理的发展,农村基层组织建设得到重视和加强,"乡政村治"模式在实践中得到进一步的推广和发展,并在发展中得到不断完善,形成"乡政村治"的治理新格局。分析其原因,主要有以下两个方面的因素:一是推动农村经济社会发展需要;二是为了化解乡村基层社会矛盾,正是适应这两种客观现实的发展需要,实现了农村社会发展的稳定和谐和可持续,才推出了这一制度安排。这种制度安排客观上既是符合世界政治发展潮流的需要,也为中国民主政治的发展提供了新的路径,是中国民主政治制度的一大进步和表现。1998年,中国农村问题研究中心(华中师范大学)的学者率先对"乡村治理"这一概念进行了界定和表述,随后这一概念便发展成为学界关注研究农村基层民主的热点话题。

此外,针对乡村治理改革实践中出现的种种问题和不足,有学者认为,在当前这种情况下,适应中国改革形势发展变化的需要,为避免改革的"孤岛现象"①,对此就需要注重配套制度改革,做到上下配合、左右联动、制度配套。应该承认,这一时期学界在翻译和介绍国外的治理理论方面做了大量工作,从而推动了治理理论在国内的实践与发展。纵观人类发展的历史,人类社会政治逐步从统治走向治理,治理代替管理,社会管理过程实现进一步优化,政治民主化的趋势愈加明显,公共利益的最大化程度逐步提高,这一趋势已经成为社会发展的普遍趋势。

(二)创新发展阶段

党的十八届三中全会以来,国内关于治理理论的研究与实践进入新时期。

---

① 20世纪90年代以来,我国农村经济体制改革不断深入,加之村民自治制度的不断规范和发展,成为乡镇体制改革的动力来源。各地的乡镇体制改革的切入点和重点都不同,出现了多种模式,有的从乡镇长直选入手,有的侧重乡镇行政管理改革,有的抓党内民主制度建设,还有的试行乡镇综合体制改革,即"定点改革"而非"联片改革",称之为"孤岛现象"。改革能否从试点、试验性的改革变成大面积推广的联片改革,并不取决于改革本身是否有成效,更不取决于地方改革者。一个地方性政治改革能否联片推广,最终取决于中央的看法和态度,当然也同省市领导的支持力度有直接的关联。参见郭正林:《乡镇体制改革中的"孤岛现象"》,《半月谈》(内部版)2004年第8期。

党的十八届三中全会通过的决议首次把治理体系和治理能力现代化作为全面深化改革的总目标,视其为完善和发展中国特色社会主义制度的现实需要。①此后,治理研究在中国受到越来越多的关注,当然,在这一过程中,也必然会出现水土不服的现象,所以把治理理论与中国国情和实践相结合,积极开展本土化研究,就成为其中的一个节点和关键,对此需要特别关注。

在国家启动乡村振兴战略正式出台前后,学界已围绕着乡村建设、乡村发展或乡村经济振兴等方面开始了诸多相应探索与研究,也涉及乡村治理等诸多问题。黄季焜②、项继权③、黄祖辉④、潘家恩⑤等学界专家都对此给予较多关注;陈锡文⑥、韩俊⑦等从当下的中国国情出发,对新时期中国城乡发展、乡村战略布局等诸多主要问题进行了探索;面对"三农"问题中出现的乡村治理衰败抑或复兴之辩,张勇⑧、潘家恩⑨等关注到乡村衰败、乡村复兴、城乡矛盾、城乡失衡等社会现实问题并进行了相应探讨。如许海清的《国家治理体系和治理能力现代化》、俞可平的《论国家治理现代化》,再如胡鞍钢的《中国国家治理现代化》,以及张小劲、于晓虹的《推进国家治理体系和治理能力现代化六讲》,再到张志安的《大国治理:国家治理体系和治理能力现代化》等一系列研究成果不断呈现在学界。

这些研究与探索也进一步厘清了当前中国乡村治理的基本框架与内容,

---

① 《十八大以来重要文献选编》上,北京:中央文献出版社 2014 年版,第 512 页。

② 黄季焜:《中国农业的过去和未来》,《管理世界》2004 年第 3 期。

③ 项继权:《中国农村建设:百年探及路径转换》,《甘肃行政学院学报》2009 年第 2 期。

④ 黄祖辉、徐旭初、蒋文华:《中国"三农"问题:分析框架、现实研判和解决思路》,《中国农村经济》2009 年第 7 期。

⑤ 潘家恩、温铁军:《三个"百年":中国乡村建设的脉络与展开》,《开放时代》2016 年第 4 期。

⑥ 陈锡文:《我国的农村改革与发展》,《领导科学论坛》2017 年第 6 期。

⑦ 韩俊:《谋划好农业现代化大棋局》,《农产品市场周刊》2016 年第 3 期。

⑧ 张勇:《透过"博士春节返乡记"争鸣看乡村问题、城乡矛盾与城乡融合》,《理论探索》2016 年第 4 期。

⑨ 潘家恩:《返乡书写:故乡的"问题",还是"城乡"的困境?》,《文化纵横》2017 年第 3 期。

概括起来,大致涵盖了这样几个方面:一是关于乡村治理的主体的研究。关注到传统的乡村公共治理中的治理主体就是以政府为主导,实践中以政府、乡村精英与普通村民三者结合的方式呈现出来。二是关于乡村公共治理的对象或客体的研究。乡村治理的对象涉及乡村公共服务供给、乡村经济、乡村秩序等。三是乡村治理机制研究。本质来说就是乡村治理组织运行方式,包括治理主体的产生、组织形式、治理资源整合等;从广义上来讲,乡村治理还可以包括乡村财政关系、治理主体内部关系等内容。四是乡村治理的目标问题,涵盖乡村社会公共服务等方面,旨在确保乡村有序发展。

实事求是地说,党和政府决策层已经关注到学界的研究动向及其有关成果,在不同程度上影响到具体实践,并体现在党的一些具体农村政策中,客观上推动了乡村治理体系现代化进程。从中央连续若干个"一号文件"的出台和改革开放以来历届党的代表大会决议等重要文献中也都有体现,如2007年的"一号文件"就明确了这一基本原则,即"党管农村工作是我们党的一个传统和重大原则,也是建设现代农业、推进社会主义新农村建设的根本保证"[①],同时"一号文件"在这里还第一次明确提到了"进一步加强和改进农村社会管理工作"的任务。当然,我们也清醒地认识到,推动当代中国农村治理实现治理的善治,当然不利因素还有不少,这里面包括治理理论本身理论的发展与不成熟等问题,比如"官本位"意识的现实影响,包括刚刚形成的各类民间组织的不成熟等不足,这些问题与因素不可避免都会对治理产生或大或小不同程度的影响。客观上来讲,村民自治也正是作为中国农民的一种崭新的特殊的治理模式在这种环境下逐步发展成长起来的。

在整个国家治理体系中,乡村治理是不可或缺的有机组成部分,甚至可以换句话说乡村治理体系现代化还决定着整个国家治理体系的现代化程度。党的十九大首次明确提出,将构建乡村自治、法治、德治相结合的现代乡村治理

---

① 《中共中央、国务院关于"三农"工作的一号文件汇编》,北京:人民出版社2014年版,第153页。

体系作为推进乡村治理体系现代化的目标和任务。

当代中国的乡村治理既是国家建构现代乡村社会的一个过程,也是一个由国家主导群众参与和创造的过程,两者是统一的并相互促进,共同推动了乡村治理的发展。党的十八届三中全会对国家治理体系和治理能力现代化问题做了相应安排,党的十九大则进一步启动实施了乡村振兴战略,2018年,在中央"一号文件"《中共中央 国务院关于实施乡村振兴战略的意见》中,进一步明确了加强农村基层基础工作的任务,指出要"建立健全党委领导、政府负责、社会协同、公众参与、法治保障的现代乡村社会治理体制,坚持自治、法治、德治相结合,确保乡村社会充满活力、和谐有序"的具体任务①,提出了深化村民自治实践、建设法治乡村、提升乡村德治水平的相应具体要求。

从本质上来说,基层治理体系是国家政权组织管理体系的基础。乡村治理现代化既包括治理能力的现代化,也包括乡村治理体系的现代化。在推进实现两者现代化具体发展进程中,两者是密不可分的。那么乡村治理体系到底该如何定义呢?作为国家治理体系构成中不可或缺的内容所在,我们认为乡村治理体系就是在特定的社会制度下,在乡村基层组织、调节和处理公共事务的具体形式和相应法律规章的总和,这里的乡村治理体系可以理解为操作层面的具体范畴,也可以理解为乡村基层治理体系是国家权力面向乡村治理的一套制度安排。

鉴于当前具体形势的发展与变化,我国改革面临的特殊复杂形势依然不容忽视,可以说处于改革的攻坚期、爬坡期、社会的转型期等多种问题交织在一起,导致利益的多元化、矛盾日益凸显等各种复杂状况集中表现出来,创新乡村治理、维护农村稳定的任务更艰巨更繁重。面对这种复杂形势,我们在推动乡村治理体系现代化的进程中如何推动乡村治理体系的发展呢? 对此,《加强和完善城乡社区治理的意见》中就明确提出:"城乡社区治理事关党和

---

① 《中共中央、国务院关于实施乡村振兴战略的意见》,http://www.moa.gov.cn/ztzl/yhwj2018/spbd/201802/t20180205_6136480.htm。

国家大政方针贯彻落实,事关居民群众切身利益,事关城乡基层和谐稳定……促进城乡社区治理体系和治理能力现代化。"①

客观来说,推动乡村治理体系现代化,其本身是一个复杂的系统工程。正如习近平总书记所指出,新时代构建乡村治理新体系,涵盖了自治、法治和德治。自治是乡村治理的目标,作为基层群众自治制度,它是我国的一项基本政治制度安排,目的在于落实基层民主,是实现全过程人民民主的重要载体;德治是乡村治理体系的重要基石,德治的特点表现更具有持久性、穿透力和感染力,德治既是中国乡村历史绵延不断的传统,也是推动乡村治理体系现代化不可缺少的因素;法治则是乡村治理体系现代化的保障,推动乡村治理体系现代化必然要走乡村法治之路。

党的十九大报告提出,要健全自治、法治、德治相结合的乡村治理体系。以法治手段维护社会秩序,以道德力量规范人们行为,以自治方式调动群众积极性和主动性,三者之间相互联系,有机补充,其中,法治是保障,德治是基础,村民自治是根本,将三者有机结合起来,构建特色鲜明,符合中国国情,具有中国气派的新型乡村治理现代化体系,为推进乡村治理体系现代化进程提供支持和保障。乡村自治、法治、德治这"三治结合"的乡村治理新体系的提出,也有着深刻的时代背景和丰富的内涵所在,必须科学理解、准确把握。现代乡村治理体系最显著的特点之一就是其治理主体的非单一化,现代社会治理体系由组织体系、内容体系、运行体系和保障体系构成。在这其中,主体是乡村治理的组织体系,依据是内容体系,具体路径是乡村治理运行体系,保障体系是有效支撑。它们既相对独立,又互为一体,从而架构起乡村基层治理体系,在治理运行中实现互为前提、互相制约与互相推动。从中国现状来看,"目前中国的乡村治理体系,从性质上看,是行政主导治理模式;从结构上看,是政权组织(党政组织)为主体的单中心治理;从功能上看,仍是动员与组织为核心的

---

① 《中共中央、国务院关于加强和完善城乡社区治理的意见》,北京:人民出版社 2017 年版,第 1 页。

功能结构;从运行机制看,是自上而下的压力推动型体制"。①"三位一体"的现代乡村治理体系,区别于以往乡村治理思路的片面化和碎片化,乡村治理不再单独依靠某一方面的治理资源,而是综合多个方面的治理资源。

第二节 马克思主义关于乡村
治理的理论概述

马克思、恩格斯对乡村治理所涉及的有关问题均有相关论述。马克思、恩格斯关于乡村治理的有关论述,是新时代乡村治理体系现代化不可或缺的理论来源。如马克思在《关于林木盗窃法的辩论》中就表达了对农民利益的关注,严厉抨击了普鲁士政府的做法,立场坚定地站在民众一边,维护农民的利益。为此,普鲁士政府查封莱茵报。再如,在《德意志意识形态》一文中对城乡对立问题做了分析;此外,在《共产党宣言》《德国农民战争》《法德农民问题》等中马克思对农民问题、城乡关系问题、农业发展问题、农民利益问题等进行了持续的关注。

一、马克思有关乡村治理的主要观点概述

（一）马克思、恩格斯有关乡村治理的认识与阐述

早在马克思主义产生之前,关于国家与社会关系架构的认识,主要存在两种不同认识,具有一定的代表性:一是"市民社会先于或外于国家"学说,以洛克为代表;一是"国家高于市民社会",以黑格尔为代表②。洛克派,其主要观点是,突出了国家在社会发展中的工具性地位,是实现目的的手段,而非终极目的,而黑格尔派主要观点认为国家与社会两者关系密切、相互依存,认为国

---

① 朱新山:《中国乡村治理体系现代化研究》,《毛泽东邓小平理论研究》2018 年第 4 期。

② 邓正来、亚历山大·杰:《国家与市民社会:一种社会理论的研究路径》,上海:上海人民出版社 2006 年版,第 77—100 页。

家对社会具有干预功能。作为一对理论范畴，二者关系密切，共同助推社会发展。

　　作为科学社会主义的创立人，马克思在批判继承黑格尔哲学思想的基础上，对国家与社会的关系作了新的科学概括，他认为："国家划分为家庭和市民社会，这是理想的，就是说，是必然的划分，是国家的本质所在。家庭和市民社会是国家的现实的构成部分，是意志的现实的精神存在，它们是国家的存在方式。家庭和市民社会使自身成为国家。"①"政治国家没有家庭的自然基础和市民社会的人为基础就不可能存在。它们对国家来说是必要条件。"②此后，他又进一步清楚地用"社会有机体"的概念来表达国家与社会的关系，国家源于且处于社会有机体的组织体系之中，他指出："把政治国家看作机体，因而把权力的不同不再看作机械的不同，而是看作有生命的和合乎理性的不同，——这是前进了一大步。"③

　　关于乡村治理的有关理论认识与理解，马克思更多的是从社会治理角度来进行相应的观察分析。马克思和恩格斯运用历史唯物主义的原理观点，对政党、国家与社会的相互关系及市民社会的社会自治等问题进行了分析阐述，认为，政党产生的社会基础就是市民社会，也是国家机器运行的社会土壤，因而，市民社会规定和制约着政党与国家，并引导着国家最终走向市民社会。"在生产、交换和消费发展的一定阶段上，就会有相应的社会制度形式、相应的家庭、等级或阶级组织，一句话，就会有相应的市民社会。有一定的市民社会，就会有不过是市民社会的正式表现的相应的政治国家。"④

　　在谈到国家以及相关管理制度时，马克思又进一步明确了自己的观点，他认为："'国家'这种同市民社会的本质不相容的彼岸之物通过自己的代表来

---

①　《马克思恩格斯全集》（第 3 卷），北京：人民出版社 2002 年版，第 11 页。
②　《马克思恩格斯全集》（第 3 卷），北京：人民出版社 2002 年版，第 12 页。
③　《马克思恩格斯全集》（第 3 卷），北京：人民出版社 2002 年版，第 15 页。
④　《马克思恩格斯选集》（第 4 卷），北京：人民出版社 2012 年版，第 408 页。

反对市民社会,从而巩固自己的地位。'警察'、'法庭'和'行政机关'不是市民社会本身赖以捍卫自己固有的普遍利益的代表,而是国家用以管理自己、反对市民社会的全权代表。"①所谓国家行政机关、警察司法制度等不过是政治国家的代表而已等这些观点和理论,不仅丰富了其国家学说的精髓,也奠定了马克思主义"社会本位"的方法论,无疑,这些为创新中国特色社会主义国家治理体系包括乡村治理提供了科学指导。

关于农村合作与社会分工有关理论与实践问题,马克思、恩格斯也对此进行深入探讨和分析。马克思恩格斯认为,在现代化生产中,小农生产属于一种落后的生产方式,因此随着工业化的发展,小农必然面临着改造,但如何改造则是需要特别注意其特殊性。他认为,改造小农主要是通过合作社的组织形式,在这一改造过程中需要两个原则,一是自愿原则,二是不能剥夺农民的原则,并强调自愿和不能剥夺农民的原则是不可改变的必须不折不扣地实行;当然,马克思恩格斯也并没有把合作社视为改造小农唯一的固定组织形式,而仅仅是把合作社作为社会化生产的一种组织形式,其本身不存在"资"和"社"的性质之分。②

在马克思、恩格斯他们看来,无论是对于资本主义而言,还是对于社会主义而言,小农经济无疑都是一种落后的小生产经济,而实现农业现代化则是农业生产发展的必然趋势,而农业现代化的实现只能是通过改造小农经济,发展大农业来提高农业生产率才能最终实现。不可否认,在具体实现路径,马克思、恩格斯也给出了走农业集约规模经营和走农业合作社这样两条道路,正如马克思所论述的,"所谓集约化耕作,无非是指资本集中在同一块土地上,而不是分散在若干毗连的土地上的各国"③。可见,马克思对将资本等要素集中到一块土地上进行集约化农业生产视为实现现代化的一个重要的发展过程是

---

① 《马克思恩格斯全集》(第 1 卷),北京:人民出版社 1956 年版,第 306 页。
② 王贵宸:《关于改造小农的若干理论问题》,《中国农村观察》1999 年第 1 期。
③ 《马克思恩格斯文集》(第 7 卷),北京:人民出版社 2009 年版,第 760 页。

认可的。当然，"现存的大地产将给我们提供一个良好的机会……从而使小农明显地看到通过联合进行大规模经营的优越性"①。

农业基础地位论是马克思社会生产理论的重要内容，也是实现乡村治理的物质基础。马克思强调指出："农业劳动是其他一切劳动得以独立存在的自然基础和前提。"②正如他所谈到的："人们为了能够'创造历史'，必须能够生活。但是为了生活，首先就需要吃喝住穿以及其他一些东西。因此第一个历史活动就是生产满足这些需要的资料，即生产物质生活本身，而且，这是人们从几千年前直到今天单是为了维持生活就必须每日每时从事的历史活动，是一切历史的基本条件。"③这里所说的农业生产是指一切社会存在和发展的基础，是人类生存和劳动力再生产的基础。只有在农民剩余劳动的基础上，才有可能产生产业分工，事实上，农业劳动生产率和为非农产业部门提供的食物来源成正比，从农业劳动力解放出来的劳动力越多，自然对非农产业部门的发展所能够提供的支持也就越多。事实上，作为人类生存的物质基础，作为劳动力的生产和再生产的基础，农业始终是食物的重要来源，处于不可替代的地位。正如马克思指出："社会上的一部分人用在农业上的全部劳动——必要劳动和剩余劳动——必须足以为整个社会，从而也为非农业劳动者生产必要的食物；也就是使从事农业的人和从事工业的人有实行这种巨大分工的可能，并且也使生产食物的农民和生产原料的农民有实行分工的可能。"④在1882年12月22日，恩格斯在致马克思的信中，也同样肯定了这一点，认为："通过劳动积蓄能量，实际上只有在农业中才行……一切工业劳动者都要靠农业、畜牧业、狩猎业和渔业的产品维持生活这一早已尽人皆知的经济事实。"⑤

马克思还进一步论述了实现农业合作化的问题，如何更好地实现土地私

---

①　《马克思恩格斯文集》（第3卷），北京：人民出版社2009年版，第331页。
②　《马克思恩格斯全集》（第33卷），北京：人民出版社2004年版，第27页。
③　《马克思恩格斯选集》（第1卷），北京：人民出版社2012年版，第158页。
④　《马克思恩格斯文集》（第7卷），北京：人民出版社2009年版，第716页。
⑤　《马克思恩格斯全集》（第35卷），北京：人民出版社1971年版，第130页。

有制向公有制转变,他认为需要采取合适的办法来对待农业合作化,他指出:"把各个农户联合为合作社,以便在这种合作社内越来越多地消除对雇佣劳动的剥削,并把这些合作社逐渐变成一个全国大生产合作社的拥有同等权利和义务的组成部分。"①事实上,先由农民合作成立农业合作社,继而在合作社的基础上,逐步实现土地占有关系转变为集体所有,从而在生产关系上实现飞跃和质的变化,这样显然更有利于农业的发展和社会主义大农业的实现。不可否认,我国在"三大改造"时期的一些做法就是依据于此,可见乡村治理的重要内容就是推动农村经济的发展,尤其农业的发展更是不可分割的重要内容。

关于对乡村发展问题,马克思、恩格斯的有关论述也主要是围绕着消除城乡差别和工农差别而展开的。消除城乡分离是推动乡村发展的有效办法。在人类社会发展的一定历史阶段,无论是农业同工商业的分离,还是城市与乡村的分离,其实质都是商品经济发展和社会分工的必然产物。正如马克思所分析:"一个民族内部的分工,首先引起工商业劳动同农业劳动的分离,从而也引起城乡的分离和城乡利益的对立。"②事实上,资本主义社会化大生产首先是带来了劳动力的全面流动性,一方面,通过农业工业化和农业规模化经营,从而实现了从土地上释放了大量过剩的农业劳动力;另一方面,客观上来看,现代大工业的发展为城市吸收这些劳动力提供了必要条件。在《资本论》中,马克思分享了他的认识和观点:"一切发达的、以商品交换为中介的分工的基础,都是城乡的分离。可以说,社会的全部经济史,都概括为这种对立的运动。"③可见,他们的基本观点都是一定历史阶段的产物,从工商业与农业的分离,到城乡分离,乃至城乡对立,都是如此。

马克思、恩格斯也认识到以小块土地所有制和小生产为主要特征的农民

---

① 《马克思恩格斯选集》(第4卷),北京:人民出版社2012年版,第374页。
② 《马克思恩格斯文集》(第1卷),北京:人民出版社2009年版,第520页。
③ 《马克思恩格斯选集》(第2卷),北京:人民出版社2012年版,第215页。

阶级,在现代社会化大生产面前,注定了农民阶级的必然消亡,这是历史发展的一个必然过程,其消亡过程虽然漫长,但不可逆转,随着现代化进程的演进,其内部也必然会出现新的阶层分化,并形成了包括富裕农民阶层、小农阶层和农业工人等在内的多个阶层,以及最终丧失土地而沦为农村无产阶级。由此可见,农民自身的生产方式和生活方式的不足或者其落后性,在实践中更多的是以分散性、闭塞性、隔绝性的特点呈现出来,无疑这是小农阶级自身在一定发展阶段所固有的缺陷,也正因如此,导致了小农阶级极易成为现代社会中最稳定和保守的因素,客观上也在一定程度上助推了专制官僚政治的延续。

总的来看,在事关乡村治理问题方面,马克思、恩格斯的有关认识具有这样几个特点:

一是认为城乡对立问题的解决有赖于生产力的发展。对此,马克思指出:"乡村农业人口的分散和大城市工业人口的集中,仅仅适应于工农业发展水平还不够高的阶段","把每个人的生产力提高到能生产出够两个人、三个人、四个人、五个人或六个人消费的产品;那时,城市工业就能腾出足够的人员,给农业提供同此前完全不同的力量;科学终于也将大规模地、像在工业中一样彻底地应用于农业"①。

二是注意到政府在解决城乡差别中能够发挥不可或缺的作用。马克思特别强调:城乡差别和工农业差别的缩小,包括农村交通状况、农业生产条件等方面状况的改善等涉及农村公益方面的长期固定投资,理应由政府来承担才是最合适的选择。同样,政府在解决农村居民面临的诸多问题方面都可以发挥积极的作用,如"实行普遍的免费的国民教育"②等。客观来说,马克思也始终秉持这样一个基本认识,"彻底消灭阶级和阶级对立;通过消除旧的分工,通过产业教育、变换工种、所有人共同享受大家创造出来的福利,通过城乡的

---

① 《马克思恩格斯选集》(第4卷),北京:人民出版社2012年版,第460页。
② 《马克思恩格斯文集》(第4卷),北京:人民出版社2009年版,第238页。

融合,使社会全体成员的才能得到全面发展"①。

三是注意到科技会影响到城乡关系的发展。如关于蒸汽机的发明和应用,马克思、恩格斯两人对此都作出肯定性认识,认为:"这一发现使工业彻底摆脱几乎所有的地方条件的限制,并且使极遥远的水力的利用成为可能,如果说在最初它只是对城市有利,那么到最后它必将成为消除城乡对立的最强有力的杠杆。"②事实上,也正是有了蒸汽机的发明和广泛应用等技术的诞生,进一步加速西方资本主义工业的快速发展,极大地改善了原来相互隔绝状态的城乡之间的联系。

四是注意到人口的自由流动有利于缩短工农业和城乡的差别。人口迁移的动力源于对增加收入的追求,而工业化前的小农经济是自给自足经济,缺乏这一动力刺激。工业化经济的发展则为迁移人口提供了消化动力,客观上来说,农业的规模经营和机器的大规模使用也受益于农业工人的自由迁移和流动,从而为其提供了相应的便利条件,并有利于农业工人工资的提高,从而为实现城乡差别和工农差别不断缩小提供了现实和可能。

五是认识到农民在革命中的地位和作用是革命"合唱"中不可或缺的。在《法德农民问题》一文中,恩格斯对农民的性质、特点、经济地位、阶层构成等问题都做了认真的剖析,对小农的产生及其经济地位的变化做了考察,他指出:"从爱尔兰到西西里,从安达卢西亚到俄罗斯和保加利亚,农民到处都是人口、生产和政治力量的非常重要的因素。"③此外,恩格斯也对其未来做了一定预测和判断,认为:"我们预见到小农必然灭亡,但是我们无论如何不要以自己的干预去加速其灭亡。"④在谈到法国大革命和拿破仑统治时期,马克思对此也作出了相应的分析和判断,指出:"小块土地所有制的经济发展根本改

---

① 《马克思恩格斯文集》(第 1 卷),北京:人民出版社 2009 年版,第 689 页。
② 《马克思恩格斯文集》(第 10 卷),北京:人民出版社 2009 年版,第 500 页。
③ 《马克思恩格斯文集》(第 4 卷),北京:人民出版社 2009 年版,第 509 页。
④ 《马克思恩格斯全集》(第 29 卷),北京:人民出版社 2020 年版,第 606 页。

变了农民与其他社会阶级的关系。在拿破仑统治时期,农村土地的小块化补充了城市中的自由竞争和正在兴起的大工业。农民阶级是对刚被推翻的土地贵族的普遍抗议。小块土地所有制在法国土地上扎下的根剥夺了封建制度的一切营养物。小块土地的界桩成为资产阶级抵抗其旧日统治者的一切攻击的自然堡垒。"①从而肯定了解决农民土地问题对于推翻封建地主阶级的积极意义。

对于农民阶级的局限性和不足,马克思也有清醒的认识,他指出:"就像一袋马铃薯是由袋中的一个个马铃薯汇集而成的那样。数百万家庭的经济生活条件使他们的生活方式、利益和教育程度与其他阶级的生活方式、利益和教育程度各不相同并互相敌对,就这一点而言,他们是一个阶级。而各个小农彼此间只存在地域的联系,他们利益的同一性并不使他们彼此间形成共同关系,形成全国性的联系,形成政治组织,就这一点而言,他们又不是一个阶级……归根到底,小农的政治影响表现为行政权支配社会。"②

在深入分析农民阶级分化规律的基础上,马克思、恩格斯深入探讨了农民阶级和工人阶级及其政党的关系之后,对于工农联盟重要性给予了充分肯定。当然,我们也知道农民阶级由于阶级属性问题,其自身也存在固有的缺陷和不足,导致农民阶级自身很难作为一个独立的阶级去从事争取和维护自身利益的运动。事实上,在革命实践中,农民阶级往往是通过追随其他阶级,来实现自己的利益。所以,就出现了这样一种情况,"农民就把负有推翻资产阶级制度使命的城市无产阶级看做自己的天然同盟者和领导者"③;而在工人阶级还是少数的国家里,要想取得社会主义革命的胜利,无产阶级就要想方设法争取到农民阶级这个同盟军的支持,正如马克思、恩格斯在总结 1848 年欧洲革命和 1871 年巴黎公社经验时所做的形象比方,"无产阶级革命,如果获得了农民

---

① 《马克思恩格斯文集》(第 2 卷),北京:人民出版社 2009 年版,第 569 页。
② 《马克思恩格斯文集》(第 2 卷),北京:人民出版社 2009 年版,第 566 页。
③ 《马克思恩格斯文集》(第 2 卷),北京:人民出版社 2009 年版,第 570 页。

的支持,就会得到一种合唱,若没有这种合唱,它在一切农民国度中的独唱是不免要变成孤鸿哀鸣的"。①

针对如何巩固工农联盟问题,马克思、恩格斯还提出了一些具体对策与设想。如他认为,在19世纪中叶,西方发达国家工业化初期产生的,而又称得上真正意义上的农民合作组织,其实质是小农"自下而上"的民间互助自救组织。为了争取建立民主政治或直接取得政权,马克思、恩格斯对此都给予了肯定的回答:"无产阶级要想有任何胜利的可能性,至少应当善于变通,直接为农民做很多的事情,就像法国资产阶级在进行革命时为当时法国农民所做的那样。"②当然,恩格斯的态度也非常明确,认为:"为了农民的利益而必须牺牲的一些社会资金,从资本主义经济的观点看来好像只是白花钱,然而这却是一项极好的投资,因为这种物质牺牲可能使花在整个社会改造上的费用节省十分之九。因此,在这个意义上说来,我们可以很慷慨地对待农民。"③

综上所述,可以看出,马克思关于乡村治理的认识多是以管理的形式出现,这一点是明确的,他还没有明确提出治理这一概念,但其社会管理思想的有关论述不仅对当前我国的社会管理工作具有很强的指导意义,而且也为构筑新型乡村治理结构、加强对国家治理的创新等方面,在方法论上提供了理论渊源和现实指导。

(二)列宁关于乡村治理的有关理论与阐述

正是在对马克思恩格斯有关社会管理理论批判吸收和借鉴的基础上,并结合俄国国情和实际,列宁创造性提出了关于社会管理、村苏维埃建设和农村转型发展等有关思想,总结和提升了关于国家治理,尤其乡村治理方面的理论,从俄国革命、建设的实际出发,关注到了广大农村农业农民问题,其中涉及

---

① 任涛、孔庆榕、张大可:《统一战线与中华民族凝聚力》,北京:中国社会科学出版社2000年版,第134页。
② 《马克思恩格斯文集》(第3卷),北京:人民出版社2009年版,第404页。
③ 《马克思恩格斯选集》(第4卷),北京:人民出版社2012年版,第372页。

乡村治理方面有些理论与观点值得我们关注和借鉴。

首先，非常注重村苏维埃组织建设。在成功领导十月革命后，通过实践，进一步认识到农民阶级如何参与国家政权和村苏维埃政权建设的重要性，对此，列宁明确提出要把村苏维埃政权建设列入社会主义国家整体政权建设的重要内容，无论是在理论上，还是实践上主张大力推动村苏维埃政权的建立和完善。通过实施农村基层政权—村苏维埃，实现直接民主制在基层的落实，最终实现广大工农群众能够直接行使管理政权的权利。在列宁主持下制定的1918年苏维埃国家宪法对此有明确规定：村苏维埃代表及其执行委员会委员，一律由村全体选民直接选举，向选民负责，不脱产，即实行人民直接民主制，实行"议行合一"，"苏维埃宪法保证工农劳动群众比在资产阶级民主和议会制下有更大的可能用最容易最方便的方式来选举和罢免代表，同时也就消灭自巴黎公社时起就已暴露出来的议会制的缺点，特别是立法权和行政权分离、议会脱离群众等缺点。"①具体来说，也就是要建立以无产阶级为领导的、联合其他各劳动阶层的国家政权。对此，列宁指出："任何一个农民都知道这个真理。所以大多数农民愈觉悟，就会愈迅速愈坚决地作出自己的选择：赞成同工人结成联盟，赞成同工人政府妥协，反对地主的国家或资本家的国家；赞成苏维埃政权，反对'立宪会议'或'民主共和国'；赞成同布尔什维克共产党员妥协，反对支持资本家、孟什维克和社会革命党人！"②

其次，认识到加大乡村法治建设的必要性和重要性。他认为宪法是治国理政的总的章程和依据，健全完备的法律制度是国家治理的基本保障。十月社会主义革命胜利后，国家对民主法制建设高度重视，在他的领导和支持下，先后制定和出台了《苏俄宪法》《土地法令》《苏俄刑法典》《苏俄民法典》等在内的多部法律，客观来说，这一时期的法制建设为苏维埃俄国的法律体系的建构奠定了坚实的基础。事实上，这一法律体系为推动包括乡村治理在内的国

---

① 《列宁全集》（第36卷），北京：人民出版社2017年版，第100页。

② 《列宁全集》（第36卷），北京：人民出版社2017年版，第361页。

家治理发展提供了强有力的制度支撑和法律保障。

第三,对发展社会主义民主、强化群众监督事宜给予了高度重视和关注。列宁认为从根本上铲除官僚主义产生的土壤的根本途径,就要切实做到官员的权力只有由群众授予,只有这样,官员才能对群众负责。他指出:"一切官吏应由选举产生,并且可以随时撤换,他们的薪金不得超过熟练工人的平均工资。"①

第四,高度重视政权廉政建设,反对官僚主义的思想。在国家政权建立后,列宁认识到在苏维埃政权建设的实践中,同样存在严重的官僚主义,并导致产生严重后果,逐步发展成为社会的一个毒瘤,这对于苏维埃政权的巩固具有严重侵蚀后果。针对这种状况,列宁也给出相应的应对策略,认为需要从制度上进一步完善社会主义民主制度、建立完善的监督体系,发扬社会民主等方面的制度建设上来减少官僚主义产生的根源。

最后,高度重视人民在国家和社会治理中的作用。他剖析了国家和人民的密不可分关系,认为,作为无产阶级政党其自身没有任何私利,对此就要依靠人民群众开展社会建设和公共事务的管理,"采取一系列逐步的、经过慎重选择而又坚决实行的措施,以吸引全体劳动居民独立参加国家的管理工作"。②

总之,列宁关于国家和社会治理的思想和观点内容丰富,尤其是对于开展国家治理包括乡村治理等方面提出了一系列比较切实可行的主张和观点,并积极投入到乡村治理的伟大实践中,无疑这为我们推进国家治理,特别是创新乡村治理提供了丰富的理论借鉴和实践支持。

二、经典作家关于乡村治理问题的现实启示

马克思,恩格斯和列宁的有关乡村社会管理的理论为我们推动乡村治理、

---

① 《列宁全集》(第29卷),北京:人民出版社2017年版,第115页。
② 《列宁全集》(第36卷),北京:人民出版社2017年版,第85页。

促进乡村治理体系现代化提供了强大的理论支撑。我们党在遵循马克思主义基本立场和观点的基础上，坚持人民中心地位，对农民的愿望和利益予以关注和尊重，并着眼于实现好、维护好、发展好，尊重广大农民的根本利益，大力发展农村社会事业，促进了乡村治理体系现代化的发展，在实践中进一步有效调动了农民的积极性、主动性和创造性。

（一）注重发展生产力

乡村治理离不开坚实的物质基础的保障。今天看来，无论我们如何重视农业的基础地位都不为过。事实上，无论何时、何地，无论哪个国家，如果没有农业的发展，就没有粮食的安全，就谈不上真正的现代化。马克思、恩格斯对于农业高度重视，在《资本论》中，马克思明确谈到自己的观点："一切劳动首先而且最初是以占有和生产食物为目的的"，"食物生产是直接生产者生存和一切生产的首要条件"。① 恩格斯也明确肯定了一件最简单明了的事情，他在《在马克思墓前的讲话》中指出："人们首先必须吃、喝、住、穿，然后才能从事政治、科学、艺术、宗教等等；所以，直接的物质的生活资料的生产，从而一个民族或一个时代的一定的经济发展阶段，便构成基础，人们的国家设施、法的观点、艺术以至宗教观念，就是从这个基础上发展起来的，因而，也必须由这个基础来解释，而不是像过去那样做得相反。"②不可否认，历史唯物主义的这种基本理论为马克思主义者正确认识人民群众及其在社会历史发展中的地位和作用提供了理论前提和基本立场。

在革命战争年代，中国共产党就高度重视农业生产。在井冈山革命根据地时期，毛泽东就指出，要重视农村革命根据地在革命中的重要地位。在此基础上，他提出了中国革命的道路与各国十月革命之所以不同，那就是必须关注到中国的特殊国情，敌人的统治力量集中在城市，而在农村则是敌人统治薄弱的地方，中国革命只能走农村包围城市武装夺取政权的道路。红军长征胜利

---

① 《马克思恩格斯文集》（第7卷），北京：人民出版社2009年版，第713、715页。

② 《马克思恩格斯文集》（第3卷），北京：人民出版社2009年版，第601页。

到达延安,中央及时根据抗日战争敌我矛盾形势的发展变化,中国共产党在其控制的区域内发动了一场军队屯田和鼓励生产的群众运动,通过这场以自给自足为目标的大规模生产自救运动,推动了农业、商业的恢复和发展,经济上也基本实现了自给自足。

新中国成立后,毛泽东等中央领导对我国的农业现代化问题同样也给予了高度重视关注。经过三年的经济恢复,农业生产取得了巨大成就:农业总产值比 1949 年增长 53.5%,年递增率为 15.3%。① 客观来说,对于我们这样一个农业人口大国,以农业为基础发展国民经济,理应成为我国经济建设的指导思想,理应成为制定各项政策的依据所在。对此,毛泽东也特别指出,"这里所讲的工业化道路的问题,主要是指重工业、轻工业和农业的发展关系问题"。② 显然,以农业为基础,以工业为主导作为发展我国国民经济的总方针,既符合马克思主义的基本要求,也符合中国的实际国情,当然也是马克思主义中国化的结果。

改革开放以来,我国的改革首先从调整农业生产开始。从安徽小岗村的分田到户,到全面推行统分结合的农村双层经营体制③,再到中央的二十多个"一号文件"④,充分体现了我们党对农业的重视,在推进乡村治理体系现代化的进程中,必须对农业问题高度重视,粮食安全对一个国家一个民族来说至关重要,农业的现代化对于乡村治理现代化来说是不可或缺的基础和关键,农业受制于人,何谈实现农村农业的现代化。经典作家的这些理论和论述都一再

① 转引邓宗豪:《毛泽东关于中国农业现代化的思想》,《毛泽东思想研究》1997 年第 6 期。
② 《毛泽东文集》(第七卷),北京:人民出版社 1999 年版,第 240—241 页。
③ 指家庭分散经营和集体统一经营相结合的一种经营模式。它是一种适合中国农村改革之需,推动中国农村经济大发展的经营体制。这种经营体制是在打破了原来的集体所有、集体集中统一经营的体制之后而建立的,是一种新型的经营体制。农村双层经营体制,是目前我国农业的生产方式,也是目前我国农村的生产关系。农村社会关系的和谐程度决定于农村双层经营体制的完善和稳定。
④ 自 1982 年至 1986 年,2004 年至 2021 年,累计 23 次发布以"三农"为主题的中央"一号文件",充分体现了党对"三农"问题的高度重视和"三农"问题的特殊性。

提示我们在推进中国农村治理现代化进程中要始终关注农业问题,始终重视农业问题,才能为实现党的农村治理能力现代化奠定扎实的基础。

（二）尊重农民主体地位

乡村治理主体多元化是现代化国家发展的一种必然趋势,尤其对发展中国家来说,必须重视农民在乡村治理中的主体地位。在中国共产党推动乡村治理的百年变迁中,无论是革命时期,还是建设时期,乃至今天的改革开放时期,尤其中国特色社会主义进入新时代,在乡村治理体系现代化进程中,农民都是当仁不让的主体,对此需要予以尊重并确认,方能更好地调动农民在乡村治理中发挥应有的积极性、主动性和创造性,吸引农民主动参与到乡村治理的实践行动中来。

马克思、恩格斯十分重视农民及农民问题,在无产阶级革命事业中,可以说农民是处于具有重要因素的地位。他在总结法国大革命失败的教训时指出:"在革命进程迫使他们承认无产阶级是自己的先锋队而靠拢它以前,法国的工人们是不能前进一步,不能丝毫触动资产阶级制度的。"①1856 年,马克思在给恩格斯的信中也阐述了这一问题,指出:"德国的全部问题将取决于是否有可能由某种再版的农民战争来支持无产阶级革命。如果那样就太好了……"②因此,应努力使农民起来认识到工人阶级是其利益的代表,而拥护工人阶级。马克思、恩格斯对农民及农民问题的重视,并努力在革命实践中加以贯彻,为我们作出了典范。

对于农民同时具有革命的倾向和保守的倾向的两重性,马克思也进行了有力的揭示,对此,他认为要辩证地分析看待,既要肯定其革命性,又要批评其不足。如何划分农民阶级呢? 在这方面,革命导师马克思、恩格斯为我们作出了典范,在《路易波拿巴的雾月十八日》一文中,马克思根据当时的法国农民状况做了分析,把农民分为两类:"革命的农民"和"保守的农民";在《法兰西

---

① 《马克思恩格斯选集》(第 1 卷),北京:人民出版社 2012 年版,第 455 页。
② 《马克思恩格斯选集》(第 4 卷),北京:人民出版社 2012 年版,第 427 页。

内战》初稿中,马克思又将他们划分为大地主(富有的地主)或大土地所有者、中等小资产阶级、小资产阶级、农民和农业无产阶级。后来,恩格斯在《德国的革命和反革命》一文中,也对农民阶级进行了分析,指出农民阶级一方面占全国人口的大多数,另一方面来说,它本身又分为"富裕的农民""小自由农""封建佃农""农业工人"等几类,"革命对他们中的每个人都有利,因此可以预料,一旦运动全面展开,他们就会一个跟着一个参加进来"。①

(三)推动城乡一体融合发展

应该说从建党之初直到今天,中国革命的胜利、城市和工业的发展都离不开农业、农村的发展并为之作出了相应付出。进入新时代,正如习近平总书记所指出的:"党和国家事业取得历史性成就、发生历史性变革,为实现中华民族伟大复兴提供了更为完善的制度保证、更为坚实的物质基础、更为主动的精神力量。中国共产党和中国人民以英勇顽强的奋斗向世界庄严宣告,中华民族迎来了从站起来、富起来到强起来的伟大飞跃,实现中华民族伟大复兴进入了不可逆转的历史进程!"②从而为实施工业反哺农业、城市支持农村提供了更为强大的物质基础和制度条件保障,当前为实现工业与农业、城市与农村的协调发展,进一步推动乡村振兴战略,实施乡村建设行动计划等,都迫切需要进一步加大对农村、农业的支持力度,这也是被国际社会发展所证明了的一个基本规律。

乡村治理现代化并不是脱离城市而单独存在,实践中需要统筹处理好城乡之间、区域之间发展的不平衡问题。从马克思、恩格斯的视角或者立场观点来看,之所以会出现城乡发展不平衡不协调现象,根源还是在于生产力发展不够而导致的,所以解决办法也只能是用生产力的发展来解决农村发展的问题。马克思、恩格斯认识到,只要大力发展生产力,"城市工业就能腾出足够的人

---

① 《马克思恩格斯选集》(第1卷),北京:人民出版社2012年版,第572页。
② 习近平:《在庆祝中国共产党成立100周年大会上的讲话》,北京:人民出版社2021年版,第7页。

员,给农业提供同此前完全不同的力量"①。无疑,这一观点即便在今天来看,对于我们实现共同富裕依然有现实意义。

不可否认,马克思、恩格斯在看到城乡差别和工农差别的同时,也看到了两者差别出现逐步缩小的趋势。正如马克思所说过:"城乡关系一改变,整个社会也跟着改变。"②基于此,我们在推进乡村治理体系现代化的进程中,当然离不开以工业来实现对农业的反哺,乡村的发展离不开城市的支持,城市的发展也离不开乡村的支持,需要通过缩小城乡差距,实现城乡基本公共服务均等化;通过"多予少取放活"③,逐步实现农民收入的持续稳定增加,实现农业发展的新的飞跃。只有城乡协调发展,城乡居民都过上小康生活,全面建成小康社会的目标才能真正实现落地。

在马克思、恩格斯看来,科学技术对于城乡发展具有巨大的推动作用,客观上来说,进入 21 世纪以来,科技对城乡的发展的推动作用更加凸显,特别是随着信息化、大数据等新技术的发展,信息技术日益渗透到包括农村、城市在内的角角落落,而互联网等新技术的推广和应用,使城乡之间的互动与交流更加通畅和便捷。事实上,城市文明也因此而呈加速发展,城市先进的治理方式、生活方式、先进文化等会更加快速、在更大范围内传播到遥远的农村,客观上也会加速乡村治理的现代化进程。

第三节　中国传统乡村治理的历史演进与启示

自古以来中国就是一个农业大国,其治理方式主要依靠礼节来规范和引导村民的行为,从而实现乡村社会的稳定。有学者把中国传统社会中这种农

---

① 《马克思恩格斯选集》(第 4 卷),北京:人民出版社 2012 年版,第 460 页。
② 《马克思恩格斯文集》(第 1 卷),北京:人民出版社 2009 年版,第 618 页。
③ 《十七大以来重要文献选编》(上),北京:中央文献出版社 2009 年版,第 133 页。

村治理模式称之为："国权不下县，县下唯宗族，宗族皆自治，自治靠伦理，伦理出乡绅。"进入新时代，乡村治理面临新的机遇和挑战。习近平总书记指出："我国今天的国家治理体系，是在我国历史传承、文化传统、经济社会发展的基础上长期发展、渐进改进、内生性演化的结果。"①当前，"三农"问题依然是制约我国实现国家治理体系和治理能力现代化的关键和瓶颈所在，客观上也制约着我国经济社会的可持续健康发展。实现国家治理现代化，也需要从传统乡村治理实践中汲取经验和教训。

一、中国传统乡村治理的历史演进

在传统中国农村社会很长一段时间以来一直保持着相当程度的自治，统治阶级只是直接统治着若干在战略上具有一定价值的地区，对广大的农村地区来说则是薄弱环节，也就是所谓"皇权不下县"，在这种治理模式下，基层权力受到国家权力的影响较小，乡村民间精英的治理权威在乡村得到彰显。

（一）以乡绅自治为特点的传统乡村自治

自古以来，中国就是一个以农耕文明悠久著称的农业大国，特别是秦朝开辟了中国历史上中央集权的先河，此后在漫长的历史长河中，国家权力一直呈现向基层不断延伸的态势。当然，历史发展的现实，受交通状况、财政收入等多种社会因素的影响与制约，国家政权在延伸基层实践中受到多种制约，并没有真正在乡村社会得以扎根，所以才有了所谓"皇权止于县政"。中国进入近代社会以来，为了实现对乡村社会的税收、兵役等事宜管理的便利，国家开始对乡村基层社会进行严密控制乃至直接管理。

无论是春秋时期的乡里制度，还是后来的保甲制度，虽历经变化，名称有所区别，但是其重要职能都是承担了编户齐民的作用。作为一种城邑社会，中国古代社会的城邑其功能是多种的，主要表现为经济、宗教、安全等功能，也是

---

① 《习近平谈治国理政》，北京：外文出版社2014年版，第105页。

人们的命运共同体。正如《史记》载博士卫平与宋元王谈论春秋以前城邑的一段话所揭示的:"圣人……故牧人民,为之城郭,内经闾术,外为仟佰。夫妻男女,赋之田宅,列其室屋。为之图籍,别其名族。立官置吏,劝以爵禄。"①无疑,在中国传统农村治理实践中,突出了人口控制与资源控制,徐勇教授曾经对此开展了相应的研究,认为:"无论是乡亭里制还是保甲制,都表明了封建社会一开始,中国王朝体系就力图将权力的触角延伸到最基层的乡村地方,从直接统治的乡亭制到间接控制的保甲制的演变,只是为了适应乡村社会组织的变化,更有效地统治乡村。"②当然,在此过程,我们也需要注意到一个事实,随着土地兼并程度的不断加剧,人口流动在一定程度上实现了加速,特别是随着明末清初商品经济的发展,加上清朝政府赋税政策的调整与变化,改行摊丁入亩,保甲组织的功能得到进一步强化,成为发挥行政职能的地方基层行政组织,从而推动了乡村治理的进一步变化,而中国传统社会经济单位较为单一,生产方式封闭,属于典型的小农经济社会,在这种封闭的熟人社会里,实行的是"乡绅自治",在这里,民间行为规则往往由当地乡绅阶层制定和掌握,从而使乡村社会的治理得到有效控制,也使得国家降低了在乡村基层设置政权必要性的认识。

(二)近代乡村社会政权的嬗变

在中国两千多年的封建王朝统治时期,其中绝大部分时间是中央高度集权统治。从中央到地方通过一个等级森严的封建官僚集团实行"皇权代理人"的方式来实现国家对乡村基层的治理。事实上,自隋朝中叶以来,一直延续清朝末年,国家奉行的是郡县制,所谓的政权止于州县,县以下的乡村社会并没有正式的国家政权机构来管理,而是由一些非吏治的乡村社会组织机构

---

① 《史记》(卷一二八),《龟策列传》第六十八,褚少孙补文,上海:集成图书公司1908年版,第65—66页。

② 徐勇:《非均衡的中国政治:城市与乡村比较》,北京:中国广播电视出版社1992年版,第75页。

来管理,比如隋初设立族、闾、保等,宋代实行的牌、甲、保等制度,这些乡村组织的领袖一般是由当地的有权威、有能力和有财力的乡绅担任,其职责就是要协助官府办理乡村公共事务,事实上,"乡绅阶层成为乡村社会的主导性力量"。① 这一时期对乡村治理的实现主要就是依靠这些士绅和宗族制度的力量才实现的。

近代以来,随着清王朝的土崩瓦解,特别是帝国主义列强的入侵,中国由一个封建国家逐步沦为一个半殖民地半封建的国家,内忧外患,使中国面临"三千年未有之大变局",人民的权利意识也在对外交往中逐步觉醒,国家对乡村社会的控制逐步收紧。

伴随着口岸的被打开和外国商品的大量涌入,西方资本主义对中国社会的经济、政治、文化等诸多方面产生巨大冲击。原来的农村社会结构在冲击中悄然发生了重大的变化,而近代城市文明发展也吸引着大批农村精英从农村迁移到城市。而农村人口的流失,导致乡村治理人才结构发生变化。从晚清以来,一直延续民国时期,对于国家政权来说,其发展趋势一直呈现出逐步从县进一步下沉到中国乡村社会的最基层的一种趋向,从而由传统上乡绅阶层代行乡村社会管理方式转变为国家的直接控制,由自治转变为国家控制,实现了政权下乡,从而将乡村社会纳入国家权力政治体系之中,到了民国时期,乡村基层政权在全国各地初步建立起来,其目的主要是实现对乡村社会的有效动员和控制,通过建立官僚化的机构把国家权力渗透到基层,但实际效果并不能令人满意,也远未取得预期效果。

纵观中国社会自封建社会至半殖民地半封建社会的发展历程,在漫长的历史进程中,也积累了丰富的治国理政经验。诸如人们熟悉的"民惟邦本""政得其民""礼法合治""德主刑辅"等,事实上,这些也都能给我们今天推进乡村治理体系现代化提供一定启发和启示。对此,习近平总书记曾明确指出:

---

① 吴理财:《民主化与中国乡村社会转型》,《天津社会科学》1999 年第 4 期。

治理国家和社会,今天遇到的很多事情都可以在历史上找到影子,历史上发生过的很多事情也可以作为今天的镜鉴。中国的今天是从中国的昨天和前天发展而来的。要治理好今天的中国,需要对我国历史和传统文化有深入了解,也需要对我国古代治国理政的探索和智慧进行积极总结。①

（三）农民首创村民自治

新中国成立后,中国乡村基层管理与政权设置也发生了历史性变化,广大农民翻身做了主人。在推动土地改革的过程中,通过发动农民群众,从而彻底摧毁了乡村社会的旧的基层政权,打倒了地主阶级,农村社会发生了翻天覆地的变化,广大农民成为农村社会主义政权的主力军,夯实了国家对基层政权的基础。党的十一届三中全会之后,广大农村在党的领导下,开展了村民自治的探索与实践,从推进家庭联产承包制的经济改革开始,进一步推进到对乡村基层社会的管理和服务的改革,首创村民自治,进一步建立健全乡镇基层党委。20 世纪 80 年代以来,中国的农村社会经历了从统到分的过程,农村社会有了更多的自主权,农村呈现出欣欣向荣的景象。

广西宜州的果地屯等 8 个生产队早在 1980 年选举产生了村民自治组织,迈出了改革发展中村民自治的第一步。1980 年底,合寨大队 12 个自然屯全部选举产生村民自治组织,并参照居委会(队委会)的提法命名为"村民委员会",订立《村规民约》,依照规约进行村级事务管理。中共中央、国务院于1983 年 10 月下发了《关于实行政社分开、建立乡政府的通知》,对村民委员会的设立、职能、产生方式进行了初步规范,明确要求在农村建立由村民选举产生的村民委员会。此后,全国普遍开始了撤销生产大队、设立村民委员会的工作。党对农村治理的重大突破和变革,通过改革较好改变了原来的失控状态,充分调动了广大农民的积极性和主动性,而且这一变化为今后乡村治理现代化奠定了基础。1983 年,中央"一号文件"《当前农村经济政策的若干问题》,

① 《习近平:解决中国的问题只能在中国大地上探寻适合自己的道路和办法》,新华网,2014 年 10 月 13 日,http://news.xinhuanet.com/politics/2014-10/13/c_1112807354.htm。

指出:"人民公社的体制,要从两方面进行改革。这就是,实行生产责任制,特别是联产承包制;实行政社分设。"①自1983年10月起到1985年全国农村人民公社政社分开、建立乡政府的工作全部结束,全国共建立9.2万个乡(含民族乡)、镇人民政府。

至此,我国基层政府农村治理体制方面逐步恢复了乡(镇)建制,实行县、乡(镇)、村民委员会或村公所(办事处)、社(村、队)的组织体制。美国卡特中心项目主任罗伯特·帕斯特博士对中国村民自治的评价:"中国四分之三的人口在农村,村民委员会选举无疑是一个民主的训练场,尽管农民的文化程度参差不齐,但他们已经认识到选举的重要性,这将为中国的民主进程奠定基础。"②随着农村家庭联产承包的双层经营体制的确立和完善,农村经济在逐步引入市场机制后,逐步实现向市场化趋向的过渡,进一步实现了由政社合一向村民自治的转变的突破。

(四)"三治合一"的现代乡村治理新体系

1978年改革开放以来,党对乡村社会的管理高度重视,历届党代会都重视农村社会治理,从尊重农民的首创,确立并进一步规范推广村民自治,推动村民自治走向法治化的轨道,到党的十九大对乡村治理体系做了新的调整和变化,这也是第一次在党的报告中,明确乡村治理的体制机制,即建立健全自治、法治和德治相结合实现"三位一体"的现代乡村治理新体系,毋庸置疑,这对于推进乡村治理体系现代化来说意义特殊。

一是基层群众自治制度。农村基层群众自治制度是我国社会主义民主的一大特色,是中国农民的伟大创造,是中国特色社会主义人民民主的一个伟大奇迹,也是践行基层民主的具体体现,村民自治作为国家治理体系的一个重要环节和组成部分,是乡村治理建设的具体实践和有效载体,在调整和引导中国乡村基层治理现代化方面发挥着不可或缺的重要作用,是中国乡村社会调控

---

① 《十二大以来重要文献选编》上,北京:人民出版社1986年版,第258页。
② 陈浙闽:《村民自治的理论与实践》,天津:天津人民出版社2000年版,第372页。

不可缺少的重要手段。改革开放已经经历了 40 多年的发展和探索,与此同时,我国乡村基层民主政治制度也在改革中实现了稳步发展,村民自治的制度化、规范化和科学化,实践中逐步形成的决策权、执行权和监督权适度分离而又相互制约的制度运行体系,较好地保障了乡村基层政治生态的健康发展,对促进农村经济社会繁荣稳定发挥了重要作用。当然,客观来看,由于村民自治本身的制度还在发展中,加上当前乡村改革处于一个转型期,农村基层利益关系处于调整期,农民的思想观念变化快等诸多因素交织在一起,显然,村民自治也会不同程度地受到影响,也导致其功能出现了一些不适应,诸如秩序维护功能弱化、形式单一等不足。不可否认,立足当前推动乡村治理现代化时代大背景,适应新时代基层群众政治参与的现实诉求,立足于更好地发挥村民自治组织治理主体功能,对此,就需要进一步创新村民自治管理体系,提升村民自治管理水平,更好地服务于乡村振兴战略。

二是乡村法治体系。在依法治国的基本方略指导下,遵循法治思维,把乡村治理纳入法治化轨道,这是乡村治理中最具有根本性、全局性和长期性的问题。特别是以党的十八届四中全会为标志,对此做了明确要求:实践中要把党的领导原则贯彻落实到依法治国的全过程和各个方面,强调在全面推进依法治国实践中,基层党组织建设的当务之急就是要切实建立起重心下移、力量下沉的法治工作机制,实现基层干部的法治观念、法治为民意识的稳步提升,提高基层干部的依法办事能力,对此就要充分发挥基层党组织的战斗堡垒作用。正如习近平总书记所指出:"党的领导是中国特色社会主义最本质的特征,是社会主义法治最根本的保证。坚持中国特色社会主义法治道路,最根本的是坚持中国共产党的领导。"[①]实践中,只有牢牢把握依法治国的这一总体要求,才能真正把乡村治理法治化落到实处,取得实效。

三是乡村德治体系。党的十九大提出乡村振兴的目标之一就是实现乡风

---

① 习近平:《加快建设社会主义法治国家》,《求是》2015 年第 1 期。

文明。如何实现构建乡风文明,特别是实现社会主义核心价值观的落地落实,无疑是实现乡风文明的核心所在。面对现代化浪潮的冲击与洗涤,改革开放进程中农村传统观念日益受到冲击,在一些农村物质主义、拜金主义等不良思潮日益抬头,一些地方出现了道德迷失和良知迷茫现象,个别地方甚至迷信盛行,传统的优秀道德文化如尊老爱幼、诚实守信、邻里团结等美德不同程度地日益凋零。显然,这与乡村振兴的目标是背道而驰的,不利于乡村治理体系现代化的实现,不利于全面建成小康社会目标的实现。对此,要进一步聚焦农村社会主义核心价值观建设,聚焦乡风文明建设,聚焦农村基层公共文化建设,着力解决农村、农民思想道德领域方面的突出问题,需要大力弘扬真善美、贬斥假恶丑,着力推动构建崇德向善、见贤思齐的乡风。

二、中国传统乡村治理的有益启示

中国传统乡村治理很大程度上体现了官方统治者对农村的控制,囿于行政成本过高,而又不得不借助士绅之力完成共治,这也是无法回避的事实。今天的乡村治理,与传统中国封建社会注重对农村资源的"强取"不同,今天的乡村治理更多的是"多予少取"、合作共治,体现的是共建共治共享改革发展成果。

（一）坚持农民主体地位不可忽视

作为传统乡村社会的"士绅"除具有财富、学识外,更重要的是其也关注到本地农民的利益,参与对地方公益事业的贡献,方能够获得农民的支持,其权威才可以在强制之外获得社会服从的威望力量,而不是仅仅来自官府的授予,客观来说其权威更多地带有道义合法性的特征。

传统社会乡村治理中,"士绅"和农民的关系无疑也是互惠互利,这也是实现乡村基层社会稳定的一个重要因素,在一定意义上来说,当前的村民自治也是对乡村基层传统治理逻辑的一个回归。乡村治理需要更多的体制创新,以农民为乡村治理的核心,重建农民主体,是解决乡村治理困境的重要途径。

不可否认,传统乡村治理很大程度上忽视了农民的利益和主体地位,更多的是作为统治剥削的对象。对此,就要在推进乡村治理进程中,尊重农民的主体地位和利益,乡村治理的成效大小,很大程度上体现在农民利益的实现程度,农民参与支持程度。"发展和繁荣农村经济,全面建设小康社会,归根到底要依靠亿万农民,充分发挥农民的积极性,放开农民手脚,充分尊重农民的市场主体地位,充分尊重农民的首创精神。"①

(二)继承发扬传统文化的积极作用

中华文化软实力源于中华民族数千年的优秀传统文化,也是中国特色社会主义文化成长壮大的文化沃土。

正如著名汉学家杜赞奇在其名著《文化、权力与国家》一书中所提出"权力的文化网络"概念②。中国所走的文明发展之路,与其他国家和民族的文明发展道路相比有着自己的鲜明特色,这条道路就是以传统农业社会为基础,实现了礼治社会。传统文化源远流长,融为华夏子孙的血液,中国传统乡村治理社会秩序的维护就是依托于礼,依托传统文化的代代相传,潜移默化地影响着每个中国人,虽然传统文化有糟粕,但其积极的一面对当今乡村社会治理的作用显然不容忽视和低估。对此,习近平总书记曾指出:"中华优秀传统文化已经成为中华民族的基因,植根在中国人内心,潜移默化影响着中国人的思想方式和行为方式。"③中华民族伟大复兴的中国梦是大家的梦,是由广大中国人民群众的个人梦构成的,中华民族伟大复兴中国梦的最终实现离不开广大人民群众,离不开党的领导,需要发挥中华民族5000多年来积累的伟大智慧。

实践中,推动乡村治理体系现代化不是一个口号,更不是一阵风就可以实

---

① 《〈中共中央国务院关于积极发展现代农业扎实推进社会主义新农村建设的若干意见〉学习读本》,北京:人民出版社2007年版,第141页。

② 参见[美]杜赞奇:《文化、权力与国家:1900—1942年的华北农村》,南京:江苏人民出版社2010年版。

③ 《习近平关于社会主义文化建设论述摘编》,北京:中央文献出版社2017年版,第115页。

现的,尊重农村社会延续悠久的传统,了解农民的心理结构,尊重农民的伦理情感,需要尊重农村现实和传统,更要符合农村社会的特质和需要,既要照顾到国家治理的大传统,也要顾及农村亘古不变的小传统,否则治理便会走样,甚至于违背初衷,更难以推动实现乡村治理的创新发展。

(三)推动多元治理理念

面对乡村善治的发展趋势,在推进乡村治理中,尤为注意的是培育农村治理主体的多元化,更好地调动多方参与其中,形成推动乡村治理的协同机制,并在乡村治理体系现代化的进程中发挥着重要的作用。当前,乡村善治已经成为推动乡村治理的大势所趋和目标所在。

传统中国乡村治理中,参与乡村治理的既有来自官方的控制与引导,也有来自民间的士绅,还有民众自身的参与。传统官民共治,很大程度上也符合善治的理念。古代中国乡村的所谓官民共治,对当时的封建王朝来说,虽然属于不得已而为之,客观上也在很大程度上体现了今天所倡导的治理主体的多元化,其在治理形式上表现为官民共治,表现为行政权与自治权之间互相支持相互配合,彼此不可脱离,行政权的效力受限于客观实际,需要自治权的支持以维持其对基层的统治,而自治权也需要得到行政权的授权,以彰显其治理的合法性;行政权与自治权彼此之间客观上存在此消彼长的态势,这种行政权与自治权之间的微妙互动关系对于实现基层农村社会长时期的稳定无疑不可或缺,这也是中国封建社会长期维持超强稳定的重要原因。

20世纪90年代以来,在英语和法语的政治学文献中,善治概念的使用率直线上升,成为出现频率最高的术语之一。陈广胜在其著作《走向善治》中对善治作了概括,他认为所谓善治就是一种社会管理过程,即使公共利益最大化,体现的是政府与市场和社会的一种新型关系,表现形式是政府与公民对公共事务的合作管理。① 俞可平在《治理与善治引论》一文中,对善治做了归纳,

---

① 陈广胜:《走向善治》,杭州:浙江大学出版社2007年版,第102页。

认为:善治表示国家与社会或者说政府与公民之间的良好合作,善治实际上是国家的权力向社会的回归,善治的过程就是一个还政于民的过程。善治的本质在于它是政府与公民对公共生活的合作管理,也是政治国家与公民关系的最佳状态。①

治理体现的是人类社会文明的发展和进步,从人类社会形态的演变来看,马克思、恩格斯把人类社会历史的发展历程分为蒙昧、野蛮、宗法和文明四个发展阶段。无疑,在中国共产党成立之前,在人类社会发展史上已经经历了奴隶社会、封建社会、资本主义社会三个人类文明形态,这三类文明形态相比较原始社会文明,都是生产力发展的结果,推进了人类社会发展。作为一种新型政治模式,治理显然更有利于政府处理好与社会各方面关系,推动社会治理最终走向善治。

---

① 俞可平:《治理与善治引论》,《马克思主义与现实》1999 年第 5 期。

第二章　中国特色乡村治理体系
发展的实践剖析

围绕乡村治理体系和治理能力现代化,中国共产党在百年的发展历程中,在推进中国革命、建设和改革的伟大实践中,对党的乡村治理理论实现了继承、发展和创新,从毛泽东、邓小平、江泽民、胡锦涛,再到习近平,几代中央领导集体紧密结合中国国情和党的建设现状,坚持与时俱进,推动实现了乡村治理理论与实践的创新和发展,推动了全过程人民民主的落地落实。

第一节　中国特色乡村治理体系
发展的基本历程

历经百年沧桑,从建党伊始,中国共产党就致力于实现民族独立和人民解放、国家富强和人民富裕的历史任务。在革命实践中,乡村、农民对于中国革命、建设和改革的特殊意义也逐步得以理解和重视。从新民主主义革命时期探索农村包围城市武装夺取政权的革命道路,到建立劳动人民当家作主的新中国,再到改革开放,中国共产党始终致力于推进乡村治理的现代化,在这一伟大的历史进程中,中国共产党致力于让广大农民当家作主,致力于实现民族独立和人民解放、国家富强和人民富裕的历史任务,致力于践行党的初心和使命,实现中华民族的独立和解放,实现中华民族的伟大复兴。当代中国的乡村治理实践是中国人民的一个伟大开创,体现了国家在其中的关键地位,体现了广大民众参与其中,体现了乡村治理体系现代化的发展趋势,也彰显了现代民主在中国基层的发展,成为当代中国乡村治理体系现代化的典型特色。

一、新民主主义革命时期:特殊的乡村治理实践

在 1921—1949 年长达二十八年的新民主主义革命时期,在这一时期党对于乡村治理开展的实践来说,体现了鲜明的革命特色。在这一阶段,中国共产党领导人民探索走出的一条农村包围城市武装夺取政权的革命道路,农村革命根据地的建立和发展具有鲜明的时代烙印,也可以说乡村治理的一种特殊形式,这也是党开展乡村治理探索与实践的开始,党的农村包围城市武装夺取政权道路理论也就是在这一段实践中形成,从而进一步丰富了党的人民革命政权理论,为中国新民主主义革命的胜利,为新中国包括改革开放以来的乡村治理与发展的不断创新和发展提供了经验和积累。

1921 年,中国共产党刚刚成立,还未来得及进行深入思考中国革命的对象、目标、步骤、道路等诸多现实的问题,便很快就投身到大革命中去,在国共合作的大背景下发挥了特殊的推动作用,推动了大革命的胜利发展。在国民党蒋介石为首的右派叛变革命后,面对敌人的屠杀政策,面对敌强我弱的现实,如何应对这种棘手的危机局面? 如何实现工作重心的转移以图保留革命火种,尽快实现从当前敌人统治巩固的"城市"转向敌人统治力量不足的"农村",无疑,在此时就成为中国共产党生死存亡的关键。在当时极端复杂的你死我亡的境况下,在革命实践中,以毛泽东为代表的一批共产党人对农民问题、农民土地问题的认识尤为深刻,认识到到农村去的先机,并在秋收起义后,根据形势发展的客观实际,大胆迈出第一步,经过文家市转兵、三湾改编,率先开辟了井冈山革命根据地,并在根据地开展政权、经济等相应建设。毛泽东在井冈山根据地建设中,率先组织开展了土地革命,在敌人统治力量薄弱的农村

开启了建立基层工农政权的探索与实践,推动党的建设的创新发展,及时对武装斗争实践经验进行总结并逐步上升到理论层次,探索并加强了根据地各项建设,推动了根据地的治理实践,不可否认,中国共产党在农村革命根据地、在解放区开展的乡村基层政权建设开展的种种探索与实践,客观上,可以视作是这一时期党对乡村治理探索与实践的一种崭新的形式。具体可分为三个时期:即土地革命战争时期、抗日战争时期、解放战争时期。主要表现为以下几个方面的探索与实践。

根据地治理情况,主要采取了以下几个方面的举措:一是重视加强基层党组织建设,对根据地乡村政权组织领导给予高度重视,加强党的领导。二是重视乡村基层政权建设。在乡村积极开展乡村基层政权建设的探索与实践,从而为根据地乡村治理的深入发展提供了坚强的组织保障。如1927年在领导秋收起义后,面对敌我力量的过于悬殊的现实,毅然决然做出转到农村去的决定,在深入乡村之后,发动群众开展了"打土豪、分田地"等举措以发动群众起来开展革命,在群众发动起来拥护支持革命的基础上,很快就在这些地区相应建立了边界县、区、乡各级工农民主政权。据统计,在湘赣边界,仅县级苏维埃政府,就曾达到六个。党在领导群众开展地方政权建设,在领导人民开展革命斗争实践中,基层政权发挥了无可替代的作用。三是领导开展了土地革命。土地革命使农民得以翻身,使农民在斗争实践中认识到党是老百姓的主心骨,得到翻身的农民纷纷参加革命,无疑,如果得不到农民的支持,土地革命就难以为继,特别是党的工作重心转入农村后,土地革命的意义更大更重更急迫,毛泽东对土地革命的开展从实践上、理论上倾注了大量心血,为找到农村包围城市武装夺取政权道路奠定了基础。当然,在抗日战争时期,根据国内抗日形势的发展和变化,根据地开展对敌斗争和统一战线的需要,党对根据地的一些政策也在不断进行相应的调整和变化,当然,无论政策如何变化、如何调整,对根据地建设和治理来说其目标既明确又聚焦,那就是对根据地的治理始终围绕着如何保障革命的胜利而开展。

针对抗日战争发展的客观实际和需要,党对农村革命根据地的治理政策也在相应地动态调整和变化,旨在更好更为有效地把广大农民的抗日积极性、主动性调动起来,唤醒团结广大农民投入到保家卫国中来,从而实现进一步巩固和扩大敌后抗日根据地,并重点从政治和经济两个方面采取了有力举措,以切实加强对根据地的领导和治理。

政治上,把根据地农村基层政权建设作为重中之重,不断加大力度。为确保党在各抗日根据地基层政权中的领导地位,特别是在抗日战争进入到战略相持阶段后,中国共产党根据形势的发展,为进一步巩固和发展抗日民族统一战线,创造性地提出了新的灵活适用的政策,也就是区别对待,争取团结最大多数人的支持,即采取了"发展进步势力,争取中间势力,孤立顽固势力"①的策略。在此基础上,为了实现抗日和基层政权建设的双重需要,发挥敢于创新、敢于创造的气概,提出了"三三制"政权建设设想并在实践中不断完善。1940年初,中央提出了新的政策指示,这就是《抗日根据地的政权问题》,启动了"三三制"政权建设的新探索,指示明确指出:"规定为共产党员占三分之一,非党的左派进步分子占三分之一,不左不右的中间派占三分之一。"②客观来说,"三三制"政权其性质就是抗日民族统一战线性质的政权。

在经济建设方面,根据国内外革命形势的迅速发展和变化,以及抗日民族统一战线的现实需要,采取了更加灵活有效的政策,适时提出了开展减租减息运动,从而最大限度调动各阶层群众投入到抗日民族统一战线中来。不可否认,根据地的经济建设对于坚持敌后抗战来说是至关重要,从而为敌后军民长期坚持独立开展敌后抗战提供了强有力的经济基础和物质保障。事实上,抗日根据地广大农村中的各个阶层都是抗日根据地的经济建设的依靠力量,正是依靠广大人民群众的支持,根据地开展的减租减息和大生产运动才得以顺利进行并取得较好的预期效果。

---

① 《毛泽东选集》(第四卷),北京:人民出版社1991年版,第1258页。
② 《毛泽东选集》(第二卷),北京:人民出版社1991年版,第741—743页。

解放战争初期,随着形势发展的急遽变化,各解放区在中共中央、各中央局,以及各级人民政府的统一指挥和领导下,充分发挥依靠解放区广大人民群众的拥护和支持,使得解放区不断得到进一步的扩大和巩固。当然,如何做好解放区基层政权建设的问题也就随之而来,这也给党提出了新的问题。当然,解放战争初期,抗日革命根据地时期的许多行之有效的政策和策略在解放区得以继续延续,许多好的经验也得到进一步推广,如高度重视基层党组织建设、基层政权建设,以及对农民土地问题的重视,很快这些问题都在实践中得到进一步推广落实,具体体现在以下几个方面。

一是解放区的基层治理,首先是高度重视恢复和发展农业,最直接的目的首先是保障解放战争粮食物质需要。为更好地满足广大农民对土地的强烈要求,党对抗日战争时期的土地政策做了及时调整和变化,大的变化主要有两次:第一次是在1946年5月4日,也就是《五四指示》,这一指示也标志着党的土地政策的转变,即由抗日战争时期的"减租减息"政策,根据形势的变化,适时转变为没收地主土地分配给农民的新政策,实现"耕者有其田"。无疑,农民对土地问题尤为重视,解决了这一问题就能够最大限度地取得农民的支持,极大地调动了广大农民支持革命的积极性;另一次是解放战争进入关键时期,1947年中央颁布《中国土地法大纲》,提出了彻底消灭封建土地制度的任务,从而进一步获得了老百姓的全力拥护。客观上,通过土地改革的淬炼,广大农民实现彻底翻身,在斗争中广大农民自身阶级觉悟和认识也得到提高,进一步激发了人们发展生产、支援解放战争的热情,从而使党获得农民的大力支持和衷心拥护,在解放战争的关键时期,土地改革效果卓著,数据显示:1946年8月至10月的三个月中,各解放区就有30万翻身农民参军,约有300至400万农民参加了民兵。[①] 二是积极推进解放区农村基层政权建设。在领导解放区军民以自卫战争粉碎国民党军队进攻的同时,着力加

① 中共中央党史研究室编:《中国共产党历史》(第1卷),北京:中共党史出版社2002年版,第934页。

强解放区的建设。

对于乡村如何治理,对处于革命阶段的中国共产党来讲是一个很严峻的考验,从一定意义上说,这一阶段的中国共产党所面临的环境无比恶劣,所以对乡村治理问题的思考与实践,更多是从有利于革命、保障革命发展的现实需要出发进行的思考与实践。作为第一代领导集体的核心,毛泽东在革命中对国家政权建设进行了深入的探索与实践,并从理论上进行了阐述与总结。早在革命初期,就提出农民问题是中国革命的"首要问题",到土地革命时期,总结了中国革命特点和规律,进一步提出了关于"工农武装割据"思想并在根据地进行了广泛而深入的实践,实际上,这也为党实施乡村治理提供了积累和经验,为新民主主义革命的胜利提供了强大保障。

新民主主义革命时期,中国共产党从大革命失败之后,开始了农村包围城市、武装夺取政权道路的伟大探索,客观来说,从抗日革命根据地的发展,到解放区的不断壮大,中国共产党开辟了特殊时期的乡村治理新时代,从重视农村根据地的经济建设,到重视农村基层政权建设,以及农村的政治动员,再到对根据地农业生产的重视,为农村革命根据地各项建设夯实了坚实的基础,此后源源不断的人力、物力有力支援了革命的顺利发展,客观上,这也是新民主主义革命的最终取得胜利的关键所在,这一探索与实践为新民主主义革命胜利后,党对农村实现更为有效的治理提供了基础和经验。

二、社会主义革命和建设时期:乡村治理的伟大变革(1949—1978 年)

新中国成立以后,人民当家成了国家的主人,特别是经过土地改革,农民获得极大解放。从 1949 年新中国成立,到 20 世纪 70 年代中后期改革的起步,乡村基层政治结构在这一段时间可谓几经波折与变化:从新中国成立之初的区村(行政村)制,到区乡制的变化,从统一调整设置的乡、民族乡、镇的小乡制到后来根据形势发展调整为大乡制;再到后来在广大农村普遍设立的初级农业生产社合作社,再到后来发展到高级农业生产合作社阶段,最后发展到以村社合一为特点的人民公社,时间之短,跨度变化不可谓不大。

新中国成立初期,中国共产党高度重视农村基层政权建设。1950年到1953年,主要是乡与行政村同为农村基层行政区划,区、乡(村)人民代表会议制度在农村基层开始普遍建立起来。通过采取通过划乡建政等举措,在中国历史上,作为封建宗法思想和制度的"政权、族权、神权、夫权"①之旧政治的威权史无前例地第一次被彻底打破了,代之以全新的乡村政权这种全新的政治权威。

传统乡村社会的族权、绅权和神权在经过一系列群众政治运动后,被彻底打倒,并逐步完成了农业的社会主义改造。进入农业合作化运动时期,最初是从互助组开始,然后发展到初级社,最后过渡到高级社。在这期间,在广大农村基层包括党支部、共青团、妇女会、合作社等在内的新型现代组织逐步建立起来,并发挥了其组织作用,把农村基层广大农民群众组织起来。随着农业、手工业和资本主义工商业在内的三大改造的完成,尤其是在20世纪50年代高级农业生产合作社在农村得以普及。无疑,与之相适应,此时的乡村基层治理已经进一步发展到一个质变的临界点,政府管理对乡村的管理与手段在实践中也在悄然发生变化,呈现出从原来相对多样向现在单一手段过渡的趋势,在这一过程中,农村基层的经济政治活动首当其冲受到影响。经过大规模疾风暴雨般的运动,在这一时期,乡村治理模式发生了翻天覆地的变化,乡村基层政权建设也在变迁中实现稳步发展,并在发展中政府进一步加强了对乡村基层的组织化管理,初步实现了制度化,从而在历史上第一次实现了对传统乡村社会的全面深入的控制和管理。

新中国成立之后,毛泽东对基层民主的落实问题非常重视,尤其是农村的基层民主问题,他指出:"所有制问题基本解决以后,最重要的问题是管理问

① 《毛泽东选集》(第一卷),北京:人民出版社1991年版,第31页。

题,即全民所有的企业如何管理的问题,集体所有的企业如何管理的问题,这也就是人与人的关系问题。"①总结起来,具体有以下这样几点:

一是始终把农民置于革命和建设的主体地位,乡村治理离不开农民的支持和参与。在党的七大上,在《论联合政府》的报告中,毛泽东明确断言:"中国的民主主义者如不依靠三亿六千万农民群众的援助,他们就将一事无成。"②新中国成立以后,特别是经过三大改造,顺利实现向社会主义的过渡,这一时期,乡村治理现代化的主体当然也包括农民。

二是对农业的发展高度重视,为此确立了农业现代化作为国家长远奋斗目标。毛泽东在1949年召开的七届二中全会上,就明确了新中国成立后要逐步实现"由落后的农业国变成了先进的工业国"③的目标。新中国可以说是百废俱兴,如何尽快实现农业现代化很快就被提上了日程,毛泽东对此也进行了更多的思考,实践中经历了一个很大的转变,即从最初全面学习苏联经验,推进农业合作化运动,到认识到苏联存在问题和不足,而引发以苏为鉴的认识转变。1957年2月至3月间,在最高国务会议第十一次会议上,毛泽东进一步提出实现现代化的具体目标,也就是:"我们一定会建设一个具有现代工业、现代农业和现代科学文化的社会主义国家。"④对于农业科学技术的发展,毛泽东给予了高度重视,他断定"不搞科学技术,生产力无法提高"。⑤

三是对农村的全面发展高度重视。不仅是发展农村经济,也重视基层民主、公共文化服务等建设,毛泽东认为:"国家要积累,合作社也要积累,但是都不能过多。我们要尽可能使农民能够在正常年景下,从增加生产中逐年增

---

① 《毛泽东年谱(一九四九——一九七六)》(第4卷),北京:中央文献出版社2013年版,第325页。
② 《毛泽东选集》(第三卷),北京:人民出版社1991年版,第1078页。
③ 《毛泽东选集》(第四卷),北京:人民出版社1991年版,第1433页。
④ 《毛泽东文集》(第七卷),北京:人民出版社1999年版,第268页。
⑤ 《毛泽东文集》(第八卷),北京:人民出版社1999年版,第351页。

加个人收入。"①

不可否认,新中国成立初期,全国土改的任务非常艰巨,新生政权的巩固也面临严峻考验。面对这种形势,如何在广大农村实现土改与乡村基层组织政权建设巩固同步提到党的议事日程上来,也正是如此,在实施土改的过程,注重通过实践教育培养农民,尤其是唤醒农民的民主意识和政治参与意识,从而在土地改革中使广大农民的政治觉悟在经历民主的锻炼后得到提高,实现了土改的过程与基层政权建设过程的协同发展。经过土改的锻炼,农村基层社会的权力结构、阶级力量发生了历史性变化,在中国历史上第一次彻底消灭了封建地主阶级,农民在经济上、政治上翻身做了主人,第一次实现了真正的身份自由和人格的平等,在这一发展进程与实践中,一批优秀的农民积极分子在实践中成长起来,成为农村基层政权的骨干分子,为农村基层政权的建设和巩固提供了人才支持和保障。由此可以看到,新中国的乡村基层政权与对乡村基层的管理与传统的基层政权及管理发生了质的变化。实质上,从基层乡村政权建立的那一刻起,国家就赋予了它在乡村基层管理中特殊的角色和定位,完全有别于改革开放之后的村民自治组织。

在党的领导下,经过全国人民的共同努力,1956 年底三大改造基本完成。在短短四年时间内,完成了原定十年,乃至十五年之久才能完成的过渡,取得巨大成就,国民经济在过渡中并没有受到太大影响,反而得到快速发展,在三大改造中,乡村基层政权及管理也在渐趋变化中,实现了从最初的"互助组",发展到"初级社",再到"高级社",最后建成人民公社,作为一种农村基层治理模式,人民公社具有鲜明的时代特色,内容涵盖了农、林、牧、副、渔等各业诸多方面,人民公社更多地强调了党和国家政权的管理职能和作用,当然,这一治理模式,客观上也把广大的农村变成了一个封闭的治理空间,在这一过程中,新的社会主义的公共生活和集体生产方式取代了农民的传统生活方式、生存

———————————

① 《毛泽东文集》(第七卷),北京:人民出版社 1999 年版,第 221 页。

方式,沿袭千年的固有传统被彻底颠覆,这一变化显然给当代农村的基层政权建设打上了深深的烙印,新中国的乡村治理模式也在运动中实现了质变。

人民公社的建立,客观上实现了国家对乡村社会的全面渗透和控制,彻底改变了旧中国对乡村社会的管理方式,从而使乡村社会进一步融合。有学者认为,在人民公社内部,涉及人们生活的方方面面,计划经济遍布人们的经济生活,可以这样说,"从我们原始的需要到我们和家庭、朋友的关系,从我们的工作性质到我们闲暇的利用,很少有生活的哪一个方面,计划者不对之施加'有意识的控制'"。① 当然,也有学者对此提出了异议和批评意见,认为这种方式,导致人们沦为国家机器中的末梢,被动地在社会发展中前行,但不可否认,这一制度在当时来看,特别是在集中力量办大事方面,也发挥了积极作用,这一治理机制对于克服当时的极端困难,对于我们国家集中力量启动工业化建设具有积极作用,实现了资源最大程度的集聚。事实上,新中国成立后虽然农民的收入增长虽然并非最快,但农民的生活实际上却发生了翻天覆地的变化,农民享受到的生活福利发生了质的变化,实现了不断增加。

四是注重做好农民的教育问题,把抓好农民教育视为建设社会主义农村的重要环节,并采取相应的重要举措。这一时期开展的农民教育具有鲜明的时代特色,其主要表现就是注重理论与实践的结合与联系,强调教育与生产劳动的直接结合,为此,开展了大规模的"上山下乡"运动,虽然直接原因并非教育,但客观上却推动教育与劳动的结合,此外,还开展了一系列社会主义教育运动等。对农村干部的监督和培训,毛泽东同样高度重视,重视农村干部在参加农业生产中得到锻炼,实现业务能力的提升。事实上,我们今天认识到当时全力推动的人民公社化运动是强大的行政权力推行的结果,这一运动并不是经济社会发展的必然趋势,对此需要辩证分析和看待。

总之,新中国成立后,传统乡村社会逐渐崩溃,在这一转变过程中,传统的

---

① ［英］弗里德里希·奥古斯特·哈耶克:《通往奴役之路》,王明毅等译,北京:中国社会科学出版社 1997 年版,第 91 页。

农村精英被认为是剥削阶级而被打倒,同时还有各种乡村宗族和社会组织也在这一过程中被摧毁;通过在农村基层建立农村党支部,继而将国家权力扩展到基层乃至每个家庭,从而对农村社会的管理得到加强,为乡村最终纳入国家整体治理体系准备了前提和条件。尽管人民公社在一定程度上发挥集中力量办大事的优势,推进了国家工业化的有限发展,但另一方面其带来的负面影响也不容忽视,城乡二元结构的差异被人为地制造出来,给我国农村经济社会发展带来严重影响,其日益凸显弊端,并且使人们的积极性、创造性的发挥受到较大约束和限制,对发展生产力来说是不利的,给农民的生存发展也带来了严重挑战。

三、改革开放和社会主义现代化建设新时期:乡村治理实践的新突破(1978—2012 年)

改革开放和社会主义现代化建设新时期,中国的乡村经历了相当剧烈的社会转型。在这一转型中,出现一种矛盾:一方面,农村社会的发展亟需现代治理模式相匹配,以更好地满足或实现农村广大农民的基本诉求;另一方面,乡村两级基层组织在实践中滞后于农民的基本诉求,没有实现及时的转变和调适,不可避免导致两者之间出现剧烈的碰撞与摩擦。在 20 世纪 70 年代末,中国农村相当一部分基层组织体系长期处于瘫痪状态,人民公社管理体制濒临解体,新的农村管理体制没有形成,农村社会管理出现了一时的"权力空缺"状态,这一状态客观上带来一些问题,农村公共产品的供给出现严重不足、城乡基本公共服务差距不断拉大,成为农村社会面临的比较普遍的问题,无疑,这些都给乡村基层群众的生产生活带来很多苦难和不足。进入 20 世纪 80 年代以来,中国的农村经历了从统到分的过程,改革使广大农村社会开始有了更多的自主权,农村的生机与活力得以释放,开始呈现欣欣向荣之景象。

在改革开放这一时期,党对乡村治理改革高度重视,在改革中致力于组织和引导农民群众参与到乡村基层治理中。在这种情况,新的群众性基层自治组织也在广大农村社会迫切期待中初步成形,那就是村民委员会。数据显示:

"截止到 1985 年初,全国已建立了 948628 个村民委员会。"[①]为了进一步规范村民自治,中央出台了《关于加强农村基层政权建设工作的通知》(1986 年 9 月),规定:"真正把农村基层政权建设成为密切联系群众、全心全意为人民服务,并且能够有效地领导和管理本行政区域的政治、经济、文化和各项事务的有活力、有权威、高效能的一级政权。"[②]无疑,这一决策也标志着党对农村基层民主政治建设的高度重视,由此也对村民自治做了进一步的规范,确保其平稳、健康发展,客观上,也推动了乡村基层治理体系现代化的进程。

改革开放之初,对于包产到户问题的认识,无论是政界还是学界一度意见并不完全一致,对此邓小平则在此重要关头给予了明确的支持,他指出:"我们是社会主义国家,社会主义制度优越性的根本表现,就是能够允许社会生产力以旧社会所没有的速度迅速发展,使人民不断增长的物质文化生活需要能够逐步得到满足。"[③]无疑,这一探索与实践得益于邓小平等中央领导的全力支持,改革首先在农村开始,并得到进一步发展壮大的机会,在这其中,彰显了尊重群众首创精神的可贵之处。在国外形势发展的紧迫情况下,面对国内群众的呼声,以邓小平同志为核心的党的第二代中央领导集体在"文革"结束后,以敢于斗争、敢于胜利的勇气开启了改革开放的大门,在改革开放的实践中,乡村治理也迎来新的挑战和改革变化。这些无疑与这一代中央领导的执政经验和风格具有紧密关系,一方面得益于对新中国成立以来我国社会主义建设正反两个方面经验的积累和总结,另一方面又以开阔的国际视野和胸怀,大胆吸收和借鉴了世界上其他社会主义国家兴衰成败的历史经验,乃至教训和不足,再进一步创新,在经过解放思想、实事求是大讨论后,顺利完成了党的工作重心的成功转移,在改革开放的伟大实践中,尊重群众首创精神,坚持人民中心地位,从而顺利开启了中国特色社会主义道路,为新时代我们继续推进

---

①　中华人民共和国国家统计局:国家数据,http://data.stats.gov.cn/search.htmls。

②　《十二大以来重要文献选编》(下),北京:人民出版社 1988 年版,第 1162 页。

③　《邓小平文选》(第二卷),北京:人民出版社 1994 年版,第 128 页。

国家治理体系和治理能力现代化提供经验积累。

这一时期,改革首先在中国农村开始并实现突破。概括起来,主要包括以下几个方面:

一是重视农业基础地位,强调"农业是根本,不要忘掉"①。邓小平对农业的基础地位尤其重视,对此,他认为,"中国经济能不能发展,首先要看农村能不能发展,农民生活是不是好起来。翻两番,很重要的是这百分之八十的人口能不能达到。"②当然,毋庸置疑,中国的改革首先是源于农村,那么是什么原因导致改革首先在农村起步的呢? 有鉴于此,邓小平给出明确的回答,他认为,"因为中国人口的百分之八十在农村,如果不解决这百分之八十的人的生活问题,社会就不会是安定的。工业的发展,商业的和其他的经济活动,不能建立在百分之八十的人口贫困的基础之上。"③

二是对农村稳定工作始终高度重视。在改革、发展和稳定三者关系中,稳定至关重要,是压倒一切的,具有特殊的重要地位和意义。关于农村稳定的问题,邓小平对此有着清醒的认识,他指出:"中国有百分之八十的人口住在农村,中国稳定不稳定首先要看这百分之八十稳定不稳定。城市搞得再漂亮,没有农村这一稳定的基础是不行的。"④既然稳定如此重要,是压倒一切的任务,那么在改革开放的大潮中,怎样才能实现农村的稳定呢? 结合中国农村、改革发展的实际,邓小平认为,要实现农村的稳定,首先就是解决农民的温饱问题,要吃饱饭,对此,就要优先发展经济,只有经济发展了,温饱解决了,才能进一步实现共同富裕的奋斗目标。

三是面对改革开放后,人们逐渐解决了温饱问题,开始富裕起来,邓小平高瞻远瞩,对于一部分人"先富"起来和实现"共富"的关系上作出厘清,他指

---

① 《邓小平文选》(第三卷),北京:人民出版社1993年版,第23页。
② 《邓小平文选》(第三卷),北京:人民出版社1993年版,第77—78页。
③ 《邓小平文选》(第三卷),北京:人民出版社1993年版,第117页。
④ 《十二大以来重要文献选编》(中),北京:人民出版社1986年版,第514页。

出："在经济政策上，我认为要允许一部分地区、一部分企业、一部分工人农民，由于辛勤努力成绩大而收入先多一些，生活先好起来。一部分人生活先好起来，就必然产生极大的示范力量，影响左邻右舍，……就会使整个国民经济不断地波浪式地向前发展，使全国各族人民都能比较快地富裕起来。"①此后，也正是按照这一设想扎实推进，后来又进一步形成了两个大局的思想："从战略上看，沿海地区先发展起来并继续发挥优势，这是一个大局，内地要顾全这个大局。发展到一定时候沿海多做一些贡献支持内地发展，这也是大局，沿海也要服从这个大局。"②无疑，这是实现共同富裕的必由之路，除此之外，没有什么其他捷径可走。

四是对乡村治理制度建设的重视。制度问题对于乡村基层治理来说，同样具有根本性、全局性、稳定性和长期性。在《解放思想，实事求是，团结一致向前看》讲话中，邓小平掷地有声地指出："为了保障人民民主，必须加强法制。必须使民主制度化、法律化，使这种制度和法律不因领导人的改变而改变，不因领导人的看法和注意力的改变而改变。"③具体体现在对家庭联产承包责任制的鼓励，体现在对村民自治的规范等诸多方面，并进一步上升为国家的意志，邓小平始终高度关注农村治理的制度化、科学化和规范化建设。

五是在乡村治理的发展还高度注重发挥教育和科技的带动推动作用。正是基于这一点，在改革开放之初，邓小平高度重视教育问题，1983 年，他给景山中学做了"教育要面向现代化、面向世界、面向未来"的题词④，就是一个很好的例子。他强调："一个部门，如果只抓经济，不抓教育，那里的工作重点就是没有转移好，或者说转移得不完全。忽视教育的领导者，是缺乏远见的、不成熟的领导者，就领导不了现代化建设。各级领导要像抓好经济工作那样抓

---

① 《改革开放三十年重要文献选编》（上），北京：中央文献出版社 2008 年版，第 9 页。
② 《改革开放三十年重要文献选编》（上），北京：中央文献出版社 2008 年版，第 836 页。
③ 《改革开放三十年重要文献选编》（上），北京：中央文献出版社 2008 年版，第 5 页。
④ 《邓小平思想年谱（一九七五——一九九七）》，北京：中央文献出版社 1998 年版，第 268 页。

好教育工作。"①后来又进一步明确提出了"科学技术是第一生产力"的命题。②

关于制度问题的重要性,邓小平也做了进一步的强调,他认为:"我们过去发生的各种错误,固然与某些领导人的思想、作风有关,但是组织制度、工作制度方面的问题更重要。这方面的制度好可以使坏人无法任意横行,制度不好可以使好人无法充分做好事,甚至会走向反面……不是说个人没有责任,而是说领导制度、组织制度问题更带有根本性、全局性、稳定性和长期性。"③事实上,也正是鉴于对制度问题的重要性有着如此客观清醒的认识,邓小平在改革伊始,就主张通过加强社会主义民主与法制建设,通过制度来规范行为,通过制度来根除各类现实弊端。他强调:"为了保障人民民主,必须加强法制。必须使民主制度化、法律化,使这种制度和法律不因领导人的改变而改变,不因领导人的看法和注意力的改变而改变。"④有鉴于此,我国的改革虽然于农村开始,实际政治改革如村民自治也开始起步了,而且触及了政治改革的根子,从制度上推动政治体制改革,既包括党和国家领导制度改革,也包括实现基层民主的基层制度改革,客观上基层群众自治制度的确立与发展就是这一理念的典型,由此也进一步推动了人民代表大会制度不断完善,从而使人民民主权利有了制度保障;同时,邓小平还注重到加强法制建设的重要性,注重增强人民的法制意识、法制观念,进一步建立健全了司法体制,形成了较为完备的法律体系,力主通过改革以进一步推进农村基层民主的落实。对于人民公社体制存在的问题和弊端,邓小平其实很早就关注到了,并力主改革首先从农村体制改革入手,对此,他多次谈到农村体制改革的有关问题,他指出:"所谓

---

① 《邓小平文选》(第三卷),北京:人民出版社 1993 年版,第 121 页。
② 《邓小平文选》(第三卷),北京:人民出版社 1993 年版,第 274 页。
③ 《邓小平年谱(一九七五——一九九七)》(上卷),北京:中央文献出版社 2004 年版,第663 页。
④ 《邓小平文选》(第二卷),北京:人民出版社 1994 年版,第 146—147 页。

从体制问题上来解决，就是改变公社、生产大队、生产队的现有关系。"①对于改革持什么态度，无疑，邓小平非常客观清醒地强调了自己的立场和观点，指出："我是主张改革的，不改革就没有出路，旧的那一套经过几十年的实践证明是不成功的。过去我们搬用别国的模式，结果阻碍了生产力的发展，在思想上导致僵化，妨碍人民和基层积极性的发挥。"②此外，邓小平还谈道："把权力下放给基层和人民，在农村就是下放给农民，这就是最大的民主。"③

　　关于基层民主政治建设的有关问题，邓小平同样也给予了高度重视，把基层民主政治建设提高到很高的位置，他认为只有先做好基层民主政治建设，才能把群众的积极性和创造性更好地调动起来，因为基层是群众直接生活和工作的地方，基层政府直接接触群众。关于国家治理理论的重要内容，邓小平认为就是发展基层民主，就是保障人民的权利。事实上，自改革开放四十多年来，在党中央的正确领导和大力支持下，我国农村基层民主政治建设总体进展顺利，取得了显著成绩和进步，村民自治不断在实践中得以发展，如建立乡级人民政府，实施村民自治等，客观上都推动了基层民主政治的进程。

　　客观来说，随着改革的不断深入和发展，我国的综合国力也在稳步增长，人民生活水平发生了很大变化，从温饱到小康，社会上也出现了贫富分化这一现象，如何正确处理公平和效率的关系，更好地促进社会公平，这实际上就点出了社会主义的本质所在。这一点既是邓小平推动改革开放的价值追求，也是今天国家治理的价值所在。对此，邓小平也是毫不犹豫地强调："社会主义的目的就是要全国人民共同富裕，如果我们的政策导致两极分化，我们就失败了。"④如何实现共同富裕呢？邓小平也给出相应的具体策略和解决办法，那

---

①　《邓小平文选》(第一卷)，北京：人民出版社 1994 年版，第 325 页。
②　《邓小平文选》(第三卷)，北京：人民出版社 1993 年版，第 237 页。
③　《邓小平文选》(第三卷)，北京：人民出版社 1993 年版，第 252 页。
④　《邓小平年谱(一九七五——一九九七)》(下卷)，北京：中央文献出版社 2004 年版，第 1032 页。

就是有步骤分阶段,逐步实现共同富裕,即"让一部分人、一部分地区先富起来,大原则是共同富裕。一部分地区发展快一点,带动大部分地区,这是加速发展、达到共同富裕的捷径"。[①]

以江泽民同志为核心的党的第三代中央领导集体对乡村治理的创新。进入 20 世纪 90 年代以来,"三农"问题成了人们在理论上和实践上倍感困惑的问题,在党的领导下,乡村治理得以稳步推进,客观上也实现了农民政治参与渠道的新突破,在制度上有了相应保障。面对世情、国情、党情的急剧变化,第三代中央领导集体坚持党的基本理论、基本路线、基本方略,捍卫了中国特色社会主义,带领全国人民进一步明确了社会主义市场经济体制改革的目标和框架。

针对乡村治理的实践和发展现状和需要,江泽民高瞻远瞩,紧密结合中国国情和民主政治发展的现实,提出了一系列新思想和新观点。概括起来,主要观点有以下几点。

首先,在推动乡村治理中强调要发挥党的总揽全局、协调各方的作用,并在这一时期把加强党的建设提到新的"伟大工程"的高度。对此,江泽民强调:"要加强农村基层组织建设,壮大集体经济实力……从各地的实践看,关键要做到两条:一条是有人办事,一条是有钱办事""有人办事,就是要把村党支部和村委会班子建设好,特别要选配好村党支部书记""有钱办事,就是村级集体经济要有一定的实力"。[②]

其次,农村农民的贫困问题始终是党高度重视并致力于解决的重大现实问题。当然,农村扶贫工作对于中国来说更具特殊性、长期性和复杂性和艰巨性,对此需要,大力发展扶贫工作。我们提出的现代化三步走战略目标,实现全面建成小康社会,通过扶贫解决农民贫困的现实问题是应有之义。在这一时期,中央适时开启了史无前例的西部大开发战略,目的在于通过中央的统筹

---

① 《邓小平文选》(第三卷),北京:人民出版社 1993 年版,第 166 页。
② 《论社会主义市场经济》,北京:中央文献出版社 2006 年版,第 310 页。

协调,发挥社会主义集中力量办大事的优势,来解决西部农村贫困问题。

最后,提出依法治国与以德治国相统一。对此,江泽民也给予高度重视,他指出:"要坚持不懈地加强社会主义法制建设,依法治国,同时也要坚持不懈地加强社会主义道德建设,以德治国。对一个国家的治理来说,法治和德治,从来都是相辅相成、相互促进的。二者缺一不可,也不可偏废。"①实践中,也正是在这一时期,事关我国乡村治理发展的一系列法律法规包括村组法等得以出台,从而上升为国家意志。到 1992 年底,全国各省普遍实行了农村基层选举,这也是党的农村治理能力显著提升的一个重要标志。不可否认,在具体实施过程中,特别是涉及具体规范参与、畅通参与、保障参与的制度仍不完善,还没有形成一个良好的政治参与的民主机制和程序,无疑这在一定程度上影响了农民的政治参与,影响了农民参与乡村治理的积极性和主动性,于是就有了一系列的调适与改革,例如,在 1994 年,国家民政部又出台了《全国农村村民自治示范活动指导纲要(试行)》,对此予以规范,实践中,各地涌现出许多有益的制度创新,如吉林梨树县创造的"海选"的探索实践等。当然,由于农村人口规模、分布、农业生产特点、社会流动等原因,又创造性推动了村民代表会议制度的实践,无疑这都离不开农民的智慧和创造。

1998 年,九届人大常委会第五次会议顺利通过了《村民委员会组织法》,这标志着"试行法"在试行十年之后,终于正式出台并得以实施,村组法对村民委员会的性质做了进一步明确的界定②,这也是乡村治理由传统向现代化转变的一个最新标志性载体。进入 21 世纪以来,随着国际形势的变化,我们抓住这个战略机遇期,大力发展经济,特别是 2001 年底中国顺利"入世",给中国的发展带来新的机遇,客观上,中国加入世贸也给我国广大农村的发展带来新的挑战,落后的农业在面对国际竞争,其面临的压力也进一步凸显,历史

---

① 《十五大以来重要文献选编》(中),北京:人民出版社 2001 年版,第 1587 页。

② 《中华人民共和国村民委员会组织法》第二条规定:村民委员会是村民自我管理、自我教育、自我服务的基层群众性自治组织,实行民主选举、民主决策、民主管理、民主监督。

从来都是挑战和机遇并存,在面临激烈的竞争中,我国乡村也有机遇,推动了农村改革发展进入到新的发展阶段,面对"农业、农村和农民"问题,党领导人民在不断地探索中去解决和应对。在推进全面建设小康社会的实践中,以胡锦涛同志为总书记的党中央不断推动实践创新、理论创新和制度创新,在创新中,对中国特色社会主义事业进行了新的布局。2004年9月16日,党的十六届四中全会召开,这次会议首次提出了加强党的执政能力建设这一崭新命题和任务,提出了"不断提高发展社会主义民主政治的能力"的任务,明确提出了基层民主建设的有关要求,那就是:"要扩大基层民主,完善基层政权、基层群众性自治组织、企事业单位的民主管理制度,坚持和完善政务公开、厂务公开、村务公开等办事公开制度,保证基层群众依法行使选举权、知情权、参与权、监督权等民主权利。"①2006年,党的十六届六中全会提出了构建社会主义和谐社会的任务,突出强调了社会建设的重要性。针对社会管理制度建设的有关问题和相关事宜,2011年,国务院新出台了《关于加强和创新社会管理的意见》,在这个文件中,从指导思想、基本原则、目标任务和主要措施等方面提出了加强和创新社会管理的具体举措,着力构建起具有鲜明中国特色的基层社会管理服务体系。②

总结梳理这些比较全面反映党和国家关于创新乡村治理的基本思想,可以看出其内容如下。

一是关注到城乡统筹发展的问题。乡村治理的发展并不是单独存在发展的,城乡是紧密相关的,推动两者实现协同发展是科学发展观的内在要求。在《中共中央关于完善社会主义市场经济体制若干问题的决定》报告中,胡锦涛

---

① 《十六大以来重要文献选编》(中),北京:中央文献出版社2006年版,第388页。

② 《关于加强和创新社会管理的实施意见》,文件明确肯定社会管理是中国特色社会主义事业的重要组成部分。认为加强和创新社会管理,是时代发展的必然要求,是巩固党的执政地位的必然要求,更是建设富裕文明和谐新永兴的必然要求。文件具体内容丰富,主要涵盖了健全社会矛盾调处机制、健全社会稳定风险评估机制、完善社会治安防控体系、创新基层社会管理服务体系等。

提出了"要统筹城乡发展、统筹区域发展、统筹经济社会发展、统筹人与自然和谐发展、统筹国内发展和对外开放"①的目标任务。无疑,从这里可以看出文件提出了五个统筹的问题,其中城乡统筹在五个统筹中是第一位的,由此可见其重要性。对此,胡锦涛强调指出:"要按照统筹城乡发展的要求,走城乡互动,工农互促的协调发展道路""充分发挥城市对农村的辐射和带动作用"。②

二是对农村民生改善的问题给予更大的关注。党的十六届六中全会把建设社会主义新农村提到议事日程,无疑,这是落实城乡统筹发展的战略思想的一个具体举措,是解决"三农"问题的一个新的思考。当然,实现城乡统筹发展,需要有制度基础,需要发挥农民的主体地位,离不开广大农民的参与和支持,才能更好地实现农民的根本利益,也需要从农民生活实际出发,切实解决好广大农村居民最基本的生活需求问题,切实解决好城乡居民的基本公共服务的均等化问题。

三是对农村社会管理创新高度重视。党的十六届六中全会提出一个新的目标,那就是:"积极推进农村社区建设,健全新型社区管理和服务体制……实现政府行政管理和社区自我管理有效衔接、政府依法行政和居民依法自治良性互动。"③正如胡锦涛所指出的:"毫不动摇地推进农村改革发展。继续解放思想,必须结合农村改革发展这个伟大实践,大胆探索、勇于开拓,以新的理念和思路破解农村发展难题,为推动党的理论创新、实践创新提供不竭源泉。"④在这一时期,最显著的成效就是改革农村税费,取消农业税,以及与之相匹配,取消农业税后,其相应的配套制度也应该尽快跟上,如农村户籍制度如何调整,农村基本公共服务如何改进更好地实现均等化,以及乡镇体制的改

①　《十六大以来重要文献选编》(中),北京:中央文献出版社 2006 年版,第 235 页。
②　《胡锦涛文选》(第二卷),北京:人民出版社 2016 年版,第 176 页。
③　《十六大以来重要文献选编》(下),北京:中央文献出版社 2008 年版,第 663 页。
④　《改革开放三十年重要文献选编》(下),北京:人民出版社 2008 年版,第 1867 页。

革等问题,这些都为推动乡村治理发展提供了必要的制度支撑和保障。杜润生老先生结合自身的经历,面对改革开放依赖农业、农村、农民所面对的诸多困难和问题,发自内心地感慨道,我们爱护国家,首先要爱护老百姓,特别要爱护农民。在《关于制定国民经济和社会发展第十一个五年规划的建议》中,中央第一次提出建设社会主义新农村的新任务,这也标志着我国开始进入了全面建设社会主义新农村的崭新的历史阶段。新农村建设涵盖了包括统筹城乡发展的有关事宜,推进现代化农业建设的问题、农村改革如何进一步全面深化的问题、加快实现农业科技进步、发展农村文化教育事业、农村公共事业,以及实现农民收入增加等问题,建议也进一步展望了"十一五"的发展蓝图,提出要探索走出一条新农村建设之路,这就是"生产发展、生活宽裕、乡风文明、村容整洁、管理民主"之路①。

正是在这种背景下,适应我国经济发展新阶段的要求,党开始着手进一步调整农村政策。温家宝在十届全国人大三次会议上,明确提出2006年就要在全国全部免征农业税。应该说,在中国几千年的历史中,免征农业税这一举措开创了一个先河,从此开始进入了以工补农的阶段,在中国历史上这一举措同样其意义具有划时代性,具体表现为这样几个方面:其一,取消农业税,最显著的后果就是减轻了农民的经济负担,一定程度上也减轻了农村基层干部的压力。事实上,免除农业税后,发生在乡村的群体性冲突明显有了减少,也降低了农业生产成本,很大程度上实现了干群矛盾的化解。其二,还要看到农业税取消后出现的另一种现象,农民种地的积极性一定程度上得到改善,很多原来的荒地又成为良田,客观上,提高了国家粮食安全系数,但是,我们还要看到其他一些问题,如有学者提出的,"免征农业税也带来一些前所未有的新问题,'三农'问题并没有因为免征农业税而得到有效的解决"。2006年的中央"一号文件"明确提出了一个新的任务:"加强农村民主政治建设,完善建设社会

---

① 《十六大以来重要文献选编》(中),北京:中央文献出版社2006年版,第1050页。

主义新农村的乡村治理机制。"①同年,社会主义和谐社会建设的目标和任务在党的十六届六中全会上被正式提出,全会明确肯定了推动社会管理制度创新的有关要求和任务:"必须创新社会管理体制,整合社会管理资源,提高社会管理水平,健全党委领导、政府负责、社会协同、公众参与的社会管理格局。"②当然,随着时代的发展变化和社会发展的现实需要,乡村基层治理的标准和要求也在与时俱进,2017 年 10 月,党的十七大胜利召开,大会对于如何更好推进社会治理的创新又有了新的发展,大会提出:"要健全基层党组织领导的充满活力的基层群众自治机制,扩大基层群众自治范围,完善民主管理制度。"③实事求是地说,新举措对于实现政府行政管理与基层群众的自治两者之间如何更为有效的衔接,两者之间如何实现更为积极的良性互动,无疑具有一定积极意义。这些探索与实践,对于进一步推动乡村治理体系现代化来说奠定了更加坚实可靠基础。

四、新时代:乡村治理现代化的新阶段(2012 年以来)

党的十八大以来,中国特色社会主义进入新时代,以习近平同志为核心的党中央,我们党对农村社会治理工作给予了更加重视,一方面,坚持高瞻远瞩,围绕着如何实现"两个一百年"奋斗目标,发挥党总揽全局、协调各方的作用;另一方面,明确提出一些新的治理理念和举措,包括坚持源头治理、综合治理、系统治理,扎实推进精准扶贫,实施严格的生态保护,扎实开展美丽乡村建设等等。

对乡村治理现代化提出新的要求。党的十八大报告对进一步推进社会治理提出:"必须加强社会管理法律、体制机制、能力、人才队伍和信息化建设……充分发挥群众参与社会管理的基础作用。完善和创新流动人口和特殊

---

① 《十六大以来重要文献选编》(下),北京:中央文献出版社 2008 年版,第 152 页。
② 《十六大以来重要文献选编》(下),北京:中央文献出版社 2008 年版,第 662 页。
③ 《十七大以来重要文献选编》(上),北京:中央文献出版社 2009 年版,第 23 页。

人群管理服务。"①2013年11月,党的十八届三中全会召开,这次全会第一次把完善和发展中国特色社会主义制度,推进国家治理体系和治理能力现代化作为我国全面深化改革的总目标提上重要日程。在此基础上,2014年10月,党的十八届四中全会进一步细化了如何切实实现国家治理现代化,那就是通过法治的形式,走依法治国之路。2015年,中央"一号文件"对乡村治理机制的创新与发展提出了新的要求,明确提出各地可以根据形势发展的需要,对村民自治试点范围做了进一步扩大,旨在进一步探索具有地方特色满足基层群众需要且更加富有成效的实现形式。2017年10月,党的十九届四中全会对如何实现国家治理体系和治理能力现代化做了具体部署和安排,其中关于基层治理的有关事宜,报告做了明确的要求和安排,那就是:"完善党委领导、政府负责、民主协商、社会协同、公众参与、法治保障、科技支撑的社会治理体系,建设人人有责、人人尽责、人人享有的社会治理共同体,确保人民安居乐业、社会安定有序,建设更高水平的平安中国。"②

客观而言,推动构建基层治理新格局的任务任重而道远,乡村治理依然是其重点难点和关键点。具体来说,通过加强基层民主和法治建设,进一步推动了社会治理的重心由上到下向基层的下移;通过培育多元治理主体,特别是对社会组织的积极作用更加注重,从而在政府和社会中间实现治理和自治的良性互动,从而实现社会治理效率的提高,进一步稳定了社会秩序,使人民群众的获得感、幸福感、安全感得到更加充实、更有保障、更可持续的保障,让社会正气得到进一步弘扬、违法行为得到有力惩治,使农村更加和谐、安定有序。这些举措均在推进乡村治理现代化的路上发挥了积极作用。

乡村治理理论的新发展。新时代关于乡村治理的理论创新,主要包括以下几个方面:一是以"四个全面"战略布局作为乡村治理体系现代化的理论指

---

① 《十八大以来重要文献选编》(上),北京:中央文献出版社2014年版,第30页。
② 《中国共产党第十九届中央委员会第四次全体会议文件汇编》,北京:人民出版社2019年版,第49页。

导。全面建成小康社会能否实现,关键看农村是否全面实现了小康。全面深化改革是实现小康目标的动力。当前,对农村如何进行依法管理,对农民的合法权益如何进行保障,以及如何把农村的制度设计提升到法治层面等诸多问题,这些现实问题迫切需要落实依法治国的根本指导思想,全面实行依法治农。事实上,农村基层党组织建设在这一过程中居于核心地位,发挥关键作用,事关农村全面建成小康社会的成色,事关全面深化改革的彻底性,也事关全面依法治国真正落地。二是扎实推进精准扶贫。扶贫工作具有鲜明的中国特色,也是中国共产党践行初心使命的具体表现,事关我们能否真正实现两个一百年奋斗目标,对此,习近平总书记多次指出:"小康不小康,关键看老乡,关键在贫困的老乡能不能脱贫"。① 2015 年 6 月,习近平总书记在贵州省开展扶贫调研,提出扶贫贵在精准,重在精准,成败之举在于精准②,也是在这次调研时,习近平总书记对扶贫开发工作提出了"四个切实"的具体要求:一要切实落实领导责任;二要切实做到精准扶贫;三要切实强化社会合力;四要切实加强基层组织。③ 三是治理现代化的目标越来越清晰具体。2013 年 10 月,党的十八届三中全会第一次明确把"推进国家治理体系和治理能力现代化"作为全面深化改革的目标和任务。④ 2017 年 10 月,党的十九大首次提出了构建自治、法治和德治相结合的现代乡村治理新体系,围绕着决胜全面建成小康社会的任务,尤其是面对防范化解重大风险,精准脱贫、实施乡村振兴战略,防治污染、搞好生态文明建设的任务,启动实施了乡村振兴战略。党的十九届四中对此又进一步作出新的专门部署和安排,无疑,这一目标和任务是提高党的执

---

① 习近平:《在全国脱贫攻坚总结表彰大会上的讲话》,北京:人民出版社 2021 年版,第 4 页。

② 2015 年 6 月,习近平总书记赴贵州省调研,进一步阐述了精准扶贫思想的具体内容与要求。习近平总书记强调,扶贫工作特别要在精准扶贫、精准脱贫上下更大功夫,具体就是要在扶持对象精准、项目安排精准、资金使用精准、措施到户精准、因村派人(第一书记)精准、脱贫成效精准上想办法、出实招、见真效。

③ 《新理念　新思想　新战略80词》,北京:人民出版社 2016 年版,第 205 页。

④ 《中共中央关于全面深化改革若干重大问题的决定》,《人民日报》2013 年 11 月 16 日。

政能力、执政水平的必然选择,也是当前适应实现国家治理现代化总进程的必然选择。当然,这一目标和任务中,实现乡村治理现代化是其题中应有之义。

乡村治理的新成效。治理水平提升的一个显著表现,就是农民民间组织的发展迅速。截至 2019 年底,我国的民办非企业单位共 48.7112 万家,其中绝大多数是在县级民政部门登记的,共 40.5714 万个。社会团体共有 37.1638 万个,其中在县级民政部门登记的近七成,达到 24.8507 万个。截至 2019 年底,全国基层群众性自治组织共计 64.3 万个,其中:村委会 53.3 万个,比上年下降 1.7%,村民小组 419.3 万个,村委会成员 218 万人,比上年下降 1.6%;居委会 11 万个,比上年增长 1.6%,居民小组 145.6 万个,居委会成员 59.6 万人,比上年增长 3.1%。全年共有 8.8 万个村(居)委会完成选举,登记选民数为 1.4 亿人,参与投票人数为 0.75 亿人。这为推进农村治理提供了坚实的基础①。(见下图)

（单位：万个）

2015—2019　年基层群众性自治组织情况

---

① 《民政部发布 2019 年民政事业发展统计公报》,http://images3.mca.gov.cn/www2017/file/202009/1601261242921.pdf。

客观来说，推进国家治理现代化并不是轻轻松松就能实现的目标，需要我们既要看清自身的优势，又要看到现实的不足，对此，就需要我们以一种历史的责任感，拿出最大的决心和勇气，稳步推进乡村治理各项改革。

历经百年发展与变迁，中国共产党始终致力于推进乡村治理现代化，致力于让广大农民当家作主，致力于实现民族独立、人民解放、国家富强、人民富裕的历史任务，致力于践行党的初心和使命，致力于实现中华民族的伟大复兴。中国乡村治理实践进程大体上可以分为四个阶段：新民主主义革命时期特殊乡村治理实践，经历了 28 年艰辛探索与实践；社会主义革命和建设时期，从 1949 年到 1978 年，经历了新中国成立之初的区村（行政村）制，到区乡制的变化，从小乡制到后来的大乡制，从初级农业生产社合作社到高级农业生产合作社，再到村社合一的人民公社；改革开放新时期，经历了从统到分的过程，自治、法治不断得到改善和加强；2012 年以来，中国特色社会主义进入新时代，乡村治理也在时代大潮中逐步走入一个创新发展的时代，也是实现国家治理体系和治理能力现代化的重要组成部分。适应改革发展形势发展变化的需要，在推动国家治理现代化的大潮中夯实乡村治理现代化的基石，这些都标志着乡村治理体系现代化进入一个崭新的阶段。

第二节　中国特色乡村治理体系 发展的主要成效

在庆祝中国共产党成立 100 周年大会上，习近平总书记面向世界、面向全国庄严宣告："我们实现了第一个百年奋斗目标，在中华大地上全面建成了小康社会。"[①]当然，在这一伟大实践进程中，国家治理体系和治理能力现代化也在稳步推进中，乡村治理体系现代化既是基础，也是短板。

---

① 习近平：《在庆祝中国共产党成立 100 周年大会上的讲话》，北京：人民出版社 2021 年版，第 2 页。

在党的十九大上,中央首次提出了要健全"自治、法治、德治"相结合的乡村治理新体系的任务。随着改革开放不断向纵深发展,我国乡村社会也在改革中发生了巨变,如乡村社会人口流动日益加速,广大农民的乡村社会生活方式、乡村社会结构、农民的思想观念和法治意识等方面也在改革中发生了悄然的变化。乡村社会的急遽发展和变化,无疑也在另一个方面给推动乡村治理体系现代化提出一个新的挑战和机遇,与之相适应也给新时代推进乡村治理体系现代化提出了新的更高标准和要求。

一、新的乡村治理理念逐步得以确立

治理理念决定治理行动,乡村治理也是如此。乡村治理的历史实践表明:乡村治理实践进程与乡村治理理念的变化有着密不可分的关系,有什么样的治理行动很大程度受制于有什么样的治理理念,当然其治理效果也就水到渠成了。乡村治理不单单是农村的事情,更事关党在农村的执政根基,事关党在农村治理的稳定与否。当前,我国城市化还在进行中,农村人口比例依然不低,特别是农民的思想观念、农村社会结构等还没有最终定型,依然在发展变化之中。所以,推动党的乡村治理理念创新非常重要,这是推动乡村治理实践创新的先导,也是实现乡村治理体系现代化的先声。客观上,党的每一次乡村治理理念的变化,都伴随着带给乡村巨大的变化。

在大革命时期,面对第一次国共合作失败,中国革命向何处去?中国共产党用实践回答了这一历史难题,为保留革命火种,开辟革命道路,中国共产党用行动,很快实现了革命重心的转移,从城市到乡村的转移。客观来说,在这一危急关头,以毛泽东同志为主要代表的中国共产党人深入农村,深入一线,深入基层,通过自身的实践调查研究,运用马克思主义基本原理分析中国革命实际,对革命经验教训进行及时总结提炼,最终逐步实现了理论和实践的同步发展,找到了一条适合中国国情具有中国特色的新民主主义革命道路,并依靠这一理论的指导,历经磨难使新民主主义革命局面为之一新,正是依靠这一理论的指导,才有了农村革命根据地的兴起和不断发展壮大,才有了敌后抗日根据地的不断发展壮大,并根据矛盾的转变,适时提出建立抗日民族统一战线的重大决策,完成了阶级矛盾到民族矛盾的重大认识转变,实现党的政治路线的转变,从而为解放战争的胜利奠定了扎实基础。再如,在新中国成立以后,中国共产党面对新中国一穷二白的现实,如何迅速摆脱旧中国贫穷落后的面貌成为中国共产党需要思考和解决的问题,为了加快工业化目标的实现,为了尽快把我国建设成为社会主义现代化国家,中国共产党敢于打破陈规,敢于创新,敢于斗争,敢于胜利,敢于破坏一个旧世界,也善于建设一个新世界,实现了对农业、手工业和资本主义工商业的社会主义的三大改造,建立了社会主义制度,完成中国历史最伟大最深刻的社会变革。为了寻求更快的建设道路,我们也不否认,在探索发展中有了过激的苗头,"鼓足干劲,力争上游,多快好省地建设社会主义"①社会主义的总路线就是在这种背景下走向历史舞台,"大跃进""人民公社化运动"等超常规的社会主义建设的探索与实践此后也接踵而至,后来因各种因素影响,这条道路最后走入了片面追求"一大二公"纯而又纯的无产阶级"文化大革命"的误区,但这些探索也为改革开放后我国的社会主义现代化建设提供了教训、积累了经验。

随着"文革"的结束,特别是我们经过真理标准解放思想的大讨论,"解放思想、实事求是"的思想路线得以重新确立②,从而进入一个崭新的时期,改革开放的春天如约而至。尊重农民的主体地位、尊重农民的"首创精神"成为推动农村改革的强大动力,在这一背景下,以统分结合为特点的双层经营体制在广大农村开始焕发出生机,而广大农民的积极性、主动性和创造性也在村民自治这一伟大创造中得到彰显和体现。

随着治理时代的到来,党的乡村治理理念在实践中经受住了多种检验和

---

① 《中共中央文件选集(一九四九年十月——一九六六年五月)》(第32册),北京:人民出版社2013年版,第52页。

② 《十四大以来重要文献选编》(上),北京:人民出版社1996年版,第651页。

考验,从村民自治的初创,到村组法的试行,再到正式颁布施行,从农村税费改革的实施,到确定建设社会主义新农村建设任务;从 2012 年党的十八大对创新社会管理提出更高期待和要求,到 2013 年,党的十八届三中全会明确"完善和发展中国特色社会主义制度,推进国家治理体系和治理能力现代化"目标,到 2014 年,依法治国基本方略在十八届四中全会上的总体部署,再到 2017 年党的十九大对乡村振兴作出战略部署,可以说,党的乡村治理理念亦在不断调整与优化中实现了与时俱进。

（一）确立了基层党组织领导核心理念

中国革命的领导者是中国共产党,这是百年历史实践早已证明了的客观事实。面对全面建成小康社会第一个百年奋斗目标的如期实现,在继续推进实现全面建成社会主义现代化强国的第二个百年奋斗目标的新起点上,同样需要进一步加强党的全面领导,特别是创新党的基层领导,进一步加强党的基层组织建设,把基层党组织建设成为党领导全面建设社会主义现代化国家的坚强战斗堡垒,在推动乡村治理体系现代化的伟大实践进程中,同样需要党的领导,需要切实发挥党总揽全局、协调各方的积极作用,才能使社会各方的积极性、主动性和创造性更好地被调动起来,投入到第二个百年奋斗目标的伟大实践中,投入到推动包括乡村治理现代化在内的国家治理现代化的伟大历史进程中来。

推动基层党组织建设与创新。农村基层党组织在服务基层群众、满足基层群众需要、推动乡村基层社会和谐发展等方面具有不可替代的作用,大力建设服务型党组织,既是加强乡村基层党的建设的客观需要,更是推动乡村治理体系现代化的关键和核心所在。推动基层党组织建设与创新,既要体现在组织建设上,更需要体现在服务能力建设上,体现在服务基层群众的具体实践中,体现在团结带领群众贯彻党的理论和路线方针政策、落实党的任务方面,最终实现寓领导和管理于服务之中,这是推动实现乡村治理体系现代化的具体内容和关键环节。据统计:目前我国现有基层党组织超过 490 多万个,活跃在这些组织中的有超过9800多万名党员,党的路线方针政策和各项任务如何真正实现落地落实,无疑,最终要依托基层党组组织发挥领导核心、协调各方作用。具体体现在如下四个方面:

一是服务意识的强化,服务能力的提升。党在农村全部工作和战斗力的基础就是这些基层党组织,做好基层各项工作都必须坚持党的领导,如何实现党的领导呢?面对新形势新任务新变化,如何进一步凝聚人心、推动发展、促进和谐,无疑,这些都需要依托基层党组织来进行。如何发挥这种作用呢?就需要充分适应信息化时代的发展变化的需要,通过健全农村基层综合服务管理平台,提升服务效率,进一步实现把服务群众、做好群众工作的意识转化现实工作的动力,切实做到真正解决广大农民群众的日常操心事、烦心事、揪心事,做群众的贴心人。二是适应信息化时代的发展变化,借助现代科技手段如5G网络、手机等,借助网络、信息化平台等现代科技,创新服务方式与手段,推动农村基层综合服务的信息化、便利化,实现服务群众方式与手段的现代化,以信息化带动服务群众的提质增效。三是创新基层组织建设,搭建网格化乡村治理新格局,确保农村基层党组织全覆盖。创新基层组织设置方式,实现支部、党员嵌入网格,以网格化治理为载体,以社会化服务为依托,落实党员联系服务群众工作机制,通过工会、共青团、妇联等群团组织的桥梁纽带作用,进一步密切联系基层群众,确保社情民意沟通渠道的畅通及时高效,从而真正把广大农民群众团结在党的周围。四是对基层建设工作的人财物投入实现稳步增加,既保证基层有人干事,又确保基层有钱办事,当然还有地方或者场所为民办事,从而为服务群众、做好群众工作提供坚实人财物的支持和保障。

通过夯实基层党组织建设,进一步加强了党的全面领导,进而实现变基层党组织的组织资源优势为基层治理现代化的资源优势,从而为基层党组织服务群众、做好群众工作提供了组织保障。

(二)确立了协同治理理念

面对治理时代的到来,基于世情、国情、党情的急遽变化,再按照党的传统领导方式,无法适应治理时代发展和广大农民的现实需要,"人们必须认识到政府存在的理由就是要满足公民的需要"①。

协同治理,其本意是在多元化治理时代,随着治理主体日益呈现出多元化的态势,为了实现整体利益,实现整体大于部分之和的治理效果,治理各方通过各方协同配合,实现多种力量的高效集聚,对公共事务实现共同管理,确保实现公共利益最大化。当然,协同治理,治理是手段,关键在协同。就协同的范围而言,这里谈到的协同既有各治理主体内部的协同,也有治理各主体外部的协同。参与协同治理的主体日益呈现多元化发展态势,多元化治理主体中包括了政府部门、经济组织、社会组织以及社会公众等多元主体,参与协同治理的各方通过法律法规等来实现对各自行为的规范,继而实现各治理主体之间的协同。

践行协同治理理念是实现党的乡村治理体系现代化的有效途径之一。协同治理的优势与长处在于它有助于推动乡村治理的进一步优化,主要表现在这样几个方面:一是协同治理能够使得党和政府通过各种制度和机制在民主化、科学化的基础上作出决策,这种决策很大程度上更加符合客观实际,更加科学合理。二是协同治理能够调动乡村各治理主体积极参与,从而实现政策的民主化。在推动乡村治理实践中,在推动村民基层自治的实践中,建立多元合作协同互动平台机制,推动乡村协同治理的发展,实现协同取得实效,实现基层政权与村民自治良性互动,保障村民能够在法律范围行使自己的民主权利,最终使得农村走向民主治理的道路。

(三)确立了农民乡村治理主体理念

乡村善治的实现离不开农民的参与。乡村善治的标志之一就是实现乡村治理主体的多元化。对此要在实践中予以充分尊重,特别是宪法赋予的农民的个人自由和权利尤其需要得到保障和落实,并在落实村民自治的实践中敢

①　[美]珍妮特·V.登哈特、罗伯特·B.登哈特:《新公共服务:服务,而不是掌舵》,北京:中国人民大学出版社 2010 年版,第 76 页。

于创新敢于突破陈规陋俗。乡村的振兴,农村经济的发展和繁荣,全面建设社会主义现代化国家,乃至社会主义现代化强国目标实现,归根到底都需要依靠亿万农民的参与奉献和建设,都需要发挥广大农民群众的积极性、主动性和创造性,这需要切实尊重广大农民群众在乡村治理中的主体地位,在实践中真正坚持群众观点,践行群众路线,从群众中来、到群众中去,尊重群众、向群众学习。正如早在180多年前,马克思所断言:"历史活动是群众的活动,随着历史活动的深入,必将是群众队伍的扩大。"①从过去来看,在新民主主义革命实践中群众路线一经形成,就在革命实践中日益成为党的根本工作路线,今天在推动乡村治理体系现代化的伟大历史进程中,农民群众同样是乡村治理体系现代化的主体而不可或缺,在实践中,"进一步解放和发展农村生产力,促进粮食稳定发展、农民持续增收;必须坚持农村基本经营制度,尊重农民的主体地位,不断创新农村体制机制"。② 无疑,这就改变了原来的不科学的治理方式,实现由原来那种单纯依靠行政权力自上而下的国家治理方式转变为相信群众、依靠群众,农民群众作为乡村治理主体的地位也在现实实践中进一步得到确认,广大农民的积极性、主动性、创造性被充分调动起来。

(四)确立了乡村治理法治化理念

乡村治理法治化是社会治理法治化的重要内容。推动乡村善治,法治是保障,这就需要确立乡村治理法治化理念。党的十五大第一次明确提出把"依法治国"作为党领导人民治理国家的基本方略;党的十八大以来,进一步重申了"法治是治国理政的基本方式",并进一步提出新的要求:到2020年"依法治国基本方略全面落实,法治政府基本建成"③的目标。乡村治理体系

---

① 《马克思恩格斯文集》(第1卷),北京:人民出版社2009年版,第287页。

② 《十六大以来重要文献选编》(下),北京:中央文献出版社2008年版,第141页。

③ 袁曙宏:《党的领导是中国特色社会主义法治最根本的保证》,《人民日报》2014年11月4日。

现代化离不开法治化的保障,这既是乡村治理体系现代化的必然要求,也是依法治国的重要组成部分。乡村法治建设作为党在乡村基层实施治国理政的具体实践,实现乡村治理法治化既是我们当前扎实推进乡村振兴战略的需要,也是我们顺利实现了第二个百年奋斗目标的重要保障。那么,如何理解乡村治理法治化呢? 学界对此也有不同认识,有学者提出了乡村治理法治化的基本观点,认为所谓乡村治理法治化就是指在党的领导下,"按照法律来管理农村基层事务……使农村基层的一切需要都可以由法律来调控的活动和工作,都纳入规范化、法律化的轨道。"①毋庸置疑,乡村治理法治化对于推动乡村治理体系现代化不可或缺。

当前,我国的乡村治理法治化成效是显著的,但在实践中也不容乐观,还存在一些问题和不足,同乡村治理体系现代化的需要相比,当前的乡村法治建设还有许多不尽如人意之处,既存在个别法律法规的针对性、可操作性不强的现实问题,也有现有法律法规滞后于乡村治理实践之不足。比较典型的例子,就是我国城乡之间明显的差距,农村社会结构、农民思想观念等正处于巨大变化的历史进程中,如何引导这种转变,无疑更需要统筹把握,认真对待。

国际经验表明:社会建设日益成为国家发展关注的焦点,社会建设落后或者滞后于社会的发展,其负面影响是巨大的,而且是牵一发而动全身,能够产生不可估量的连锁反应,从国家发展的长远来看,整个社会的经济发展也会因社会建设的滞后而踯躅不前,进而影响整个国家和社会发展的健康发展,类似的案例不胜枚举,如美洲的阿根廷、墨西哥等许多新兴发展中国家都面临着类似的问题,这给我们敲响了警钟。

一言以蔽之,40 多年的乡村治理改革与发展,从农民首创的村民自治的萌芽,发展到进一步在全国推广,到新世纪全面开展新农村建设;从党的十八大明确提出了创新社会管理的要求,到党的十九大确立启动实施乡村振兴战

---

① 邱春林:《中国共产党与农村治理的中国特色》,《理论学刊》2017 年第 1 期。

略,再到党的十九届四中全会对推进国家治理体系和治理能力现代化这一顶层设计作出统筹部署和安排,在这一发展历程中,党的乡村治理理念亦在不断调整与优化中。事实上,每一次乡村治理理念的变化,都会给农村带来巨大的变化。面对乡村振兴战略的实施,更需要我们行动起来,理念创新先行,坚持党的全面领导,进一步确立协同治理理念、农民治理主体地位和法治化的治理理念,为实现乡村善治提供可靠保障和有力支持,从而夯实国家治理体系和治理能力现代化的基础。

二、初步构建了现代乡村治理新体系

党的十九大针对乡村治理的现实问题,首次明确提出了构建自治、法治和德治三治相结合的现代乡村治理新体系的目标任务。

在建构现代化乡村治理新体系中,三治是重要内容,各自发挥着不可替代的作用,关键又在结合方面,三者形成合力,共同推进乡村治理体系现代化。以"三治结合"为主要内容的现代乡村治理体系是新时代推进乡村经济社会发展的强大保障和坚实基础,这一体系既有坚实的社会实践基础,又具有强烈的问题意识,在乡村治理新体系中,自治、法治和德治三者之间既有联系也有不同,三者之间并不是简单的并列关系,其中,自治作为社会主义基层民主政治的基本要求和实现形式,是法治和德治所追求的目标,法治是乡村治理体系现代化所必须依托的制度保障,是自治和德治的重要保障,德治则是传承中国传统文化所应遵循的基本要求,是自治和法治的传统基础支撑。

乡村治理新体系的核心内容是自治。基层群众自治制度是广大农民的伟大创造,并在基层党组织的支持和领导下,进一步上升为国家治理的重要内容,一般来说,自治的本义就是群众在一定范围内通过一定规范或者制度,通过自我管理、自我教育,实现自我服务,具体涉及民主选举、民主决策、民主管理和民主监督等诸多方面。基层群众自治这一创新性举措无疑较好地实现了广大人民群众当家作主的现实需要,对于社会主义基层民主实践来说也是一种崭新积极而又富有成效的实现形式。在乡村治理体系中,自治是其核心内容,如何保障群众能够切实有效的实现自治呢? 这就需要依靠法治和德治的共同保障,所以在这个意义上我们也可以说,法治和德治都是实现自治的工具和手段。

在现代乡村治理新体系中,法治处于不可或缺的地位。实现乡村治理体系现代化,必然要求治理活动与治理实践要建立在法治的基础上,依靠法治来保障治理的顺利进行,法治是自治和德治的重要保障。在现代乡村治理新体系中,自治的依据是依据法律进行的自治,脱离法治依据的自治不是自治,超越法定边界的自治是无效的自治,只有在法治的范围,依托法治来规范处理好好各种可能的矛盾和相应的利益冲突。德治也离不开法治的支撑和保障,离开了法治的支撑,德治也难以真正发挥其教化的力量和魅力,当然,我们说德治也是有范围有界限的,其前提是在法治的框架内,德治只有在法治的框架或者规则体系内,才能真正展示德治的魅力,法治才能更好地助力德治的运行与落地。

在现代乡村治理新体系中,德治的地位,同样不可忽视,德治是自治和法治的传统基础支撑。德治是国家治理的"本土资源",在我国德治有着源远流长的发展历程,乡村治理体系现代化进程中,当然离不开发挥道德的自律作用。当然,在现代乡村治理新体系中,德治的作用在于促进自治过程中进一步彰显道德的积极作用,实践中道德的调节社会关系以及规范自律作用能够切实得到发挥,推动实现乡村社会的和谐。与法治对比而言,在调节社会关系的范围上德治的长处明显,德治的应用相比法治而言,其适用范围更为宽泛、更为普及,客观上,这一特点恰恰可以弥补法治的刚性有余而柔性不足的问题,通过德治和法治两者形成合力,继而推动乡村治理体系现代化的进程。

综上所述,在党的正确领导下,现代乡村治理新体系初步显示了自治、法治和德治合力的魅力所在,各自的优势得以充分发挥,从而实现了既避免各自分开导致单一治理方式的单薄与内在不足的问题,又通过"三治"协同达到了治理效果倍增的复合效应,最终形成有利于实现乡村善治的现代乡村治理新体系。

三、乡村治理法治化进程加速

党的十八大对依法治国做了顶层设计和具体部署。在乡村基层治理的具体实践中,依法治国理念也在不断深入并进一步强化,我们一般也称之乡村治理的法治化。乡村治理法治化作为依法治国的重要组成部分,不是孤立存在的,其发展必然要求在党的统一领导下,通过法律来规范管理乡村基层公共事务,包括经济、政治、文化、社会、生态等各项事务,在实践中进一步实现农村基层的一切事务都逐步纳入规范化、法治化的轨道上来。

改革开放以来,在党的领导下,乡村治理法治化进程不断加速,这从历年的中央"一号文件"中也有所体现。党的十八届四中全会明确把依法治国作为深化改革的任务和目标,同时,这次会议肯定了推进基层治理法治化对于国家治理体系和治理能力现代化、对于我们更好地维护改革发展稳定之大局、对于我们实现全面建成小康社会的目标来说都具有十分重要的意义。1988年开始试行的《中华人民共和国村民委员会组织法(试行)》等在内的几个文件在中国法治进程中具有里程碑意义,也是我国乡村基层治理开始进入有法可依阶段的一个关键标志。这一法律的出台形成可谓艰辛,试运行从1988年到1998年,历经十个年头,在全国九届人大常委会第五次会议上终于顺利获得通过。村组法正式获得通过,对我国乡村基层民主建设而言,这是一个标志性成果。以此为标志,我国基层民主政治建设进入了一个崭新的发展阶段,也是我国乡村治理法律体系进一步完备的一个显著标志。

1999年,适应乡村治理发展的现实需要,中央出台了《中国共产党农村基层组织工作条例》①,这一举措实质也进一步表明农村基层工作已经引起中央的高度重视,需要指出的是这也是改革开放以来首次颁发这样的条例。2019年,根据乡村基层党组织建设与形势发展的变化及其现实需要,适时启动了《中国共产党农村基层组织工作条例》修订工作,增加了许多新的内容,使之与时代发展更为紧密结合,更好地满足现代乡村治理发展的现实需要,新条例从总则、组织设置、职责任务、经济建设、精神文明建设、乡村治理、领导班子和干部队伍建设、党员队伍建设等方面对农村基层组织工作做了相应的调整和变化②。乡村基层治理法律体系得到进一步细化和完善。

在此基础上,党的十八届四中则对全面依法治国进行了顶层设计和部署,大会顺利通过了《中共中央关于全面推进依法治国若干重大问题的决定》,把推进法治化作为实现国家治理现代化的根本出路。党的十八大以来,以习近平同志为核心的党中央推进治国理政实践的一个突出特色就是注重运用法治治理国家,并把全面依法治国纳入"四个全面"的战略布局,主张并扎实实施"法治国家、法治政府、法治社会"一体建设,对领导干部在法治能力方面提出了更高的标准和要求,提高"运用法治思维和法治方式的能力",提出"凡属重大改革要于法有据"③,并作出庄严作出承诺:"努力让人民群众在每一个

---

① 《中国共产党农村基层组织工作条例》,目的在于加强和改进党的农村基层组织建设,加强和改善党对农村工作的领导,推动农村经济发展和社会进步,保证党在农村改革和发展目标的实现而制定的法规,1999 年 2 月 13 日,《中国共产党农村基层组织工作条例》由中国共产党中央委员会发布,自 1999 年 2 月 13 日起实施。2018 年底,中共中央决定对其进行修订,修订后的《条例》于 2019 年 1 月由中共中央印发,共十章四十八条,自 2018 年 12 月 28 日起施行。1999年 2 月 13 日中共中央印发的《条例》同时废止。

② 《中国共产党农村基层组织工作条例》明确规定:"乡镇党的委员会和村党支部是党在农村的基层组织,是党在农村全部工作和战斗力的基础,是乡镇、村各种组织和各项工作的领导核心"。《中国共产党农村基层组织工作条例》对村支部的责任也作出了明确界定:"领导和推进村级民主选举、民主决策、民主管理、民主监督,支持和保障村民依法开展自治活动。领导村民委员会、村集体经济组织和共青团、妇代会、民兵等群众组织,支持和保证这些组织依照国家法律法规及各自章程充分行使职权"。参见《十五大以来重要文献选编》(上),北京:人民出版社2000 年版,第 762 页。

③ 《习近平关于全面深化改革论述摘编》,北京:中央文献出版社 2014 年版,第 47 页。

司法案件中都能感受到公平正义"等①。毫无疑问,在治国理政的战略布局部署中,法治的作用进一步凸显,依法治国理念不断融入实践,并进一步内化为改革发展稳定、内政外交国防、治党治国治军各个方面的治国遵循。也正是法治的引领和规范,在深刻变革中实现了我国乡村社会发展的健康有序。

综上所述,推动乡村治理法治化所依赖的相关法律体系已经随着村组织法的试行、修订实施,到地方性法规的不断修订与完善等而基本建立,为基层群众自治、为全过程人民民主的落地落实提供了更加坚实规范的法治保障,实事求是地说,40多年改革开放的实践与发展,尤其是党的十八大以来,我国的乡村治理现代化业已进入发展的快车道,制度化、法治化已经成为乡村治理体系现代化发展的重要标志和制度保障。

四、乡村治理主体多元化

乡村治理主体日益呈现多元化发展态势。在治理现代化的实践中,乡村治理主体不断得以发展壮大。那么在乡村治理具体实践中,哪些主体可以称为乡村治理主体呢? 从广义上来说,只要事关乡村需求,并与满足这种需求之间有着直接或者间接关系且能够发挥一定功能的相关主体,我们都可以称之为乡村治理主体,涵盖在乡村治理中扮演着不同角色的组织、机构和个人。当前,学界对于乡村治理主体多元化的趋势已经形成共识。一般来说,在当下的乡村治理实践中,我们常谈到的乡村治理主体,一般来说主要包括党的基层组织、乡镇政府、村民委员会、村民代表会议、经合组织、民间组织、乡贤、家族等多种治理主体。乡村治理各主体在乡村治理体系中各自发挥着不同的作用,如村民、村委、民间团体、驻村干部等,并形成合力共同推动了乡村治理体系现代化的历史进程,不可否认,乡村治理体系现代化的实现是一个系统工程,在这一历程进程中涵盖了经济、政治、文化、社会、生态等多方面的统一。

---

① 《习近平关于全面依法治国论述摘编》,北京:中央文献出版社2015年版,第65—66页。

随着改革的深入和向纵深发展,尤其是乡村治理体系现代化的快速推进,乡村治理主体多元化的发展态势更加明朗。1994 年 11 月,中央出台了《中共中央关于加强农村基层组织建设的通知》,强调指出:"农村基层组织建设,包括乡(镇)、村两级,重点是村。"①也正是依据此文件,我们可以非常清晰地认识到,现代乡村治理体系可以从纵横两个层次上进行分析:从纵向上进行梳理可以看到这一体系,包括乡、村两级治理主体;从横向上进行梳理可以发现,这一体系包括党的基层组织、村级政权组织、经济组织、群众团体等诸多治理主体。具体如下。

其一,乡镇党委和村支部。农村基层党组织是乡村治理主体之一,乡镇党委和村支部无疑在乡村治理体系现代化不可或缺,都是乡村治理主体。作为整个乡镇工作的领导力量与核心的是乡镇党委,当然,作为党在农村的基层组织——村党支部,它则是党在农村全部工作和战斗力的基础。围绕着构建新时代的乡村治理新体制、乡村治理新体系、乡村治理新格局,党的十九大从顶层设计战略部署上进一步勾勒出乡村治理的新蓝图,明确了构建"党委领导、政府负责、社会协同、公众参与、法治保障"②的新型乡村治理机制为目标,进而构建起由"自治、法治、德治"相结合的现代乡村治理新体系的乡村治理新格局,在这一乡村治理新格局中,实现"共建、共治、共享"。无疑,这些规划为乡村治理体系现代化夯实了基础,为推动落实乡村振兴提供了条件和保障。

在现代乡村治理新体系中,党的基层组织发挥着核心作用,居于中心地位,这是推动实现乡村治理体系现代化的前提和关键。在《中国共产党章程》中,第三十二条对党的基层组织的地位和作用作了清晰而明确的界定③,对农村基层组织的职责和任务从八个方面做了厘清。此外,《中国共产党农村基

① 《十四大以来重要文献选编》(中),北京:人民出版社 1997 年版,第 1046 页。
② 《习近平谈治国理政》(第三卷),北京:外文出版社 2020 年版,第 38 页。
③ 《中国共产党章程》第三十二条党的基层组织是党在社会基层组织中的战斗堡垒,是党的全部工作和战斗力的基础。

层组织工作条例》对乡镇党委和村党组织的相应的职责和任务也作了明确规定,并从六个方面对其职责任务也做了同样明确规定,而且这些职责任务可以说是相辅相成,具有协调性和统一性。归纳起来,主要体现为三个方面的内容:一是坚持群众工作路线,密切联系群众;二是对党员学习教育工作高度重视,着力打造一支过硬的党员队伍;三是创新党建理论,不断加强宣传党的方针政策工作。

毋庸置疑,在乡村社会治理中党始终处于核心之地位。党的农村政策的贯彻执行和党的农村工作任务的完成,都离不开党的基层组织发挥战斗堡垒作用,没有广大基层党组织战斗力的发挥,党的战斗力就没有着力之处。一般来说,农村基层党组织的领导核心作用一般表现为三个方面:一是政治领导,二是思想领导,三是在重大问题上的领导。乡村治理的复杂烦琐,也就进一步凸显了做好农村基层组织建设的重要性。

其二,乡镇政府。乡镇政府是我们党执政的基础所在,也是联系人民群众最紧密、最直接的基层单位,是目前国家治国理政的最基层行政单元,在我国政府治理体系中,乡镇政府处于最基层,是我国国家行政机关的最末一级。作为党和国家权力在基层的最基本单位,乡镇政府代表国家主导乡村治理,也是国家主导乡村治理最基础最前沿最有力的一级政权。

乡镇政府作为中央、省、市、县、乡五级政权的最末端,显然其组织机构具有显著的系统性,从一般意义上来说,乡镇的"四大班子"一般就是指乡镇党委、乡镇政府、乡镇人大、乡镇政协。乡镇党委、乡镇人民代表大会、乡镇人民政府再加上乡镇政协,共同组成乡镇基层政权,再加上乡镇纪律检查委员会、乡镇人民武装部和共青团、妇联等群团组织等共同构成乡镇基层管理服务体系。虽然乡镇政府在国家政权体系中处于末端,但在推动乡村治理中的地位和作用却不容忽视,客观来说,国家与乡村社会连接的关键连接点不可能脱离乡镇政府,在乡村治理中,乡镇政府是代表国家对乡村社会进行直接治理。在现实乡村社会中,农民对于国家的认知和感受,最主要的就是通过乡镇一级政府来认识国家,国家的大政方针的落地当然也需要通过乡镇政府这一基层组织来实现落地落实。就农民而言,在某种程度上乡镇一级政权就是国家的代表和存在,因此,乡镇政权的实际所为在很大程度上决定了国家对乡村社会的治理效果;国家政权的合法性基础在很大程度上也体现在乡镇政权的所作所为上。

其三,广大农民是乡村治理的主体。农民作为乡村治理的主体,实现自治一般就是通过村民委员会、村民代表会议等载体。经济基础决定上层建筑,农业生产的主要承担者是农民,并且农民在农业等各领域创造了丰富的物质财富,为国家和城市的发展提供粮食和基本生活必需品,首先保障了人们能够吃饱饭,解决生存的问题,在这一方面农民的作用和地位是任何其他阶级阶层所有无法比拟,也是其他任何阶级所无法替代的。毋庸置疑,在我国农民是一个非常重要而又特殊的群体,首先是农民的人数占优势,其次,农民在社会生活中具有强烈的积极性、主动性和创造性。历史和现实实践早已表明,农民是推动中国革命、建设和改革发展的最深厚的力量,其伟力蕴藏在广大的农民之中,农民是实现乡村治理体系现代化不可或缺的治理主体之一。

其四,村民委员会。村民自治组织是乡村治理中的核心力量。村民自治本身就是农民的伟大创造,在党的支持和引导下,进一步规范发展,并上升为国家法治层面,实现村民自治的法治化、规范化、制度化。最初是由广西的宜山、罗城两县的基层群众首先提出来的,这种首创得到国家的承认,这种以村民委员会为主要形态的村民自治模式得到进一步推广。有学者指出:"也正是为了适应农村经济体制改革后国家重构乡村秩序、重建乡村治理机制的现实需要,在少数村落自发的村民自治作为一种基层民主制度,得到提升并在全国范围内推行。"①在村民自治实践中,实现自治的具体途径主要是通过村民委员会、村党组织、村民代表会和村民小组等形式来实现的,在宪法和法律的

---

① 黄辉祥:《民主下乡:国家对乡村社会的再整合——村民自治生成的历史与制度背景考察》,《华中师范大学学报(人文社会科学版)》2007年第5期。

范围内，基层群众通过民主选举、民主决策、民主管理、民主监督，在基层真正实现了自我管理、自我教育、自我服务，实现了直接行使各项民主权利，实现了全过程人民民主的真正落地。无疑，这一由农民首创的制度得到认可并被进一步上升为国家层面而被正式推行，开创了中国基层民主的新篇章。

由此可见，村委会是农村社会中极为重要的村民自治组织的有效载体，换言之，就是说基层群众正是依靠这一机制，才实现了自我管理、自我教育、自我服务。对此，彭真委员长给予了高度评价，他指出："有了村民委员会，农民群众按照民主集中制的原则，实行直接民主，要办什么，不办什么，先办什么，后办什么，都有群众自己依法决定，这好似最广泛的民主实践。他们把一个村的事情管好了，逐渐就会管一个乡的事情；把一个乡的事情管好了，逐渐就会管一个县的事情，逐步锻炼、提高议政能力。"①

村民委员会职责明确②，村民会议对村庄公共事务享有最高的决策权，而村委会则是村民会议决议的执行机构和村民自治事务的日常管理机构。作为村民自治组织，村民委员会具有三个典型特点：一是群众性，二是基层性，三是自治性。实践中，村民自治的实际效果到底如何呢？实事求是地说，其效果很大程度取决于乡镇政府与村委会之间关系的处理。实际运行中，村委会也是在乡镇政府的指导下开展工作，一定程度上这也是服从乡镇政府行政需要，在实际运转中，乡镇政府代表国家利益做出的各种行政任务和指令安排多数由

---

① 彭真：《彭真文选》，北京：人民出版社 1991 年版，第 608 页。

② 《村民委员会组织法》第十七条明确规定："村民会议由本村十八周岁以上的村民组成。召开村民会议，应当有本村十八周岁以上村民的过半数参加，或者有本村三分之二以上的户代表参加，所作决定应当经到会人员的过半数通过。必要的时候，可以邀请驻在本村的企业、事业单位和群众组织派代表列席村民会议。"第十八条规定："村民委员会向村民会议负责并报告工作。村民会议每年审议村民委员会的工作报告，并评议村民委员会成员的工作。村民会议由村民委员会召集。有十分之一以上的村民提议，应当召集村民会议。"由此规定可见，只要成年村民都有资格和权利参加村民会议，对此，《村民委员会组织法》也有相应明确规定：对凡是涉及全体村民利益的事项，"村民委员会必须提请村民会议讨论决定"，同时，"村民委员会向村民会议负责并报告工作"。参见《十六大以来重要文献选编》（中），北京：中央文献出版社 2006 年版，第124—126 页。

村委会来具体执行落实,在这一个意义上来说,村民委员会的角色实际上是乡镇政府代表国家落实政策指令的具体执行者和代理人。因此,我们可以说村委会在很大程度上承担着办理政府事务,延伸国家行政权力的功能,扮演了政府在乡村治理中的"代理人"角色。显然,在这里的村委会就不再仅仅是一般的群众性自治组织了,而是负有多重角色,承担了多种功能。

其五,乡村其他民间组织。随着改革开放的深入发展,尤其是经济社会的进一步发展,一个重要变化在农村悄然来临,那就是大量出现各种社会组织,并在经济社会生活中发挥着其他组织不可替代的特殊作用。作为乡村社会治理多元治理主体之一,各类基层社会组织在多元化参与式治理实践中扮演着越来越重要的角色,已经成长为社会治理和社会建设的重要参与主体,尤其农村基层社会组织①其作用的发挥更明显,特别是在自我服务、自我教育、自我管理以及促进社会和谐、维护社会稳定、缓解社会矛盾等诸多方面发挥着积极的作用。

农村基层民间组织在推动乡村治理的具体实践的作用已经不可或缺,其作用具体体现这样一些方面。

第一,便民利民服务方面,这些民间基层组织在满足基层群众的日常生活需求和精神文化生活需求方面具有先天灵活的优势。伴随人民对美好生活的向往和生活水平的稳步提升,加上生活方式日趋多元化和社会化,传统的家庭生活也发生了很多变化,从幼儿的日托问题,到农村的基本生活养老问题,再

---

① 农村民间组织主要是指农民自愿组成、自主管理、自我服务的非营利性社会组织。在今天的现代化进程中亟需建立现代农村组织,要促使农民的观念转变,农村现代组织的建设和农民组织化程度的提高有助于农民集体观念增强,重视公民道德信仰的培育和建树,改变农村人才长期流失和农村教育长期为城市服务的局面,广泛培育农村现代组织,建构多维治理形态,造就一个富有公共领域的现代农村。农村民间组织大致可以分为两类:一类是以村落或村落联合体为单位的由农民自发组成的服务组织,即互益型组织,又可称为村庄组织;另一类是专门从事农村各种服务活动、协助农村发展的专业性服务组织,又可称为农村发展机构在多元治理视域下的农村社会组织,扮演着越来越重要的角色,时代在改变,社会主义市场经济的日益发展,多元主体的需求日益多样化,对于基层的社会治理,不能再像计划经济时代那样,政府包揽一切,实行一元化治理。

到群众的社会保障办理问题等都需要专业的相关组织来提供专门的服务,特别是社区服务类社会组织具有显著的优势与特点,能够在便民利民服务方面发挥政府不能发挥的积极作用,这些服务也较好地满足了社区群众的日常生活需求,最显著的例子就是农村社区内的民办幼儿园很大程度上为外出务工的家庭尤其是年轻父母提供了便利。再如能够为老年人家庭、残疾人家庭等提供温馨、实惠以及方便的日常护理服务的综合社区服务中心、社区医疗服务中心等。再如社区居民自发组成的各种形式的文化体育类社会组织,这些社会组织通过开展丰富多彩的文化体育活动,吸引了越来越多的农民群众参加体育文化活动,这对于群众日益增长的精神文化需求来说提供了载体和途径,在推动乡村健康文明的社会风气的形成方面起到了积极作用。

第二,农村基层民间组织能够更好地激发农民群众参与农村基层民主治理的热情,使农村基层自治功能得到充分发挥,使基层群众的合法权益得到更好地维护与实现。实事求是地说,目前作为农村基层群众性自治组织的村(居)委会,囿于客观现实,工作人员的配备一般来说较少,面对基层群众的多方面需求,仅仅依靠村委会的力量是难以充分满足村民的各类现实服务需求。这种情况下,作为扎根基层的各类社会组织就显示出其独特的优势所在,如乡村基层的党员扶贫服务队、村红白理事会、老年协会、居民联防队、慈善爱心超市等,这些民间基层组织就在农民群众的身边,并且具有相对独特的优势和相对较好的专业能力,在居民生活帮困、治安治理、卫生保洁、扶残助贫、调解纠纷等方面能够发挥独特的作用。事实证明:农村基层社会组织已经成为公民参与基层社会治理的重要载体和平台,通过这一载体将社区群众性的自治空间实现从平面到立体的变化,即原来的单一地包含居委会、居民小组、邻里、楼院等在内的所谓地缘群体延展到包括兴趣、爱好、利益等在内的立体化社会群体,通过这一载体将社区群众性的自治内容从单一的自我管理拓展到社区生活的方方面面,进一步延伸社区服务功能,更好地满足了不同层次社区成员的服务需求。无疑,农村基层民间社会组织的成长和功能的发挥,客观上推动了村民自治的深化和拓展,社会自治功能得到进一步彰显。

第三,充分发挥农村基层民间组织作用,客观上有利于基层政府职能的转变。民间基层组织通过组织社会公益活动,客观上履行了政府应该承担的部分基层公共服务功能,这对打造服务型政府具有积极推动作用。基层政府部门应该履行的公共服务职能越来越多,诸如扶贫济困、助残养老、环境保护、社会治安等。客观来说,目前由于传统体制机制等方面因素的影响,政府在履行社会公共服务功能方面还存在一些短板和不足,而基层民间社会组织则具有相当的灵活性、适应性,民间组织在动员和整合农村资源方面具有一定优势,随着体制机制改革的深入和政府职能的优化,政府部门通过购买社会公益服务或社会公益项目委托等方式,将本来应该由政府承担的社会公益服务委托给社会组织来承担,实际上民间社会组织分解承担了原来由政府承担的社区公共服务性工作,加之其自身的特点和优势,一方面,既为社区内的特定对象提供了有效的社会公益服务,另一方面,也进一步加强了与政府有关部门的联系和沟通,从而能够更好地满足了群众的各类需要,也在很大程度上促进了基层政府职能的转变,推动了农村社会建设,促进了农村经济发展。

其六,传统宗族与乡贤等其他也是乡村治理的重要主体。作为具有数千年传统文化的中国,传统宗族在乡村社会的稳定与发展中发挥着不可替代的天然作用。实事求是地说,家族或家庭内部治理的良性秩序在维系乡村治理多元化方面发挥着不可或缺的重要作用,一定程度上也对乡村治理结构优化及有效性提供了有力支持。

一般来说,现在所指的"乡贤",指在乡村德治教化、家风村貌、乡村社会秩序及公共事务中德高望重或具有突出贡献的这样的人。从这个意义上说,每个乡村都有自己的乡贤。到今天来看,随着社会主义现代化进程的加速,具有鲜明时代特点的新乡贤应运而生,这部分乡村精英在改革大潮中随着人口迁移大潮进入城市,在城市中得到发展,成长为远离家乡的外出乡贤。新时代的乡贤呈现出两个典型特色:一方面这些乡贤既具有现代社会科技信息精英特色,另一方面这些乡贤还具有中国传统乡贤文化的历史传承。当然,新时代的乡贤从能力、威望等方面也正是推动乡村振兴所需的人才。因此,在推动乡村振兴中,乡贤地位和作用对于乡村振兴来说,具有特殊意义,一方面他们能够克服外来人才的陌生与短暂、本土人才的视野局限等不足,另一方面也兼具外来人才的经验与智慧,发挥本土人才的熟悉乡土优势,也可以发挥外出人才的乡愁情怀等优势,以"乡贤反哺"为切入点,也可以较好地实现乡村振兴人才力量的凝聚。

五、新时代乡村治理体系现代化的个案剖析

在推进乡村治理现代化体系建设的实践中,各地总结实践经验,形成了一系列典型做法和经验。其共性表现在管理模式上在不断发生变化,实现了从管理向治理、从管理到服务的转变,"党委领导、政府负责、社会协同、公众参与、法治保障"的乡村社会治理新格局初步显现。

(一)乡村治理现代化的齐鲁实践

1978年以来,山东的乡村治理改革与发展的实践进程大体可以分为四个阶段:第一阶段,山东乡村基层治理的起步阶段,自1978年十一届三中全会到1992年党的十四大召开。第二阶段,山东省乡村基层治理的稳步发展阶段。从1992年党的十四大到1998年《中华人民共和国村民委员会组织法》的正式通过。党的十四大确立了建立社会主义市场经济的改革,1997年党的十五大把依法治国写进了宪法。1998年11月4日《中华人民共和国村民委员会组织法》正式实行;第三阶段,进入21世纪以来,从2000年起到2012年党的十八大召开,这一时期属于新农村建设阶段;第四阶段,2012年,党的十八大以来,乡村基层治理发展进入快车道,并在乡村治理实践中走在前列。

突出基层群众自治创新的日照实践。近年来,山东省日照市以建立社区组织、服务、自治、保障"四个体系"为重点,按照"多元参与、共同治理"的原则,探索建立了"一二三四五"社区治理机制体制,变"替民做主"为"让民做主",创新开展农村社区管理和服务工作,促使农村社区逐步取代了原来的行政村而发展成为农村基层社会管理的实体和基本单元。具体内容如下:"一个架构",构建了一个以基层党组织为核心、以基层各类自治组织为主体,以其他基层社会组织和经济组织作为补充的社区治理组织架构,把群团组织联系起来,打造形成了一个"五位一体"的乡村基层多元参与、共同治理的社区组织结构。"两个关系",其一是指理顺乡镇政府与社区村委会间的关系,明确其关系是纵向指导与被指导的关系,其二是社区党组织与自治组织、社会组织之间的横向关系,即核心与主体,以及补充之间的关系。采取三类举措:通过强化社区的服务、"柔性"管理、自治功能,采取各类举措去调动起各类社区社会组织的积极性,主动承接部分社会职能和公共服务职能。探索实行网格化管理,将社区进一步细化为若干村民小组,推动社会管理的柔性化;突出社区的自治功能,通过"直推、直选、直通"等办法,进一步实现社区自治组织的有效完善;探索实行涵盖土地、集体资产、公益事业以及重大支出等涉及村民切身利益的大事的所谓"自治清单",采取听证的方式进行决策。实施"四个规范",规范管理服务开展、规范部门工作进社区、规范开展民主监督活动、规范社区组织和村民行为。推动"五个参与"。主要包括社区公共服务机构、社区社会组织、业主组织、驻社区单位和社区村民,具体办法是通过建立社区成员代表会议制度,由代表会议讨论决定事关本社区村民及社区其他成员的重大事情,通过正确引导积极广泛参与社区管理和服务,提高自我管理、自我服务的能力和水平。"五个参与"较好调动了多方参与社区基层治理的积极性、主动性,在推动乡村治理发展进程具体实践中,顺利实现了从村庄管理体制向社区管理体制的转变,从城乡二元分割向均等化服务的转变,从村民自治单一治理向多元共治的转变,从政府单一保障向多元化保障等四个转变,推动了乡村治理现代化进程。

突出德治的曲阜①实践。曲阜具有非常丰富的传统文化积淀,为此,在推进乡村治理的实践中,充分发挥了传统文化的优势,通过德法兼治,实现乡村治理效果的显著提升,在基层治理现代化的道路上探索走出一条新路子。这条实践道路的核心在于汲取并弘扬了中华优秀传统文化中的"礼之用、和为贵"等思想之精髓,重在发挥优秀传统文化的熏陶、教化、凝聚的正面作用,将其转化为推动实现地方善治的有效力量,通过"和为贵"调解室,以及民情夜会等各类载体,从空间和时间上确保"儒学治乡"基层社会治理新模式的落实,通过非诉讼渠道化解基层矛盾纠纷。

为确保"民情夜会"这一为民平台的制度化常态化运行,相应出台了系列配套规章制度,实现从矛盾的排查、议题的确定,到夜会纪律,以及最后议题的交办、转办、督办、反馈、回访、领导包案等,从而实现了对"民情夜会"高效运转体系,同时对"和为贵"调解室这一具体载体也从考核方面明确了管理规范,出台了星级评定考核挂牌机制,以及相应的考核办法,将"民情夜会"工作开展情况纳入平安建设年度考核范围。另外,进一步创新拓展提升"民情夜会"的服务内涵与水平,创造性地将"民情夜会"与"第一书记"工作室两者实现融合配合,既较好地发挥"民情夜会"这个平台集聚群众的优势,又充分发挥"第一书记"工作室组成人员的专业优势,实现将法律顾问、一村一医、农技人员普法宣讲会、健康知识讲座、农技知识培训搬到这一集聚群众的平台上。这种通过直接联系群众、化解社会矛盾,与群众面对面交流、心贴心服务的方式,较好地实现了拉近干群关系,推动了乡村基层善治目标的实现。曲阜这种

---

① 济宁市曲阜,古为鲁国国都,后曾更名为鲁县,地处山东省西南部,北距省会济南 135 公里。东连泗水,西抵兖州,南临邹城,北望泰山。南北最大纵距 35.8 公里,东西最大横距 25 公里,总面积 895.93 平方公里。总人口 63.92 万人(2012 年)。截至 2012 年,曲阜市有各类文物古迹 600 余处,其中 6 处列入全国重点文物保护单位,21 处列入山东省文物保护单位,1994 年,孔庙、孔府、孔林还被列入世界文化遗产。全市有各类文化遗存 600 余处,其中各级重点文物保护单位 184 处。曲阜的美食主要有:孔府宴、孔府糕点、曲阜三宝等。

"弘扬优秀传统文化　推进农村社会治理创新"的经验和做法成功入选 2014 全国"社会治理创新十佳案例"。

注重法治的"章丘实践"。20 世纪 90 年代初,章丘在推动基层自治的实践中,重心及时围绕着推进基层民主政治建设,在探索乡村治理实践中探索走出一条"依法建制、以制治村、民主管理"的新路子,这为进一步推动乡村治理现代化尤其是推动乡村治理法治化提供了新范例。

"章丘经验"的核心内容在于法治,法治的载体具体体现在村民自治章程这一客体上。通过这一载体,发展了农村基层民主,实现国家政权领导与群众自治的上下互动,实现了依法治村、民主管理的有机结合,并将基层治理推向一个新的高度,也标志着乡规民约发展由传统向现代迈出了重要一步。村民自治章程的形成、内容、落实等都充分彰显了法治的魅力。村民自治章程的制定严格按照法律文本的形式来制定,程序上,形成了严格清晰的制定主体、制定流程,以及相对完善的监督备案机制;内容上则将法律、政策的基本要求以原则、规则的形式充实到村民自治章程里面中,作为其重要内容。当然,在制度设计上,"章丘经验"充分考虑到村民自治的复杂性,在做到坚持党的领导与群众参与相统一的同时,关注到法律、政策与乡规民约等多元规范的统一协调发展,注重调动社会各方面的参与积极性。

在推动农村基层民主政治实践中,章丘实践最显著的特征就是坚持党建引领,以党建推动治理发展,突出基层党组织建设,注重提升党员民主法治意识,切实发挥了基层党组织的战斗堡垒作用,从而回答了在市场经济起步阶段如何加强和改善基层民主政治的道路探讨,对于加强党组织领导以及保障村民自治有着重要意义。

(二)浙江乡村治理现代化的实践

2021 年 6 月,中央批准了浙江作为建设共同富裕示范区试点,无疑对于乡村治理体系现代化来说,也是一个难得机遇。客观上来说,浙江的城乡差别也是比较小的,城、乡居民收入分别连续 20 年和 36 年居全国各省区第 1 位。

自改革开放以来,如果从经济体制上说,我国农村最大的变化就是人民公社体制被承包责任制替代;当然,从政治体制上说,村民自治制度的推广,特别是各类民间组织开始雨后春笋般地出现,则是更为显著的变化。正如邓小平所指出,"中国有百分之八十的人口在农村。中国社会是不是安定,中国经济能不能发展首先要看农村能不能发展,农民生活是不是好起来",不仅如此,"把权力下放给基层和人民,在农村就是下放给农民,这就是最大的民主"。[①] 随着经济改革与政治体制改革的深入,特别是在进入 20 世纪 90 年代以后,各地出现了众多的民间组织,适应了治理主体多元化的发展趋势。

　　浙江在推进乡村治理的实践中,产生了很多典型,积累了较多有益的经验,如浙江的"枫桥经验"[②]。50 多年来,"枫桥经验"的演进过程亦可谓是我国农村社会管理变革的一个真实写照。总体来看,"枫桥经验"大致可以分为三大阶段:第一阶段,也就是在 20 世纪的 60、70 年代,亦称之为"枫桥经验"的初创时期。其具体表现为农村治理手段的变化和创新,即依靠群众维护农村社会治安和改造"四类分子"的社会治理手段;第二阶段,从改革开放启动后,到 2003 年,属于"枫桥经验"的成熟发展时期。第三阶段,自 2003 年以来,特别是新农村建设的目标和任务提出以后,枫桥也进入了一个全新探索的发展期,进一步表现在:形成了"善治"为根本目标,重视培育发展社会组织,注重现代化治理手段的创新,如网格化管理、组团式服务、大调解机制、村规民约等做法不断得以创新,"枫桥经验"也赋予了乡村社会治理的新内涵。

　　1963 年,在全国开展的社会主义教育运动中,浙江省诸暨县枫桥区委围

---

　　① 《邓小平文选》(第三卷),北京:人民出版社 1994 年版,第 77—78、252 页。

　　② 1963 年,浙江诸暨枫桥的干部群众在社会主义教育运动中创造了"依靠和发动群众,坚持矛盾不上交,就地解决,实现捕人少治安好"的经验,毛泽东同志亲笔批示"要各地仿效,经过试点,推广去做"。"枫桥经验"由此诞生,在此后 50 多年的时间里,尽管中国大地上经历了翻天覆地的变化,我国基层矛盾的性质特点发生了历史性的深刻变化,但在不同的历史时期,"枫桥经验"依然能与时俱进,创造出化解社会矛盾的不同方法。"枫桥经验"以"小事不出村,大事不出镇,矛盾不上交,就地解决"著称,其精神内核是发动群众、依靠群众、服务群众,其重要特色或基础就是基层社会组织的作用发挥。

绕改造"四类分子"问题,实践中探索形成了"坚持矛盾不上交,就地解决,实现捕人少,治安好"的创新做法,着力把一些属于敌我矛盾的问题转化为人民内部矛盾。同年 11 月 22 日,毛泽东同志在审阅公安部向全国人大二届四次会议的发言时,作出重要批示,要求进行试点推广这一好的做法。根据毛泽东同志的批示精神,公安部和浙江省委会同有关部门对"诸暨的好例子"作出进一步总结提炼,形成《诸暨县枫桥区社会主义教育运动中开展对敌斗争的经验》由中央全文转发,从而把"枫桥经验"推向全国。

改革开放以来,"枫桥经验"及时回应党和国家工作重心的转移,正确处理改革、发展和稳定的关系,以坚持专群结合、群防群治、化解矛盾为总抓手,在维护社会治安,保障人民群众安居乐业上发挥了重要作用。进入新世纪,"枫桥经验"顺应破解改革发展过程中日益突出的人民内部矛盾,促进社会和谐需要,形成了平安建设和社会管理创新的先行经验。2003 年 11 月,时任浙江省委书记的习近平同志对此明确提出要求①。2011 年 2 月,时任中央政治局常委的习近平同志在省部级主要领导干部社会管理及其创新专题研讨班上的总结讲话中进一步指出:"浙江诸暨市枫桥镇创造了'立足基层组织、整合力量资源、就地化解矛盾、保障民生民安'的好经验,做到'小事不出村,大事不出镇,矛盾不上交',成为全国社会治安综合治理的一面旗帜。"②党的十八大以来,"枫桥经验"在新时代坚持和发展中国特色社会主义的伟大历史进程中得到进一步的创新发展。在 2013 年 10 月,习近平总书记又对如何推广"枫桥经验"作出新的指示,明确提出:"把'枫桥经验'坚持好、发展好,把党的群众路线坚持好、贯彻好"的具体要求。③ 2013 年 12 月,习近平总书记在中央农

---

① 习近平同志指出:"最大限度地发挥'枫桥经验'在协调经济社会关系、预防化解社会矛盾、有效维护社会稳定中的积极作用,促进经济、社会和人的全面发展"。参见习近平:《干在实处 走在前列——推进浙江新发展的思考与实践》,北京:中共中央党校出版社 2016 年,第 276 页。

② 《十七大以来重要文献选编》(下),北京:中央文献出版社 2013 年版,第 182 页。

③ 《习近平关于党的群众路线教育实践活动论述摘编》,北京:党建读物出版社中央文献出版社 2014 年版,第 72 页。

村工作会议上，又一次谈到"枫桥经验"的学习推广问题："要学习和推广'枫桥经验'，做到'小事不出村，大事不出镇，矛盾不上交'。"①

党的十九届四中全会进一步明确要建立完善共建共治共享的社会治理制度；党的十九届五中全会则进一步明确提出新的目标，即"构建源头防控、排查梳理、纠纷化解、应急处置的社会矛盾综合治理机制"。② 在实践中，"枫桥经验"日益发展成为推进国家治理体系和治理能力现代化的有机组成部分。由此可见，浙江诸暨枫桥干部群众创造的"枫桥经验"，在时代的变迁中先后得到毛泽东同志和习近平同志的充分肯定，善于从人民群众在丰富实践中产生的经验加以提升和创新发展，是我们党不断进行理论和实践创新的源泉所在。新时代"枫桥经验"以习近平新时代中国特色社会主义思想为指导，在新的实践中得到进一步创新，逐步发展成为党领导人民创造的一整套行之有效的基层社会治理方案。

"枫桥经验"始于基层，源于群众实践，在时代的变迁中不断创新发展，逐步形成了以"党建统领、人民主体、三治融合、四防并举、共建共享"为基本内涵的新时代"枫桥经验"，其主要特色在于基层治理实践中坚持党建引领，群众参与，坚持"矛盾不上交"，从源头上预防减少社会矛盾，把矛盾化解在萌芽状态，构建起新形势下预防和化解社会矛盾的综合治理机制。

坚持党建统领，构建"一核多元"基层治理体系。坚持党建统领，对于确保基层社会治理的正确方向至关重要。坚持党的领导并自觉落实到乡村基层社会治理的实践中，基层党组织在乡村社会治理实践中发挥坚强的战斗堡垒作用，在化解基层矛盾等方面发挥示范带动作用。"枫桥经验"通过党建提升基层社会治理，成效明显，构建了"一核多元"治理体系，把基层党组织作为核心，强调把党的领导贯穿到社会治理各个领域和方面，把党组织的服务管理延

---

① 《习近平关于总体国家安全观论述摘编》，北京：中央文献出版社 2018 年版，第 133 页。

② 《中国共产党第十九届中央委员会第五次全体会议文件汇编》，北京：人民出版社 2020 年版，第 63 页。

伸到基层治理的方方面面,实现党委领导下的政府、市场、社会等多主体参与基层治理的新格局。通过创新"党建+"模式,深入实施"党建+基层治理""党建+乡村振兴",积极探索基层党建新做法,推动基层党建与基层治理、乡村振兴有机衔接,把党组织的服务管理触角延伸到社会和乡村的每个末梢,使党组织始终成为领导基层社会治理和乡村振兴的主心骨。

坚持人民主体地位,推动共建共治共享。坚持人民主体,是坚持唯物史观的必然要求,是认真践行党的群众路线的出发点和落脚点。"枫桥经验"的核心价值在于,坚定的人民立场,坚持治理的人民性,强调治理为了人民,治理依靠人民,人民共享社会治理成果,治理成效由人民评判,这也是党的群众路线在社会治理中的具体体现和实现形式。从发动和依靠群众把"四类分子"改造成为社会主义新人,到创造出社会治安综合治理和平安建设的经验,从聚焦人民群众最关心、最直接、最现实的利益诉求,到着力打通联系群众、服务群众的"最后一公里",在浙江各地"一证通办""一网通办""一窗通办""城乡通办"的便民举措已延伸到村居。同时,在诸暨的考察调研中还有一个切实的感受,就是人民群众的获得感、幸福感、安全感的提升来自于"枫桥经验"的共建共治共享工作格局,通过把党委政府、市场主体、社会组织的力量整合和动员起来,形成各方力量积极参与基层治理的强大合力,以共建共治共享"三位一体"式推进,构建起城乡基层社会治理共同体的制度与实践创新。

加强基础工作,推动三治融合。"枫桥经验"在创新发展中,推动实现基层党组织领导的自治、法治和德治的三治融合。自治是"枫桥经验"的基础,通过坚持"三上三下"民主议决事制度,广泛动员群众参与决策,通过修订村规民约,广泛依靠群众进行自我管理,依靠基层群众自身力量,把基层社会治理好,把基层矛盾调解好。法治是"枫桥经验"的基本准则,通过构建市、镇、村三级公共法律服务体系,深入推进基层法治建设,落实了"一村一律师"全覆盖,打造了多层次、社会化的矛盾纠纷调解体系,引导群众依法维权,实现法治在基层社会治理领域的落地生根。德治是"枫桥经验"的文化底蕴,充分发挥道德在基层治理中的引领、规范和约束作用,从新时代文明实践创建活动到文化礼堂建设,再到乡风文明理事会,从移风易俗到道德文明示范等,强化德治的引领作用,实现德润人心,减少矛盾,在更高水平上促进社会和谐稳定。

坚持"矛盾不上交",注重预防和化解社会矛盾。坚持"矛盾不上交"是"枫桥经验"的鲜明特色。在如何预防和化解社会矛盾方面,"枫桥经验"坚持以党的基层组织建设为引领,以创新和完善体制机制为保障,提出了行之有效的"四先四早"①工作机制。"枫桥经验"以注重物质文化与精神文化的融合为创新点,主动适应以互联网技术为代表的新技术发展对社会治理提出的新挑战和新机遇,坚持人防、物防、技防、心防"四防并举",充分发挥人民群众在基层治理中的主体作用、社会综治中心与社会矛盾纠纷调处化解中心等的物质保障作用、"科技+""互联网+"的技术支撑作用、社会心理服务平台等的疏导作用,不断提高基层社会治理的社会化、法治化、智能化、专业化水平。始终把预防和化解社会矛盾作为基本任务,切实把矛盾解决在萌芽状态、化解在基层,做到"小事不出村,大事不出镇,矛盾不上交",正是"枫桥经验"的鲜明特色和突出亮点。值得注意的是,"枫桥经验"在其创新和发展历程中,也进一步发展并形成了一些新的典型,如温岭的民主恳谈会②。所谓"民主恳谈",是一种基层民主治理新形式,即在村民自治的大背景下,坚持公开、公平、公正,以民主治理为核心,多元互动参与,共同推动农村经济社会发展的一种乡村治理模式。

浙江农村治理的几点创新与做法。浙江省的农村治理更多地体现为民主法治,重视民意,尊重法律,开展依法治理。具体表现在三个方面。

① 组织建设走在工作前,预测工作走在预防前,预防工作走在调解前,调解工作走在激化前的"四前"工作法和预警在先,苗头问题早消化;教育在先,重点对象早转化;控制在先,敏感问题早防范;调解在先,矛盾纠纷早处理。

② 1999年6月,"民主恳谈会"始于浙江省温岭市松门镇的"农业农村现代化教育建设论坛",意在变"干部对群众的说教"为"干部与群众的对话",被当地村民称之为松门的"焦点访谈"。后经当地政府摸索推广形成一套完整规范的制度体系并推广至其他乡镇。

一是注重发挥党的各级组织的领导和监督作用,特别是注重发挥村民委员会在农村民主治理中的中心地位。二是注重发挥农村现有民间组织的积极作用,使它们乐意并积极参与到农村民主治理的进程中来。三是注重依法治理。如何把法治观念融入脑、入心,并在村民日常行为规范中得到彰显,成为推动法治的一项重要课题。只有广大农民群众都能信仰法治、崇信法治、践行法治,才能推动农村法治建设走得更好、更远、更规范,才能进一步推动村级权力的规范运行,进而提升乡村治理能力。浙江省依法治村的探索与实践始终在实践中不断创新并得以发展,如村务监事会的推广与普及就是一个比较典型的例子。

浙江省农村治理根据乡村治理发展进程中出现的新问题和新情况,充分发挥广大农民群众的积极性、主动性和创造性,及时总结提炼。这些探索与实践,固然还不成熟,但这些探索与实践从诞生之初,就在阳光雨露下蓬勃生长,并探索走出一个由"德治、法治、自治"三治合一的乡村治理创新方式①。事实上,村规民约在维护农村公序良俗、促进村民自治方面已经初步彰显出力量,日益成为依法治村的有效载体。以浙江为例:"仅2014年,成功调解重大矛盾纠纷1.76万件,协助处置信访案件3717件,为乡镇、街道和村(居)组织提供相关法律意见和建议4880条。国泰民安法为本,人们发现,随着法治触角不断延伸,法律服务保障越来越有效,依法治村的生动局面正在之江大地精彩呈现。"②正如慈溪坎墩街道坎东村村党总支书记叶长裕在所谈到村规民约指定与推行中的感受所指出:"以法律法规为基础的村规民约,是推进农村基层自治的好办法。全体村民参与村务管理,全程参与制定村规民约,使其成为村民自我

---

① 德治法治自治"三治合一",是浙江省桐乡市试点的一种农村治理新实践,该方式坚持德治为基础、法治为保障、自治为目标,实现三者的协同推进。从而探索出德治法治自治"三治合一"的社会治理新路子,旨在形成"大事一起干、好坏大家判、事事有人管"的社会和谐平安建设新局面,http://news.163.com/14/0424/06/9QJ02C8S00014AED.html。

② 余勤:《浙江基层依法治理的创新实践》,《浙江日报》2015年6月12日。

管理的法宝。"①通过参与村规民约的修订,村民的事,村民办,调动起每一位村民的积极性、主动性,主动参与到基层的自我管理、自我服务的实践中来。

（三）广东乡村治理现代化的实践

广东省在乡村治理体系现代化中积极进行了探索与创新,创造了不少好的经验和做法,部分经验甚至在全国得到推广,充分说明广东省乡村治理工作跟经济改革与发展一样,走在全国的前列。如惠州的"四民主工作法"、蕉岭实践等,积累了丰富经验,无疑为全国乡村治理也提供了诸多样本和可资借鉴之处。

惠州在农村基层民主治理实践中,总结提炼出的"四民主工作法"就是一个典型。② 广东蕉岭的所谓蕉岭实践③又是一个新的探索和实践。蕉岭实践"是一个草根式的权力平衡。农民可能并不一定知道所谓的权力制衡的政治学理论,但是其在实际生活当中发现、了解到权力是需要监督的,而且体会到被监督后的权力是不一样的。蕉岭实践有两点很重要,一是找到了'草根式'的权力平衡这么一种方式,二是发现了可以监督的公共权力。对此我们要高度重视,虽然它现在看起来很粗糙,但是一些粗糙的现实背后却

---

① 《广袤乡村美丽蝶变》,《浙江日报》2015 年 6 月 12 日。

② 所谓四民主工作法,即村民在村党组织领导和党员带动下,通过"民主提事、民主决事、民主理事、民主监事"四个步骤,对农村重大事务进行讨论、决定并实施监督管理。正如方锐认为,"惠州'四民主工作法'的成功实践,是党领导的村级民主自治机制的有效形式和创造性实践,对规范村级组织运作、化解农村社会矛盾、维护农村和谐稳定起到了很好的作用。最根本的就是把党的领导与村民自治、党内基层民主融为一体,从而得到了广大农村党员、干部和群众的广泛拥护"。自 2007 年开始实行,到 2010 年三年的时间,惠州农村使用此法提事 1.8 万件,表决通过并成功解决了 1.4 万件涉及征地、修路、宅基地分配、山林纠纷等重点难点问题,从而使信访总量逐渐下降,群众集体上访批次连续三年在全省 21 个市中最少。

③ 蕉岭实践是指 2007 年在广东蕉岭县芳心村进行的农村基层治理改革试验。蕉岭县是国务院农村综合改革示范试点县,蕉岭县纪委以民主监督为核心,在该县芳心村试行村务监事会制度,通过农村老干部、老模范、老党员等的力量,以复活乡村绅士的方式监督村委的各项工作。后来当地基层政府与华中师范大学及《南方农村报》社联合举办的"南农实验"课题项目,结合深入开展试点改革,将其"加强农村民主监督"的制度创新与课题组"提高农民表达与参与合作能力"项目相结合,探索出农村基层治理的"蕉岭实践"。目前蕉岭的土地确权走在全国前列,农村产权交易服务中心建立,"一办一中心"统筹七站八所,美丽乡村建设屡出成果。

隐含着深刻的理念"①。

通过重构基层各治理主体的权责关系,激活了党在基层的执政资源。对此,这一实践积累了两点经验:一是推动乡村治理体系现代化的前提就是首先要推动党建引领,加强基层党组织的领导核心地位,进一步推动社区服务中心承接政务服务职能,村委会向自治事务回归,集体经济组织专注经济发展;二是乡村治理体系现代化重点要注重满足农民的多种需求,引导农民主动参与治理,实现多元共治。

(四)河北乡村治理现代化的实践

乡村治理的改进,绝不仅仅是等待中央和地方政府的好政策、好办法、好制度,更需要全社会关注和参与。河北省高度重视乡村治理创新工作,着力探索创新农村基层管理体制和运行模式,并取得明显成效,如青县实践②、肃宁实践,就是其中的创新与实践之典型。

青县实践最突出的特征,就是确立了"村代会常任制"。青县实践的创新在于通过实践,找到了党的领导与村民自治结合的路径,逐步形成了村党组织领导的充满活力的村民自治机制,实现了党组织把党的领导融入村民自治框架内,村治的效果得到大大提高。

肃宁实践则体现了另外一种思路。肃宁实践的核心内容有三:一是把分散的农民重新组织起来。二是让村民当家作主,实现了真正意义上的群众自治。三是坚持和强化了党的领导,解决了农村改革"由谁领导,由谁组织"农民的问题。应该说"四个覆盖"推行以来,党在农村的执政基础得到进一步巩

---

① 《蕉岭模式:村民自治粤版样本——该县20多个村试点"村务监事"》,《南方都市报》2009年11月15日。

② 指"党支部领导、村代会作主、村委会办事"的制度,包括四个基本内容:调整村治结构;加强党的领导;充分发扬民主;依法规范管理村务。这一模式是在现行政策和法律框架内,对传统农村组织架构及其职能设置、运作方式的整合改良。其中,村民代表会议成为村民参与民主决策的权力机构;村委会仅仅作为决策执行机构,负责实现村代会决策事项;党支部书记通过竞选担任村民代表会议主席,党组织通过民主程序领导村民民主决策。

固,农村经济得到进一步发展,农民收入得以稳步增加,村庄面貌为之一变,农村文化开始逐步繁荣,社会主义新农村建设生机与活力得以彰显。"四个覆盖"得到了中央和省、市各级领导同志以及国内诸多知名专家学者的充分肯定,河北省委、省政府决定在全省范围内推广"四个覆盖"经验。习近平总书记对肃宁县"四个覆盖"作出重要批示,认为效果也不错,值得总结推广。我们说"四个覆盖"既相对独立又相互融合,共同作用于农村社会治理,形成了一个互通共融、互促共赢的工作新体系。这是农村经济社会发展的集合与创新,在实践中不仅满足了群众求富、求安、求乐、求做主的需要,也为党组织和党员自觉贯彻党的群众路线打造了一个制度化的载体和平台。

综上所述,在推动国家治理体系和治理能力现代化的实践进程中,实现乡村治理体系现代化可以说既是基础,更是短板,打好基础,抓住关键,补齐短板。在扎实推进乡村治理体系现代化的进程中,我们成效显著,既体现在中央首次提出的"自治、法治、德治"相结合现代乡村治理新体系上,也体现在实践中,在党的全面领导下,进一步确立了协同治理理念、农民治理主体地位和法治化的治理理念,从而为实现乡村善治提供了可靠保障和有力支持,并体现在乡村治理主体的多元化上,特别是各类社会组织的发展日益成为参与乡村治理不可或缺的重要组成部分,体现在各地乡村治理的创新发展中。

第三节　中国特色乡村治理体系现代化问题分析

随着新时代乡村治理实践不断向纵深发展,中国乡村治理体系现代化也与时俱进发生了巨大变化,乡村治理体系现代化取得了显著成就,初步形成了一套比较有效的乡村治理运行体制机制,但同时我们也不否认,新时代乡村治理体系建设也面临着严峻的挑战。

一、新时代乡村治理体系现代化进程中存在的主要问题

现代治理理论认为治理是通过合作、协商、伙伴关系等方式从而实现对公共事务的管理,本质来说这个过程是一个多方互动合作的过程。无疑,该理论对我们当下推进乡村治理体系现代化有一定的启发。

目前,中国的乡村治理仍是行政主导治理模式,是原有的动员型体制的一种延续,与当前中国乡村社会的深度转型不相适应,必须与时俱进推进乡村治理体系的现代化,改变目前行政主导的单中心治理模式,形成政党组织、政权组织、市场组织与民间组织相结合、多元共治的现代乡村治理新格局。我国乡村治理的客观现实:一些党政组织如村党支部、团支部、妇联和村民自治组织如村委会、治保会等,缺乏民间组织的广泛参与,这些组织在很大程度上一方面代表村民实行自治,另一方面,它们曾经基本代表党和国家对农村进行管理,贯彻执行党和国家的方针政策。自改革开放以来,中国农村社会发生了巨大变化,在此期间,乡村社会对现代治理模式的基本诉求和相对滞后的农村两级组织管理机制不断相互冲突。事实上,相对国家治理而言的乡村治理,虽然在治理实践中乡村治理体系现代化取得显著成效,但不可否认还存在一些问题和不足。

(一)与制度建构相比乡村治理运行实践存在滞后现象

由于中国有两千多年的封建专制制度,在短短几十年内真正实现乡村治理的法治是不现实的。农村治理运行与制度建设之间需要不断调整调适,才能更好地解决两者的矛盾。这表明当前农村治理运作的实践迫切需要一个"治理"的理念来指导农村工作,通过有效治理来更有效地解决实际冲突,实现社会良好和谐的秩序。1982 年底,村民委员会被载入宪法;1987 年,《中华人民共和国村民委员会组织法(试行)》试行;10 年后,《中华人民共和国村民委员会组织法》在全国人大得以正式通过,从载入宪法到具体成法历经 10 年时间之久的沉淀与试行,村民自治在实践运行中得到不断完善和发展。对此,彭真委员长给予了高度评价,他认为:"10 亿人民如何行使民主权利,当家作主,

这是一个很大的根本问题。我看最基本的是两个方面：一方面,10亿人民通过他们选出的代表组成全国人大和地方各级人大,行使管理国家的权力";"另一方面,在基层实行群众自治,群众的事情由群众自己依法去办,由群众自己直接行使民主权利。在这方面,我们还有欠缺"。① 也有学界专家提出不同观点,认为,"村民自治近几年开始为外界所重视,人们对其价值有多种理解。在我看来,村民自治的核心价值,在于它作为大众参与的民主化实验,在民主化实践中建立起一系列民主化规则和程序,并为中国的民主化提供了示范性作用"。②

与国家关于乡村的顶层设计的要求相比,乡村治理制度运行在实践中处于一定的滞后状态。这种滞后很显然主要表现在这样几个方面:一是乡村治理实践未能及时回应国家相关制度设计,跟不上国家制度改革发展和现实需要的步伐。二是与国家制度呈现上下一般粗的状况,根据本地实际运行方面的创新与发展明显不足。三是乡村治理的创新性不强,不能发挥基层自治进行相应的制度创新,更难以走在国家前面,缺乏进行前瞻性制度创造。四是制度还存在不完善之处,体现在系统性、规范性、具体性和实用性上的不到位,导致虽有制度但无法避免实践中出现瑕疵。

总之,在乡村治理制度的具体运行实践中,还存在着一些不足,运行实践与制度建构初衷还有改进的空间,以及存在着观念意识和主体性不强的问题,缺乏落到实处的具体有效措施等。

(二)农村基层组织建设现状与乡村治理体系现代化发展需求存在差距

改革开放以来,中央、省、市、基层党政部门的农村工作机构不断发展变化,它们大致可分为三个层次,一是中央层面的;二是地方层面的;三是农村基层层面。

改革开放以来,党领导农村工作的机制在基层实践中得到新的创新与发展,特别是通过各种创新方式,如"三级联创"的运用,客观上也取得了一定成

---

① 《彭真文选》,北京:人民出版社1991年版,第607页。

② 徐勇:《乡村治理与中国政治》,北京:中国社会科学出版社2003年版,第58页。

效,但村民自治和家庭联产承包责任制的改革,给农村基层党组织带来的冲击,集中到一点就是失去了行政权力的依托。在新的社会政治生态下,怎样发挥领导核心作用是农村基层党组织面临的共同课题。在这种背景下,农村基层党组织作用的发挥就显得尤为关键。当前,就农村基层党组织建设而言依然存在力度不够,覆盖不全、作用发挥不够等不足之处,在一些农村企业、农民专业合作社等社会组织中,基层党组织建设还没有全覆盖,或者是虽已覆盖,但作用发挥却远远不够,存在一些问题和不足。基层党组织传统功能弱化而新功能尚未形成,甚至个别地方出现较为严重的"空转"现象。农村基层党组织在原有功能缺失的情况下,面临功能重新定位与执政方式转型的重大问题。

伴随农村经济社会和产业结构的变化,一些农村基层党组织建设滞后于农村改革发展的问题日益凸显,党的农村工作和农村党的建设不同程度地存在脱节现象,无疑这一问题成为目前党的建设中亟待解决的问题。少数农村基层党组织建设滞后的具体表现:"越位"现象,揽事过多,以党治农、以党代政、以党代法等现象还不同程度地存在;干部选拔存在如透明性差、上级指派、利益平衡等不合理现象,有的农村党组织多年不发展党员,导致基层党员干部后备力量缺乏;党员教育管理制度不健全,有的农村党组织长期不开展组织活动,对党员疏于教育和管理,造成部分农村基层党组织涣散,凝聚力战斗力不强,工作无法开展,党员难以发挥先锋模范作用;部分农村党组织干部素质不高,党性不强,工作中,集中多、民主少,不能很好地贯彻民主集中制,在讨论决定重大问题上村党支部书记独断专行,恣意妄为,缺乏民主氛围,在部分基层农村甚至一度大量出现"村官"腐败现象。这些无疑成为乡村治理体系现代化所必须要解决的问题。

村民自治作为基层民主政治建设的制度创新,源于农民首创,这一制度使广大村民在自治事务中的主体地位得以进一步明确,在发展程序民主方面的成效突出。由于部分地区乡村基层纵向治理中政府和村委会关系和职能职权划分方面还存在界限不清等原因,村民委员会在基层治理实践中表现为半官半民的双重角色,乡村基层治理模式中依然充斥着传统的管理思维,以及村民自治组织行政化趋势日趋明显。此外,加上村委会的职权集中,缺乏有力的监督和制约,村民的自治权被侵蚀,导致一些地区的村民自治形式大于实质。无疑,这种形式性自治从长远来看又侵蚀了村民自治的合法性。在行政村村民自治转化的新型社区自治,其自治的薄弱性得以延存,导致作为基层自治主体,村民的自治权利在实践中的落实情况并不尽如人意,村民自治有形式化的风险。

当前村民自治在实践中面临的挑战表现在村民自治主体的可持续性方面,原因在于大量青壮年农民常年在外务工,导致基层自治主体性力量难以为继。从村组法的具体内容来看,民主选举、民主决策、民主管理与民主监督都属于村民自治的具体内容,但四个方面的内容在具体实践运行中并不均衡,调查显示:基层群众自治实践中,"民主选举"落实得较好,基层干部上任与否,首先要过选举这一关,与民主选举相比而言,村民的民主决策、民主管理与民主监督,在实践中运行得并不理想,甚至很多地方的民主决策、管理与监督甚至更多的是流于形式。村民会议与村民代表会议是村民民主决策与民主管理的法定组织形式,客观来说,由于村民会议是直接民主(村民年满 18 周岁均可参加),其在运行过程中,普遍地存在一些困难和不足,如因村民难以到齐,导致会议难以召开的问题,再如村民真正到齐后又缺乏场地等问题。当然,鉴于村民代表会议由村民委员会召集(《村委会组织法》第二十六条),缺乏自主运行机制,客观上容易流于形式,作为自治的主体,村民有"民主监督"的权利,这在村委会组织法里面亦有相应明确规定①。实际上,由于各种主客观因素的影响,在实践中还有很大改善的空间。

(三)在乡村治理体系中,治理主体作用发挥不够科学合理

改革开放 40 多年来,我国乡村社会可谓是发生了翻天覆地的变化,各类市场主体在实践中逐步成熟,各类社会组织和团体特别是非营利组织发展迅

---

①　《村委员组织法》第三十二条规定:"村应当建立村务监督委员会或者其他形式的村务监督机构,负责村民民主理财,监督村务公开等制度的落实。"

速,适应多元社会结构的多元化治理成为历史发展的必然。不可否认,当前在部分乡村基层治理实践中,包括农村干部、乡镇企业、新型经营主体、农民等在内的各类乡村治理主体参与治理的相应体制机制方面,的确还存在一些不够健全不够完善之处,一些地方政府在唱"独角戏"的现象也并非鲜见。这既与党的传统管理理念有一定关系,也与广大群众的参与、管理、决策、监督的意识和习惯缺失存在一定关系。

乡镇政府的权力和职责是乡镇政府行使其职能的根本保障。乡村基层政权(村委会是准政权)较为强势,往往身兼经济角色与政治角色,造成本应凸显的公共服务职能严重弱化。马克斯·韦伯曾指出:"权力意味着在一定社会关系里哪怕是遇到反对也能贯彻自己意志的任何机会,不管这种机会是建立在什么基础之上。"[①]人民公社时期,基层政权控制一切生产资源,既是经济组织,又是政治组织。包产到户改革全面推开以后,乡村基层政权的经济角色在农业领域大为衰退(不再组织农业生产),但却向工业领域强势进军(大力发展乡镇企业),基层政权在角色扮演上是经济角色与政治角色的混合结构(而公社时期是角色合一),这种形式在部分经济发展先行地区表现得更为显著,在村党支部、村委会、经济合作社(公司)中出现一种混合现象,三套班子成员出现交叉混合(如村支书兼合作公司董事长同时是村委成员),对此,应该怎么看待这种混合交叉任职呢? 客观来说,积极的一面体现在决策效率方面,但是这种混合任职也存在比较明显的负面作用,基层政权的经济角色将不可避免地发展出私利,并与其他主体进行利益交换,而政治角色则要求它成为公共利益的代表,为公共利益服务。毫无疑问,政治身份一方面有利于经营活动的进行,但经营活动则易损害其政权声誉,两种身份的冲突是显而易见的。基层政权作为经营者在有营利的同时,即使提供一定的公共产品(在监督全无的情况下),但也不排除伴随产生更大的负面衍生品(如环境污染、豆腐渣工程等)。

---

① 转引自张劲松:《用权任性的政治代价》,《社会观察》2015 年第 4 期。

改革开放以来,在基层治理实践探索的进程中,广大农民群众发挥自己的聪明才智,大胆创造出基层群众自治制度,这一制度创新既是对基层民主的具体运行与实践的开拓和发展,也是全过程人民民主的具体表现。当然,我们也不回避目前基层群众自治制度客观上也面临一些突出的矛盾和问题:一是村干部的素质亟待提高,由于农民工大量外出,导致村干部的老龄化趋势明显,出现思想僵化、能力弱化现象,在带领农民发展经济、建设家园等方面导致难以充分发挥示范带动作用;二是少数村干部的贪污受贿,在基层换届选举中出现贿选、拉票的现象也不鲜见,甚至个别地方还出现了封建沉渣泛滥的不良苗头和现象,这些都严重损害了集体和农民权益;三是部分村委会存在越权滥用权力现象,越俎代庖变"执行者"为"决策者",擅自决定应由村民会议或村民代表会议决定的事项等。

(四)乡村治理的法治化程度还不够

目前,总体来说,我国已经基本建立现代乡村基层运行相适应的法治保障体系,但与乡村治理体系现代化要求相比,乡村治理法治化程度还不够,具体表现在这样一些方面。

一是乡村法制自身建设存在不足。囿于城乡二元结构等深层次的原因,一些与农业有关的法律与农村现实相去甚远,脱离实际、滞后实践,加上原则性强,操作性不足,客观上影响了乡村治理体系现代化的进程。二是农民的法治素养还亟待进一步提高。不可否认,目前农民的法治素养与实现乡村治理法治化要求相比还有很大距离,原因不仅囿于传统历史文化因素的影响,还包括农村整体经济发展水平不高,普法不够科学不够到位普法效果不佳等诸多因素。事实上,在广大农村农民还是习惯于熟人社会。调查显示:农村中除了宪法,能说出三到五部法律的农民,其比例小得令人惊讶,仅仅达到5%,甚至许多农民对与自身生活利益密切相关的一些法律法规也知之不多、知之不深。①

----

① 数据来源山东省法学会《改革开放以来山东省农村基层法治建设现状调查与研究》课题组调查数据统计。

有鉴于此,农民的法治素养亟待进一步提升。三是乡村基层干部依法办事能力也面临新的考验,需要进一步提升。四是乡规民约还需要相应审查完善机制。作为村民自治的重要内容和载体,在维护农村秩序方面的作用是显而易见的。但乡规民约的制定与发展总体来说处于粗放阶段。客观来说,与国家法律相比,乡规民约的相关制定程序、主要内容和具体实施无疑是简单粗糙的,甚至也并非是真正意义上的法律规范,甚至一些村庄的规章制度出台也是出于村委会和两委员成员的闭门造车。需要指出的是,现行乡规民约的制定与出台明显缺乏相应而有效的审查机制,导致可能会出现个别村庄实施的一些乡规民约与国家法律精神不一致甚至相矛盾,无疑这会影响农村基层法治建设,具体实施中乡规民约主要是以道德为基础的,缺乏足够的实施保障,导致效果大打折扣。此外,面向农民群众的农村法律服务体系建设还没有完全满足基层群众对法律服务的现实需要,在具体运行中还存在一些短板和问题,如中心法庭、乡镇司法所总体偏少,一个中心法庭承担管辖 2—3 个乡镇。显然还不能很好地满足基层群众对的现实需要。

(五)乡村公共文化服务还不能充分满足群众需要

纵观人类历史,文化是生产力和创造力的源泉和动力。人类社会由蒙昧状态演进到今天我们创造了人类文明新形态,也可以说更是一部文化进步、文明传承的历史。文化①对于一个民族来讲具有重要意义,可以说是一个国家、一个民族的根脉。其功能主要表现为三个层次:一是文化具有涵养功能,在滋

---

① 一般来说,广义的文化既包括物质财富,也包括精神财富,是人类在社会历史发展过程中所创造的物质和精神财富的总和,狭义的文化,则仅仅是指精神方面的财富。毛泽东对于文化也给出了定义,他认为:"一定的文化(当作观念形态的文化)是一定社会的政治和经济的反映,又给予伟大影响和作用于一定社会的政治和经济。"参见毛泽东:《新民主主义论》(1940 年 1月),见《毛泽东选集》(第二卷),北京:人民出版社 1991 年版,第 663—664 页。邓小平也指出:"社会主义制度的优越性表现在它的文化、科学技术水平应该比资本主义发展得更快、更先进,这才称得起社会主义,称得起先进的社会制度。"参见邓小平:《1977 年 9 月 14 日会见日本新自由俱乐部访华团时的谈话》,见《邓小平年谱(1975—1997)》(上),北京:中央文献出版社 2004 年版,第 200 页。

润人的心灵、净化人的灵魂方面，文化的地位不可替代；二是文化具有整合功能，在社会道德秩序的维系，民族认同感的提升等方面不可或缺，也是一个民族区别于其他民族的根本标志；三是文化是人们的精神家园，从本质上来说，人类的延续其实很大程度上也是对文化的传承和延续。任何民族都不可能离开文化而存在发展，一个没有文化的民族注定是走不远的。对乡村治理体系现代化的实现来说，同样离不开文化的支持。乡村文化是乡村发展的灵魂，是农村发展的精神和智力支持。客观上，乡村公共文化服务还不能够完全满足农村对文化的需要，客观上出现了农民精神生活较为匮乏、信仰存在一定缺失等现象，甚至迷信、赌博等不良现象在一些地方死灰复燃。

一言以蔽之，当前在推动"三治融合"的乡村治理现代化体系建设中，乡村治理运行制度因素不太健全、乡村集体经济比较薄弱、乡村治理立法相对滞后、农民利益表达回应机制缺乏制度化、乡村产业现代化发展能力不足、乡村公共文化服务不到位等诸因素都在程度不同地影响了乡村治理体系的现代化进程。

二、新时代乡村治理体系现代化的主要影响要素分析

乡村治理体系现代化的发展并不是孤立地单独存在，而是一个复杂的系统过程，在这个过程中，其影响因素众多。

（一）党的领导是实现中国特色乡村治理体系现代化的政治保障

在庆祝中国共产党成立100周年大会上，习近平总书记郑重宣布：我们实现了第一个百年奋斗目标，在中华大地上全面建成了小康社会。这极大地鼓舞了全国人民的奋斗激情，今天，我们正向着第二个百年奋斗目标迈进，无疑就要一如既往地坚持党的领导，习近平总书记强调指出："党政军民学，东西南北中，党是领导一切的，是最高的政治领导力量。"①加强党的全面领导，就

---

① 《习近平谈治国理政》第三卷，北京：外文出版社2020年版，第16页。

必须通过加强自身建设,使我们党自身本领过硬,才能使我们党"在应对国内外各种风险和考验的历史进程中始终成为全国人民的主心骨,在坚持和发展中国特色社会主义的历史进程中始终成为坚强领导核心"①。

新时代乡村治理体系现代化也是如此。党的领导是中国特色社会主义最本质的特征。从新民主主义革命的胜利到建立新中国,从四个现代化的目标提出,到中国式现代化命题的提出,到中国特色社会主义进入新时代,再到今天走在全面建设社会主义现代化国家新征程上,中国式现代化的历史与实践证明,"实现民族独立、人民解放和国家富强、人民幸福"②的主心骨是中国共产党。在当代中国,没有任何一个组织能够有中国共产党这样统筹谋划、引导推动现代化的能力,中国实现现代化,实现中华民族伟大复兴的中国梦,只能由中国共产党领导才能实现,这是历史的选择,也是人民的选择。实现新时代乡村治理体系的现代化当然也离不开党的领导。党的领导实现中国特色乡村治理体系现代化的政治保障。

(二)新时代是实现中国特色乡村治理体系现代化的时代背景

党的十八大以来,中国特色社会主义的发展也进入一个新时代。在这个崭新的时代,面对各类风险和考验,面对世界百年未有之大变局,以习近平同志为核心的党中央以巨大的政治勇气、强烈的责任担当,回答了新时代坚持和发展什么样的中国特色社会主义,怎样坚持和发展中国特色社会主义这一时代课题,推动了马克思主义中国化进程,创立了习近平新时代中国特色社会主义思想,实现了中国特色社会主义理论体系的与时俱进,"解决了许多长期想解决而没有解决的难题,办成了许多过去想办而没有办成的大事"③。

新时代,中国特色社会主义在坚持中捍卫,在捍卫中发展,在发展中实现

---

① 《习近平谈治国理政》,北京:外文出版社2014年版,第15页。

② 《改革开放三十年重要文献选编》(下),北京:人民出版社2008年版,第1098页。

③ 习近平:《决胜全面建成小康社会 夺取新时代中国特色社会主义伟大胜利》,北京:人民出版社2017年版,第8页。

与时俱进,统筹推进"五位一体"总体布局,协调推进"四个全面"战略布局,我们越来越深刻体会到坚定"四个自信"的魅力所在。中国特色社会主义进入新时代,意义可谓重大:"意味着近代以来久经磨难的中华民族迎来了从站起来、富起来到强起来的伟大飞跃,迎来了实现中华民族伟大复兴的光明前景;意味着科学社会主义在二十一世纪的中国焕发出强大生机活力,在世界上高高举起了中国特色社会主义伟大旗帜;意味着中国特色社会主义道路、理论、制度、文化不断发展,拓展了发展中国家走向现代化的途径,给世界上那些既希望加快发展又希望保持自身独立性的国家和民族提供了全新选择,为解决人类问题贡献了中国智慧和中国方案。"①尤其需要注意的是,伴随着新时代的到来,社会主要矛盾也发生了根本的变化,"人民日益增长的美好生活需要和不平衡不充分的发展之间的矛盾"②成为我国社会的主要矛盾。

面对世界百年未有之大变局,新时代推进乡村治理体系现代化,更具有挑战性,也更加考验党带领人民在推进国家治理现代化实践中的战略定力。

(三)乡村治理体制机制是实现中国特色乡村治理体系现代化的直接载体

现代乡村治理体制在整个国家治理体制中是不可或缺的一种存在。构建科学合理运转高效的乡村治理运行机制,对于推动我国乡村治理体系现代化来说至关重要。不可否认,在现行的乡村治理运行体制的实际运行中,还存在着一些问题和不足,如少数乡镇基层政权"谋利化"、社会组织尤其是农民合作组织发育迟缓、村民自治组织过度行政化、乡政与村治之间的过度博弈和不协调等问题,这些问题和不足客观上给推动乡村治理体系现代化的现实需要带来困难和压力。

目前,基层群众自治的实际运行还存在这样几个方面的问题和不足:一是

---

① 习近平:《决胜全面建成小康社会　夺取新时代中国特色社会主义伟大胜利》,北京:人民出版社 2017 年版,第 10 页。

② 《习近平谈治国理政》(第三卷),北京:外文出版社 2020 年版,第 9 页。

经费不足。村民自治组织运行经费还不能满足服务群众的客观需要。村集体经济发展不够,导致村集体经济力量比较弱,其结果是村民委员会等村民组织的实际运行,作为基层群众性自治组织,而它的运行经费却依赖于上级政府的支持拨付,无疑,依靠政府微薄拨付款项是难以满足村庄治理的现实需要的,从而导致村民自治组织的运行上还存在运行效率不高现象。二是囿于集体经济的薄弱,仅靠政府拨付,客观上村干部的待遇普遍偏低,无疑会影响村干部参与村庄治理的积极性、主动性,导致部分村干部更多的精力放到了外出务工经商方面。三是村民组织缺乏有效的权力监督运行机制,导致微腐败不断,甚至不乏出现小官巨贪现象。四是基层政权与村民组织之间的权力边界的区分还有存在模糊不清之处,实践中,村民自治组织被动变为基层政权的工具。

(四)经济发展是实现中国特色乡村治理体系现代化的现实物质基础

乡村治理离不开强大的物质基础的保障。当前新型农村社区建设主要还是由政府牵头组织的,而由农民自发建设的占比很低,因此,从这个意义上讲,乡村社区建设很大程度上依赖于政府资金的支持,而社区治理的运转同样也是主要依靠政府的财政支持。客观来说,对于乡村社区治理的运转来说,资金问题是困扰绝大多数新型农村社区治理运转面临的主要问题。在经济发展较好的江浙地区,社区治理运行的资金问题很大程度上比较宽裕,依靠自身力量就可解决。

乡村治理离不开坚实的物质基础和保障。在部分农村地区,村集体与村民之间的利益联结不断弱化,除了名义上属于村集体的土地资源还属于集体,村集体经济活力的衰减客观上也带来了两个方面的明显后果:一是村集体的存在感不断降低,个人利益不断攀升,导致个别地方的宗族势力抬头,对于乡村治理来说带来消极的影响;二是部分地区农村集体经济的衰弱,事实上使得村集体越来越没有能力再为村民提供集体福利,村集体的凝聚力与优越性难以得到彰显,甚至表现为每况愈下,优势体现得越来越不明显。

综上所述,中国特色乡村治理体系的发展历经沧桑,从新民主主义革命时期的特殊实践、社会主义革命和建设时期的伟大变革,到改革开放时期的创新发展,到新时代乡村治理现代化阶段,在这一历史发展进程中,党始终致力于推进乡村治理的现代化,始终致力于让广大农民当家作主,始终致力于实现民族独立、人民解放、国家富强、人民富裕的历史任务,始终致力于践行党的初心和使命,实现中华民族的独立和解放,实现中华民族的伟大复兴。当代中国的乡村治理实践是中国人民的一个伟大开创,在推动乡村治理体系现代化进程中,取得显著成效,这些成效既有理念的与时俱进,更有乡村治理能力的显著提升,也有与之相适应匹配的一套行之有效的乡村治理体制机制;大大推动了新时代乡村治理体系现代化的历史进程。在推进乡村治理体系现代化的发展历程中,其影响因素众多,既有时代主题的转换的大的时代背景,又有强化党的自身建设的现实考量,同时,亦有社会矛盾变化调整、世界发展变局、治理主体多元化等诸多因素。当然,我们也清醒地认识到自己的短板和不足。前途漫漫,新时代中国特色乡村治理体系现代化正处于一个新的历史发展阶段。

第三章 新时代中国特色乡村治理体系的基本框架与逻辑理路

乡村治理是国家治理的有机组成部分。实现乡村治理体系现代化也是实现国家治理现代化的题中应有之义。在推进乡村治理体系现代化的实践中，形成了具有鲜明中国特色的乡村治理新体系，其基本框架构成涵盖了乡村治理组织体系、内容体系、运行体系，以及保障体系。乡村治理体系现代化的逻辑依据源于国家治理体系现代化，实现乡村治理理念的创新是推动乡村治理体系现代化的逻辑起点，构建"三治合一"乡村治理新体系是其逻辑主题，创新乡村治理方式则是其逻辑展开，夯实基层党组织建设则是其逻辑统领，逻辑依据、逻辑起点、逻辑主题、逻辑展开和逻辑统领相辅相成统一于新时代中国特色乡村治理体系现代化的伟大实践中，共同助推国家治理现代化。

第一节 新时代中国特色乡村治理体系的基本框架

新时代中国特色乡村治理体系不是孤立存在的，而是国家治理体系的有机组成部分，是国家治理体系的基础和乡村治理的具体载体。乡村治理组织体系、内容体系、运行体系、保障体系构成了新时代中国特色乡村治理体系的基本框架，其中组织体系是关键，内容体系是重点和基础，运行体系是载体，保障体系是依托,四者不可分割,共同助推乡村治理体系现代化。

一、中国特色乡村治理组织体系

中国特色乡村治理组织体系从纵向来说,具体可以分为三个层面的治理组织:中央、地方和基层三个层面的治理组织构成,三个层面的治理组织共同构成中国特色乡村治理组织体系。从横向组织体系构成来看,则是由每个层面治理组织体系的具体构成及其各自职能及其关系构成。

(一)中央层面的治理组织构成

中央层面的治理组织属于乡村治理的顶层设计层面,具体统筹领导乡村治理的整体设计与部署工作是中共中央农村工作领导小组[①],这是党在乡村治理组织体系中的最高层级,最早成立于 1993 年 3 月,作为中共中央领导农村工作、农业经济的议事协调机构。中央农村工作领导小组的成立,是推动农村社会改革深入发展的需要,从而在顶层设计上实现了更加有效处理乡村治理改革发展的问题,可以统筹处理事关农村改革发展中关系全局的热点难点问题,有助于从顶层设计解决乡村治理的深层次问题。中央农村工作领导小组对各省区市在农村工作中创造的经验加以肯定、总结和推广,对各省区市农村工作出现的问题予以指导、校正,客观上,这就大大加强了党中央对农村工作的领导。

(二)地方层面的治理组织构成

地方层面的治理组织构成,主要是指省市县这一级组织,也就是省、自治区、直辖市,设区的市、自治州、县、自治县,不设区的市和市辖区。根据相关调

---

① 中央农村工作领导小组的具体人员构成主要由主管农村工作的中央领导同志、有关农村、农业经济部门负责人组成,其职责是负责对农村、农业经济工作领域的重大问题作出决策与部署安排。在人事安排上,中央农村工作领导小组组长由中央政治局委员、国务院主管农村工作的副总理或国务委员担任;中央农村工作领导小组副组长由专职领导(正部级)担任;主要成员由农业农村部部长、水利部、自然资源部、国家发改委等涉农部门主要领导担任;中央农村工作领导小组办公室主任和副主任由专职领导担任。

研统计,党的地方组织在领导乡村治理体制机制上大致可以分为以下几种模式。

第一种模式:在党的农村工作领导小组下设立办公室①,办公室设在各级政府农业农村局。农村工作办公室主任、副主任一般来说就由农业农村局的正、副主任兼职,负责党的农村工作。这一模式在辽宁省、广东省等地区比较典型。按照省委、省政府的关于农村领导小组的组织安排和内部设置,其下属的县(市)等也照此设置了相应领导农村的工作体制机制。

第二种模式:在各级党委内部设立农村工作部(农办),具体负责农村基层党的工作和党的建设。如河南省在 2009 年成立了省委农村工作办公室②,单独办公。由主管农村工作的副省长兼任省委农村工作办公室主任。

第三种模式:建立地方党委与政府整合而成的农村工作综合领导部门。具体做法是:党委和政府分别成立相应的农村工作委员会,党委下设农村工作委员会(简称农工委),政府下设农村工作委员会(简称农委),二者一般实行合署办公。由此形成的农村工作综合部门其典型特点就是兼有党务和行政两套职能。合署办公后的党委农工委,作为党委派出机构,履行地方党委领导农村工作的基本职责,贯彻执行党在农村的路线、方针、政策和党委的决议、决定,指导农村基层民主政治建设、党的基层组织建设和党员干部队伍建设;农委为地方政府组成部门,接受政府领导,落实政府对农村工作的管理职责,负责统筹协调农村发展和农村经济有关的各项工作。如北京、天津、上海、重庆

---

① 这一领导小组的主要职责清晰:研究拟定发展壮大县域经济、推进社会主义新农村建设的政策措施,为省委、省政府决策提供意见和建议;督促检查各地区、各部门落实相关政策和完成任务情况,协调解决政策落实中的难点问题;研究确定年度工作要点和阶段性工作计划;定期向省委、省政府汇报社会主义新农村建设工作情况,并及时通报各地区、各部门。

② 省委农办主要承担以下五个方面的职责:一是做好助手的职责,当好省委、省政府"三农"工作方面的参谋助手;二是做好服务协调工作。为省委、省政府、农口单位和基层做好相关服务;三是开展调查研究。从而为省委、省政府决策提供科学依据;制定政策的职责,牵头制定推进全省农村改革发展的有关重大决策;四是承上启下的职责。与中央农村工作领导小组办公室、国家涉农各部委,农口各单位、各省辖市保持沟通与联系;五是推动发展的职责。推动"三农"工作发展、推动农村事业发展、推动农村经济发展。

四个直辖市和一些地方省市。无疑,该模式对于强化党委农工委与政府农委之间的监督力度产生了积极成效。虽然这一做法与党政职能分开改革的矛盾关系还有待于进一步探讨理顺,但在社会主义市场经济还不完善的条件下,它无疑加强了党对农村工作的有效领导。

第四种模式:党的农村工作领导小组与政府的新农村建设领导小组合署办公。这一形式,主要是鉴于党的十六届五中全会提出了建设社会主义新农村的重大历史任务,继而又出台了《关于推进社会主义新农村建设的若干意见》[1],根据这一文件具体要求和安排,国务院首先成立了新农村建设工作领导小组,许多省份在建立新农村建设领导小组的过程中,一般就采取党的农村工作领导小组与政府的新农村建设领导小组合署办公的方式,如湖北省就是采用这种模式。领导小组办公室具体负责全省社会主义新农村建设的规划、综合协调、工作指导和监督检查工作。

（三）基层乡村治理组织构成

基层乡村治理组织,一般是指乡镇党委和村党支部。按照《中国共产党章程》[2]相应规定,实践中,为推动乡村基层治理的发展和现代化,又出台了《中国共产党农村基层组织工作条例》《中华人民共和国村民委员会组织法》（简称《村组法》）。这对乡村基层治理来说,这是两部重要法律,进一步对党领导农村的基层组织机构之间,特别是事关乡镇党委、政府与"两委"这四个主体间的职责、关系和具体运行机制等做了明确的相应规范和统一的要求。

一是关于乡镇党委和村党支部的定位,就是党在农村工作的领导核心。

---

[1]　意见明确提出相应要求:"各地区各部门要建立推进新农村建设的工作协调机制,加强统一领导、明确职责分工,搞好配合协作"。参见《十六大以来重要文献选编》（下）,北京:中央文献出版社 2008 年版,第 154 页。

[2]　《中国共产党章程》第三十三条规定:街道、乡、镇党的基层委员会和村、社区党组织,领导本地区的工作和基层社会治理,支持和保证行政组织、经济组织和群众自治组织充分行使职权。第三十四条规定:党支部是党的基础组织,担负直接教育党员、管理党员、监督党员和组织群众、宣传群众、凝聚群众、服务群众的职责。

《条例》中①总则的第二条对此做了明确规范和要求。基层组织作为联系群众的桥梁和纽带，是党在农村全部工作和战斗力的堡垒和基础。在组织设置上，具体体现在设立乡镇党的基层委员会、村党支部；当然，对于乡镇党委的产生来说，其构成由党员大会或者党员代表大会选举产生，而对于村党支部来说，则根据每个村正式党员人数的多少，分别成立党支部、党的总支部、党的基层委员会，亦由党员大会选举产生。乡镇党委和村党支部两者之间的关系作了进一步明确：村党组织受乡镇党委领导。

二是对于乡镇政府和村委会的关系，二者是指导与被指导的关系。乡镇政府支持和帮助村委会开展农村各项日常事务。对此，《中华人民共和国村民委员会组织法》也做了具体明确规定②。由此可以看出，从国家层面而言，村民自治组织承担着"下情上达"的任务使命，扮演着两种不同的角色。当然这对于村民来说，村民自治组织其职责就是为社区的公共生活提供公共服务与治理。

三是村党支部和村委会，二者的关系是各负其责、相互配合。村党支部作为党在农村的基层组织，在基层工作中发挥着领导核心作用，支持和保障村民开展自治活动，直接行使民主权利。村民委员会由主任、副主任和委员若干构成，一般来说是三至七人。其主要职责如下：服务、协调本村的生产，促进农村生产建设和经济发展，依法管理本村的村集体资产，以及负责保护和改善生态环境，维护村民的合法权益，发展文化教育，做好计划生育工作，制定执行并遵守本村的自治章程、村规民约，执行村民会议的有关决定决议，为村民热心服务，在村民监督下开展工作，等等。

---

① 《中国共产党农村基层组织工作条例》第二条："乡镇党的委员会（以下简称乡镇党委）和村党组织（村指行政村）是党在农村的基层组织，是党在农村全部工作和战斗力的基础，全面领导乡镇、村的各类组织和各项工作。必须坚持党的农村基层组织领导地位不动摇。"

② 乡、民族乡、镇的人民政府对村民委员会给予指导、支持和帮助，但不得干预村民自治范围内的事项。

值得关注的是,2021 年以来,国家又新成立了国家乡村振兴局,前身为国务院扶贫开发领导小组办公室。成立国家乡村振兴局,各省也相应对口成立了不同层次的乡村振兴组织,这一组织承担了非常特殊的任务,那就是在全面建成小康社会的基础上,落实如何推动乡村振兴,无疑就涵盖了乡村治理现代化的内容,国家乡村振兴局的职责①表明了这一点。

二、中国特色乡村治理内容体系

常言道:百里不同风,千里不同俗。一个国家采取什么样的乡村治理方式或者乡村治理体系,客观来说与这个国家的历史传承、文化传统、经济社会发展水平的关系是不可分的,具体采取什么样的治理体系则是由这个国家的人民选择决定的。今天我国的乡村治理体系同样也是如此,鉴于这种密不可分的关系,带有显著的中国历史传承、文化传统、经济社会发展等相应烙印,具有鲜明的中国特色。这一乡村治理体系的发展及其现代化,当然是在党的领导下是历史的选择、是人民的选择,我们既不照抄照搬别人的制度模式,也不故步自封,而是坚持自我特色,坚持与时俱进,稳步推动中国特色乡村治理体系现代化。

中国特色乡村治理内容体系非常丰富,具体来说主要涵盖了自治、法治和德治"三位一体"在内的,包括基层民主政治、经济、社会、文化、生态等诸多方面的内容。

首先,村民自治是中国特色乡村治理内容体系的核心所在。村民自治是基层群众的首创,也是基层群众参与民主政治,实现全过程人民民主、共建美好乡村的基本载体。20 世纪 80 年代初期,国家开始推行村民自治,特别是

---

①　主要职责:一是构建防止返贫的长效机制,对处于贫困边缘的弱势群体和弱质地区,通过长效方式保障不返贫。二是构建长效稳固的提升机制,保证脱贫成效持续稳定发展。有序推进政策优化调整,推动工作体系平稳转型。脱贫攻坚过程中,中央有关部门出台了 200 多个政策文件和实施方案。接下来要在保持主要帮扶政策总体稳定基础上,逐项推进政策分类优化调整,做好同乡村振兴的有效衔接,逐步实现平稳过渡。

1998 年通过的《中华人民共和国村民委员会组织法》的出台,无疑为村民自治的实施提供了法律上的强有力的保障①。推行自治,并不是弱化国家的角色和作用,并不单纯是农村内部的自我管理和发展,而是国家治理体系的重要组成部分。

作为我国基层民主政治建设的一项创新制度,村民自治制度首先它明确了村民在自治事务中的主体地位,在发展程序民主方面的成效是显著的,当然,实践运行中,客观上由于乡村基层纵向治理中政府和村委会关系和职能职权的实际运行中还存在一些不足,在实践中表现为村民自治组织行政化色彩比较显著,在基层治理中扮演着亦官亦民的两种不同的角色。此外,实际运行中,村委会的职权比较集中,相应的监督和制约又难以高效落实,客观上带来的后果就是村民的自治权受到一定程度的影响,一定程度上来说村民自治其形式与其实质呈现出不平衡的状态。这种形式性的自治客观上也对村民自治的合法性产生了消解作用,而由行政村村民自治转化的社区自治,其自治的薄弱性同样也存在不容忽视的共性。

其次,法治为乡村治理现代化提供了法治保障和制度支持,为新时代中国特色乡村治理体系的现代化提供了法治保障。法治作为一种公开透明的规则之治和程序之治,是实现中国现代化尤其是乡村治理体系现代化的保障、基础和基本方式。通过乡村治理法治化,从而使乡村治理呈现出可预期性、可操作性、可救济性等体现社会公平正义的基本特征。

随着改革发展的不断深入发展,乡村利益格局事实上也在发生着显著的变化,并日益呈现多元化和复杂化的态势,尤其是急剧分化的利益阶层和利益群体,其客观上也各有不同的道德观念和道德标准,如何保证乡村社会可持续

---

① 《中华人民共和国村民委员会组织法》第二条规定:"村民委员会是村民自我管理、自我教育、自我服务的基层群众性组织,实行民主选举、民主决策、民主管理、民主监督。乡、民族乡、镇的人民政府对村民委员会的工作给予指导、支持和帮助,但不得干预依法属于村民自治范围内的事项。"

的发展与稳定？事实上，唯有法治才能进一步凝聚乡村治理的共识和力量，唯有法治才能进一步推动乡村治理的可持续健康发展。对此，就需要坚持法治为本，将乡村治理各项事务纳入法治化的轨道：一是抓好乡村基层群众最关心最重要的根本利益，当前就是切实做好农村土地"三权分置"改革这个关键，确保农民利益能够在法律框架下得到切实保障；二是尽快提高基层群众的法治素养，对此就要高度关注在基层普法力度、成效，通过灵活多样的普法形式、手段，达到实现基层群众的法治素养和法律意识不断提高的目的，能够自觉运用法治思维思考问题，能够更好地利用法律来维护自身权益；三是推动平安乡村建设，综合运用各种有效手段，推动平安乡村建设，包括严厉打击包括农村黑恶势力、宗族恶势力，确保扫黑除恶专项行动取得预期成效，对农村黄赌毒盗拐骗等违法犯罪采取持续高压政策，确保不让各类违法犯罪活动有死灰复燃的机会；四是充分利用现代化信息技术与手段，创新管理方式方法，突出做到以网格化管理为抓手、以现代信息技术为支撑，从而不断推动乡村基层治理的精细化精准化。

不可否认，推进依法治国，其重点和难点依然还是在乡村，推动国家治理现代化，推动乡村振兴，实施乡村建设行动，无疑需要国家统筹立法、守法、执法、司法等环节，加大法治建设力度，尽快完善农业农村立法，改善农村执法、司法状况，强化法治监督，完善乡村法律服务体系，增强村民法律意识，真正形成遇事找法、办事依法、解决问题用法、化解矛盾靠法的法治型乡村秩序。

最后，德治在乡村治理中有着举足轻重的地位，对规范村民行为，调整农村社会关系，振兴乡村发展具有重要的作用。德治本质上是一种自治，它是在生活中自发自然演进出现的，不由国家专门机构强制保证实施。德治的力量相比法治和自治，其作用的发挥无疑更能体现出文化的穿透力、长久的感染力的特性，德治也是中华优秀传统文化的重要内容。习近平总书记在庆祝中国共产党成立 100 周年大会上的讲话中，也谈到对待传统文化的态度，他指出："坚持把马克思主义基本原理同中国具体实际相结合、同中华优秀传统文化相结合,用马克思主义观察时代、把握时代、引领时代,继续发展当代中国马克思主义、21 世纪马克思主义!"①对此,需要准确把握马克思主义基本原理,必须站在时代高度,着眼国情的变化,把马克思主义与时代变化紧密结合起来,必须坚持"古为今用""推陈出新"的基本方针和"创造性转化、创新性发展"的根本方向,深刻把握中华优秀传统文化的精髓和真谛,做到在继承中创新,在创新中发展。当然,作为中华优秀传统文化的重要内容,它也是推动乡村治理体系现代化的不可多得的重要资源。德治是从中国历史传统社会管理经验借鉴而来,将家族伦理与国家伦理融合为道德标准,感化教化人们,产生社会自律性信仰,规范人们生活行为准则。中国乡村治理除了依靠融合国家法和民间法于一体的法治,还要大力推进道德建设,乡村现代化治理离不开德治的滋润和支撑。

德治自身的天然特性决定了德治与法治的结合才能更好推动乡村治理体系现代化。首先,道德的标准具有模糊性,对具体道德的理解就有恣意性、笼统性,而法具有确定性,被滥用和恣意解释的余地较小。其次,道德具有多元性,可以同时存在主流道德和一种或多种主流道德,法是由国家统一制定的,具有一元化,在评价上具有共通性。道德主要依靠人们内在情感力量实现,但根本上,一个合理的、充分尊重人的良心自由的制度和社会结构才是在终极意义上诱发人们普遍向善的基因,而这种制度和社会结构根本上是要由法治来提供的。德治在乡村治理中具有相对独立的重要功能,但与法治相结合起来,相互配合,和谐共存,才能实现农村良性治理。

进入新时代,推动乡村振兴,开启全面建设社会主义现代化国家新征程,推动乡村治理体系现代化,当然,也离不开通过德治建设夯实基础,特别是要传承好中华优秀传统文化中的"讲仁爱、重民本、守诚信、崇正义、尚和合、求大同"等传统美德,大力培育、弘扬社会主义核心价值观,通过村规民约,开展

① 习近平:《在庆祝中国共产党成立 100 周年大会上的讲话》,北京:人民出版社 2021 年版,第 13 页。

新时代乡村文明建设行动,助力形成符合新时代乡风文明风尚、服务于乡村治理体系现代化、助力乡村振兴的现代化乡村文明新体系和良好风尚。乡村治理内容体系是一个开放的体系,从农村经济发展向农村文化医疗、社会保障等方向扩展,党的十八大以来的"中央一号"文件更是将其内容不断丰富,在发展农村经济、社会的同时向农村文化(民风民俗)、生态等领域扩展,同时注重法治乡村建设,提升乡村德治水平。

三、中国特色乡村治理运行体系

中国特色乡村治理体系现代化的实现有赖于科学规范、运转高效、协同有力的运行体系的支持和保障。所谓中国特色乡村治理运行体系,实际上也就是指我国乡镇基层治理主体与治理机制的具体运行方式,以及两者之间相互作用的有关形式。运行体系对我国乡镇基层治理主体与治理机制到底是如何运行的,以及两者之间是如何产生相互作用的给出了相应内在规定。作为乡村基层治理主体,日益呈现出多元化的发展态势,目前来说,主要由乡镇党委、乡镇政府、乡镇派驻机构、村支部、村委会,以及各类社会组织等构成,乡村基层治理机制一般来说由乡镇党委对乡镇政府和社会的领导体制、行政体制、司法体制以及干部管理体制等相应的体制机制构成。

对于治理主体与治理机制的关系而言,两者密切相关,在运行中共同实现对乡镇基层的有效治理。调查发现:当前乡村治理体系的运行存在诸多问题,主要表现在制定过程中各主体之间互动沟通渠道不畅、乡村治理多元规范面临执行困境、乡村治理过程中监督机制不健全等方面。这些问题制约了乡村治理体系的良性运行。解决这些问题的有效方式就是按照"自治、法治、德治相结合"的思路进一步整合各方治理力量,优化调整运行方式,完善运行机制。从政党、国家与农村社会的关系角度看,党领导下的乡村治理结构和农村村级组织机构及其运行机制,从运行结构可以分为两种:一种是内部运行结构,一种是外部运行结构。

（一）内部运行模式

在这里我们所谈到的乡村治理运行的内部结构运行模式,一般来说是指按照具体的制度条文规定而形成的村级组织的内部结构①,其主要运行机制模式具体如下:在乡村治理运行机制中,核心是村党支部,这是落实党的全面领导的具体载体和体现,村委会则是村民自治组织的载体,这是乡村基层治理体系内部运行的关键。具体运行情况是这样的:在村党支部的领导下,通过召开村民会议,在这里村民会议是村的最高权力机构,通过民主选举,在此基础上产生村民委员会,当然,在实际运行中,不召开村民会议时,其职权则由村民代表会议临时代行,而村民委员会和村民小组具体负责执行村民会议或村民代表会议的决定,是村民自治组织的具体工作机构。村民委员会的职责在《中华人民共和国村民委员会组织法》也有相应明确要求②,村委会作为村庄事务管理的执行机构,其职责范围比较宽,凡是涉及本村的重大事项和涉及村民利益的大事,如村内经济发展、集体提留、土地承包、讨论制定乡规民约、撤换或者补选村委会成员等,均须由村委会成员和广大村民共同讨论决定。（如下图所示）

（二）外部运行模式

所谓的外部运行模式,是指当前的农村村级组织机构及其运行实践中,基层政治权力(包括党的权力和政府权力)参与其中并对乡村内部治理产生一定影响,从这个角度来看,乡村治理外部结构事实上也是其实际运行模式的一个方面。从乡村现行"两委"关系的视角来观察分析,实际运行中,党领导下

---

① 马宝成:《乡村治理结构与治理绩效研究》,《马克思主义与现实》(双月刊)2005年第2期。

② 《中华人民共和国村民委员会组织法》第七条、第八条、第九条、第十条对此做了明确规定,概括起来,有如下几点:讨论决定本村级公益事业和公共事务,向村民会议负责并报告工作,接受村民会议、村民代表会议和村民的监督;村民代表会议则是村庄代议机构,也是村民会议的委托机构,作为村庄内部民主决策机构和监督制约村委会的经常性机构而存在。客观来说,村民委员会的权力来源于村民,来源于村民的授予,所以,村民有权撤免或罢免不称职的村委会成员。

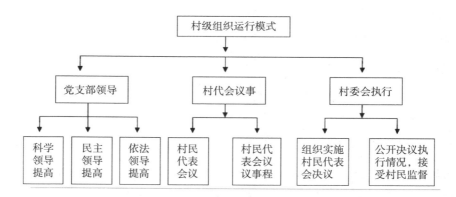

村级组织运行模式

的乡村治理结构及运行机制主要有两种模式：一种是"两委"分立、书记主任分设，另一种模式就是"两委"一体化、书记主任"一肩挑"。无疑，处理好村民自治和党支部领导两者的关系，对实现乡村自治高效运行尤为关键。

第一种模式："两委"成员分立分设、彼此互相监督。这种模式比较普遍，他们各自经由不同的程序选举产生，具有不同的职责分工和隶属关系。在《条例》中也有具体的规定①。从实际运行来看，这种模式的优点在于在实际运行中可以较好落实好农村事务的民主管理和民主监督，不足在于两委之间在实际运行中可能会出现诸如互相扯皮、推诿等现象，甚至会造成农村事务的决策延误，乃至出现所谓"党强村强""党弱村强"等不和谐现象。

第二种模式："两委"一体化，书记主任"一肩挑"。具体运行如下：第一，一个总的原则是村"两委"的换届时间统一安排部署，具体程序是按照村委在前、支部在后的顺序来进行。第二，先期进行村委会换届选举，现任的党支部书记、支委候选人都需要参加村委会竞选，这是推荐参加党支部书记或者支委

---

① 村党支部具有农村工作的领导权，对本村负有政治领导责任，其职责就是贯彻党的方针政策，抓大事、把握农村发展方向、加强农村党建工作、驾驭农村具有全局性和重要性事务等等。而村委会是村民自治单位，享有农村工作的管理权，负责处理农村具体事务，主要办理本村的公共事务和公益事业，调解纠纷、维护治安，向人民政府反映意见、要求和提出建议等等。

的前提条件。第三,充分尊重民主选举结果,对此,明确规定:一是现任党支部书记,在村委选举中如果落选,乡镇党委会按照有关程序免去其党支部书记职务或在下一步的支部换届中,不再提名其为支委候选人。二是如果当选的村主任如果是党员的,按照有关程序推荐其担任党支部书记,如果是非党员,现任党支部书记可暂时代理其书记职务,同时,组织加大对村主任的培养力度,条件成熟时把其发展成为党员,再担任党支部书记职务。第四,党支部换届全部实行"两推一选"①。通过以上一系列举措,从而切实加强了基层组织建设"两委"成员交叉任职的比例得到显著提升。数据显示:以山东烟台蓬莱为例,"蓬莱市 579 个行政村,书记主任'一肩挑'的已达 507 个,比例为 89.2%,两委交叉兼职的 1160 名,比例为 90.5%;泰安市泰山区经过几年的换届调整,书记主任'一肩挑'的比例也达到了 82.3%。"②这种模式的推行对于加强基层组织党的领导核心地位作用明显,特别是两委关系的处理得到进一步优化,为畅通渠道提高运行效率提供了强有力的组织保障。

对于"一肩挑"领导工作模式的推行是有利还是有弊,一般认为,其优点有这样几点:一是有利于实现统一领导,提高农村两委工作效率。二是可以实现减少干部数量,有利于降低管理成本。三是有利于解决两委冲突,降低协调成本,促进乡村和谐。四是更符合政党治理的规则。当然,其缺点也很明显:一方面,很容易形成权力的集中,导致村官腐败的增长;另一方面,很容易混淆两委的职能,甚至个别地方出现党的农村工作被削弱,乃至出现边缘化现象。因此,"两委"在农村应该有条件地推广。必须采取有效的措施来防止可能弊端的出现。一是要健全完善对权力的监督制约机制;二是每村要配备得力助

---

① "两推一选"是全国各农村党组织实行最广泛的一种换届选举方式,即指产生村党组织候选人的过程,无疑"两推一选"工作政策性强,涉及面广,直接关系到农村改革、发展和稳定的大局。"两推"就是指党内推荐支委候选人和党外推荐支委候选人,"一选"就是由党组织内全体有选举权的党员无记名投票选举支委人选。

② 韩强:《当前农村基层党的建设的几个问题—对山东省创新农村党建工作的调查与思考》,《山东社会科学》2010 年第 8 期。

手,使负责农村工作的一把手有精力处理重大问题和保证"两委"工作相得益彰;三是要"两委"各自的职能进一步科学界定、明确划分,并使之法治化、制度化;四是"一肩挑"一定要按法律程序实现。

总之,两委"一肩挑"模式的利弊取舍需要在实践过程中继续探索完善。这也是进一步理顺党政关系中亟待回答和解决的重要问题。

四、中国特色乡村治理保障体系

乡村治理正常运行需要构建乡村治理保障体系,这一体系涵盖了人财物等诸多方面。乡村治理体系现代化亦受到经济环境因素的制约,包括对乡村治理体系和运行机制发生影响的经济资源、经济体制、经济发展水平、经济结构等。坚持历史唯物主义的基本观点,特定历史阶段的社会发展水平最终是由当时的生产力条件所决定的。马克思指出:"物质生活的生产方式制约着整个社会生活、政治生活和精神生活的过程。"①中国特色乡村治理保障体系的构成也是如此。

一是党的领导是政治保障,是中国特色乡村治理体系现代化的根本政治保证。正如习近平总书记在庆祝中国共产党成立100周年大会上所指出的:"中华民族近代以来180多年的历史、中国共产党成立以来100年的历史、中华人民共和国成立以来70多年的历史都充分证明,没有中国共产党,就没有新中国,就没有中华民族伟大复兴。历史和人民选择了中国共产党。中国共产党领导是中国特色社会主义最本质的特征,是中国特色社会主义制度的最大优势,是党和国家的根本所在、命脉所在,是全国各族人民的利益所系、命运所系。"②党的领导是中国特色社会主义的本质特征,当然,对于中国特色社会主义来说有很多特点和特征,这些特征具体反映在道路、理论、制度、文化等各

---

① 《马克思恩格斯选集》(第2卷),北京:人民出版社1995年版,第82页。
② 习近平:《在庆祝中国共产党成立100周年大会上的讲话》,北京:人民出版社2021年版,第10—11页。

个方面,体现在"五位一体"总体布局、"四个全面"战略布局等各个领域。其中党的领导是最本质的特征,其他特点和特征都是由党的领导所决定的,其形成与发展都与党的领导是分不开的。

之所以说党的领导是中国特色社会主义最本质的特征。具体来说是基于这样几点原因:首先,党的领导决定了中国特色社会主义的性质、方向和命运,党的领导具体反映在道路、理论、制度、文化等诸多方面,归结为一句话就是:中国特色社会主义的开创者、引领者、推动者就是党。其次,东西南北中,党是领导一切的,在中国特色社会主义各领域各方面,党是最高政治力量。正如习近平总书记所指出:"中国最大的国情就是中国共产党的领导。什么是中国特色?这就是中国特色。"①再次,中国特色社会主义制度的最大优势是党的领导。中国制度之所以行,在于党的领导是其中最具统领性、决定性和创造性的因素。最后,党的领导是实现社会主义现代化和中华民族伟大复兴的最根本保证。乡村治理体系现代化的实现当然必须在党的领导下才能得以保障并顺利实现。

二是具体制度保障。乡村治理体系现代化的实现需要具体体制机制方面的制度保障。无论是自治还是法治的落实和保障都需要依赖具体制度,没有具体制度的支持就没有所谓乡村治理体系现代化。如村民自治作为乡村治理的重要内容,如何适应时代需要,创新村民自治的科学化规范化制度化发展,更为有效地实现全过程人民民主的落地落实,再如农村集体产权制度如何改革?通过改革才能够更好地激发起基层群众的积极性、主动性和创造性,这对于基层集体经济实力的增强,对于增加广大农民的收入,对于乡村治理财力的保障无疑都是非常重要的举措。再如农业支持保护制度,作为一个农业大国,面临国际竞争压力,作为弱质农业显然亟需得到支持和保护,特别是要充分利用好国际规则,调整完善利用"黄箱"政策,扩大"绿箱"政策使用范围,推动我

---

① 《习近平关于社会主义政治建设论述摘编》,北京:中央文献出版社 2017 年版,第 28 页。

国农业的竞争力的不断提升,夯实粮食安全保障的基石,同样也是实现乡村治理体系现代化的重要一环。

三是法治保障。法治是实现乡村治理体系现代化的保证,乡村治理能否平稳运行取决于乡村社会治理法治化的进展水平。目前,我国乡村治理基本做到能够有法可依,当然这与实现乡村治理体系现代化还存在差距,对此,尤其需要进一步加强依法治理,善于运用法治思维规范社会行为,用法治来构建社会行为有预期、管理过程可公开、责任界定够明晰的现代乡村治理制度体系,善于运用法治方式处理社会问题,稳步实现乡村治理法治化水平的提高。

四是物质保障。即发展乡村集体经济为其提供经济保障或者经费保障。乡村社会经济建设是物质基础,主要表现为家庭联产承包责任制以及相应的社会主义市场经济。改革开放以来,农村集体经济的主要表现形式为统分结合的家庭联产承包责任制,尽管随着整个农村市场经济的市场化和产权明晰化趋势,有部分农村集体经济在一定程度上走上了股份合作制的改革道路,但整体上仍表现为规模小、抗风险能力弱、过于依赖于土地要素,难以适应当下激烈的市场竞争环境,农村集体经济的总体效能仍然很低。经济方面,农村社会的经营自主权的实现过程会出现一些不良现象,具体表现乡镇党委政府有时会以所谓产业规划或结构调整政策、城镇规划等理由对农村社会的经营自主权进行干预,因为乡镇党委政府事实上受制于政绩考核的相关影响,导致乡镇两委会选择从短期目标来思考问题。推动乡村经济建设是全面建设社会主义现代化国家的基础所在,实现乡村治理体系现代化的强大物质基础和保障。

五是人才保障。推动乡村治理体系现代化离不开大批专门人才的支持,乡村治理需要大量人才支撑。创新乡村治理人才培养,夯实乡村治理需要的人才基础,提供可持续的人力资源支撑是当务之急。尤其是目前,我国社会老龄化问题的日渐凸显,推动乡村振兴中更是急需人才,为此就要把培育农村人力资源置于优先考虑的位置,加快培养新型职业农民,引导各类人才下乡。对此,以乡村振兴为例,中共中央办公厅、国务院办公厅出台了《关于加快推进乡村人才振兴的意见》,对乡村治理人才给予了高度关注①,并从"加强乡镇党政人才队伍建设""推动村党组织带头人队伍整体优化提升""实施'一村一名大学生'培育计划""加强农村社会工作人才队伍建设""加强农村经营管理人才队伍建设""加强农村法律人才队伍建设"等六个方面提出了相应举措。

综上所述,中国特色乡村治理保障体系,涵盖了组织保障、经费保障、人才保障、制度保障和法治保障。事实上,实现乡村治理体系的现代化并不是轻轻松松言谈之间就可以实现的,而是需要扎扎实实地工作,需要党的强有力的组织领导,需要强大的物质财力保障,需要一支专业人才队伍和相应的制度体系保障,才能为乡村治理体系现代化提供可靠保障和强大支持,才能更好推进乡村治理的科学发展。

第二节 新时代中国特色乡村治理体系现代化的逻辑理路

从建党之初对乡村治理的懵懵懂懂,到探索走出一条中国特色的新民主主义革命道路,再到今天进一步提出"推进国家治理体系和治理能力现代化"的目标和任务,可以说是一以贯之,党始终致力于组织和引导农民群众参与基层治理。正如习近平总书记所指出的:"农村现代化既包括'物'的现代化,也包括'人'的现代化,还包括乡村治理体系和治理能力的现代化。"②毋庸置疑,乡村治理体系现代化是一个系统工程,而国家治理体系和治理能力现代化任务的提出,为乡村治理现代化提出了新的要求。在推动乡村治理体系现代化的伟大实践中,治理理论的创新是先导,治理体系和治理方式的创新是路径,坚持和完善党的领导,创新基层组织建设是核心和关键。在这一过程中乡

---

① 《关于加快推进乡村人才振兴的意见》,《人民日报》2021年2月24日。
② 《习近平谈治国理政》(第三卷),北京:外文出版社2020年版,第258页。

村治理从理论上实现了从革命、管理到治理的转换,在实践上实现了从生存、发展到美好生活的转换。这些都需要我们正确把握乡村治理现代化的内在逻辑,理清乡村治理现代化的逻辑依据、逻辑起点、逻辑统领、逻辑主题、逻辑拓展及其辩证关系,在中国特色的社会主义伟大实践中,稳步推动乡村治理体系现代化。

一、逻辑依据:国家治理现代化

党的十九大提出要构建现代化乡村治理新体系,十九届四中全会则就如何实现国家治理体系和治理能力现代化做了顶层设计和部署。新时代乡村治理体系现代化是实现国家治理现代化的题中应有之义,把握乡村治理体系现代化的逻辑建构,也是推进乡村治理体系现代化实现转变的核心命题和依据所在。

治理一词源于西方,最初其本意为"牵引、控制或者操纵",后来该词主要用于与国家公共事务相关的政治活动或管理活动中,成为处理政府与社会关系的一种新型政治模式。伴随改革开放的深入,党的十八届三中全会提出了完善和发展中国特色社会主义制度、推进国家治理体系和治理能力现代化的任务。这是中央第一次在中央全会文件上正式提出推进国家治理体系和治理能力现代化这一目标任务。党的十九届四中全会站在全局的高度,既高瞻远瞩又统揽全局,对推动国家治理体系和治理能力现代化的若干重大问题又做了进一步具体部署和相应安排。实现国家治理现代化,当然离不开乡村治理现代化的支撑,抑或说实现国家治理体系和治理能力现代化的基础和难点在于实现乡村治理体系的现代化。

治理及其现代化当前亦成为学界关注的热点。梳理学界研究现状,其研究涵盖乡村治理模式、发展历程、治理主体、治理结构、治理类型、治理经验与教训等诸多方面。如俞可平从国家治理的角度提出了善治模式;胡洪彬以桐乡市乡镇社会治理的"三治合一"模式为个案,对"三治合一"模式的治理主体、治理工具和治理过程进行了具体分析(2017)①;新中国成立70年来乡村治理历程困境与展望(刘丰华,2019);党国英认为"乡村治理主体不外乎乡政府、其他乡村权威机构"(2013);贺雪峰、温铁军、徐勇、郭正林等也开展了对乡村治理②的特点及体系研究;高广景认为要注重"发扬中国文化的优良传统、实现国家权力与农村民主自治的有机结合"③。此外,学界对从国家视角对治理现代化的研究成果颇多,如许海清出版的专著《国家治理体系和治理能力现代化》等。可以说,"既包括党的农村治理体系现代化,也包括党的农村治理能力现代化","也就是使党在农村的治理体系实现制度化、科学化、规范化、程序化,使党在农村的治理者善于运用法治思维和法律制度治理农村,从而把党在农村治理各方面的制度优势转化为治理农村的效能"④。

面对新时代世情、国情和党情的深刻变化,新时代中国特色乡村治理体系的现代化在发展的进程中,又打上了鲜明的时代特色,呈现出综合化的态势,这就是既要着眼于解决好"三农"问题,同时又要与全面建设社会主义现代化国家、推动乡村振兴,以及实现"两个一百年"奋斗目标有机结合起来。对此,我们要清醒地认识到中国面积大、人口多,各地情况在千差万别的情况下推动乡村治理体系现代化理论上没有成熟理论可资借鉴,实践中也没有现成道路可供参照。对此,就需要紧密结合国情和当前乡村治理的具体实践,理清新时代乡村治理体系现代化的内在逻辑,把握乡村治理体系现代化的逻辑依据、逻辑起点、逻辑统领、逻辑主题与逻辑拓展及其辩证关系,从理论上引领乡村治理体系现代化,实践上推进乡村治理体系现代化,为推动国家治理体系和治理

---

① 胡洪彬:《乡镇社会治理中的"混合模式":突破与局限——来自浙江桐乡的"三治合一"案例》,《浙江社会科学》2017年第12期。

② 郭正林:《乡村治理及其制度绩效评估:学理性案例分析》,《华中师范大学学报》(人文社会科学版)2004年第4期。

③ 高广景:《新中国农村治理模式的经验与教训》,《新疆社科论坛》2011年第1期。

④ 邱春林:《中国共产党农村治理能力现代化研究》,济南:山东人民出版社2017年版,第45页。

能力现代化提供有力支撑。

二、逻辑起点:创新乡村治理理念

行动的先导在于理念。实现乡村治理体系现代化,无疑首先需要创新乡村治理理念,这是其逻辑起点,也是实现乡村治理体系现代化的行动指南。实现乡村有效治理的前提和基础首先要求在治理理念方面要有突破有创新,新时代推动中国特色乡村治理体系现代化的第一步就是要创新党的乡村治理理念,在实践中,既要坚持农民主体地位,又要尊重农民利益,要充分调动社会各方协同治理,当然,这些都需要依法进行,从而实现乡村治理的制度化、规范化、程序化。

(一)农民主体地位理念

农民是乡村治理的主体之一,乡村治理现代化离不开农民的参与支持。对此,首先就需要确立乡村治理农民的主体地位理念。早在一百多年前,马克思就提出了"历史活动是群众的活动,随着历史活动的深入,必将是群众队伍的扩大"的观点。[1] 塞缪尔·亨廷顿认为:"如果农民默认和认同于现存的政治体系,那么它就为政治体系提供了稳定的基石。倘若农民积极地反对政治体系,它就会成为革命的推动者。"[2]

推动乡村治理现代化,首先,必须始终坚持向人民群众学习的观点,坚持走群众路线,坚持从群众中来,到群众中去,这样才能确保政策的科学性和可行性。其次,面对全面建设社会主义现代化国家新征程,面对乡村振兴战略的深入推进,面对纷繁复杂的乡村建设行动,如何取得实效,归根到底要依靠亿万农民的支持参与和共同努力奋斗,同样需要充分尊重农民的主体地位,尊重农民的首创精神,进而充分调动农民的积极性、主动性和创造性。最后,确立

---

[1] 《马克思恩格斯文集》(第1卷),北京:人民出版社2009年版,第287页。
[2] [美]塞缪尔·亨廷顿:《变革社会中的政治秩序》,北京:华夏出版社1988年版,第286页。

农民主体地位理念,就要在推动乡村治理实践中,注重实现治理方式的彻底转变,由过去那种单纯依靠行政权力自上而下的国家治理方式转变为依靠农民群众,使农民群众真正成为多元治理主体之一,进一步激发包括农民自组织在内的各类主体的社会活力,更加主动地投身于乡村治理体系现代化进程的实践中去。

（二）乡村治理法治化理念

推动乡村治理体系现代化,确立法治化的理念至关重要。法治是国家治理的基本形式,农村是最基本的社会单元,是现代治理体系的基础。习近平总书记指出:"小智治事,中智治人,大智立法。治理一个国家、一个社会,关键是要立规矩、讲规矩、守规矩。法律是治国理政最大最重要的规矩。推进国家治理体系和治理能力现代化,必须坚持依法治国,为党和国家事业发展提供根本性、全局性、长期性的制度保障。"①乡村治理法治化水平的高低,不仅关系到依法治国基本方略在乡村基层社会能否得到切实落实,而且在一定程度上反映出整个国家的法治水平和文明程度。邓小平指出:推进社会主义建设"还是要靠法制""搞法制靠得住"②。乡村治理体系现代化也是如此。党的十八届四中全会再次明确了依法治国的基本方略,乡村治理体系现代化离不开法治的保障,推动乡村治理法治化进程,也是依法治国在乡村基层治理中的具体体现和实践。

（三）确立协同治理理念

面对治理时代的发展,基于世情、国情、党情的深刻变化,若再按照传统党的领导方式,难以适应治理时代发展和广大农民的需要,"人们必须认识到政府存在的理由就是要满足公民的需要"③。适应我国发展的新要求和人民群

---

① 《习近平关于严明党的纪律和规矩论述摘编》,北京:中央文献出版社 2016 年版,第 6 页。

② 《邓小平文选》（第三卷）,北京:人民出版社 1993 年版,第 379 页。

③ ［美］珍妮特·V.登哈特、罗伯特·B.登哈特:《新公共服务:服务,而不是掌舵》,北京:中国人民大学出版社 2010 年版,第 76 页。

众的新期待,这就需要在确立党的领导核心的基础上,进一步创新党的领导方式,确立社会协同发展的理念,切实调动农村中各类治理主体的积极性、主动性和创造性。

基于多元社会治理主体共同参与的前提下,为了最终实现公共利益的最大化,推动社会治理主体多方共同参与其中,通过法律法规作为主要形式来规范共同行为,通过彼此相互配合协同,从而实现治理的协同,实现治理效能的提升。协同包括各治理主体之间的协同,也包括治理主体内部的协同。从这一政治方位出发,创新乡村治理就需要改变传统上认为国家与社会是对立、排斥的陈旧思维,确立国家与社会协同发展的理念,创新社会和公众自我管理的能力和方式,使乡村治理主体从一元走向多元。

协同治理有助于乡村治理的优化,主要表现在这样几个方面:一是协同治理能够使得党和政府在制定农村政策时,通过各种制度和机制,把握农村实际,了解农民需要,使任何重大决策都建立在民主化、科学化的基础上。二是协同治理能够调动乡村各治理主体积极参与,从而实现政策的民主化。在推动农村治理实践中,在推动村民"自我管理、自我服务、自我教育、自我监督"的实践中,应切实加强议事协商,拓宽协同范围以及途径,丰富协同形式和内容,保障村民依法行使自己的民主权利。由此可见,要实现乡村治理的进一步发展,就需要推动乡村协同治理的发展,建立多元合作协同互动平台机制,促进基层政权与村民自治良性互动,最终使得农村走向民主治理之路,从而共同推动乡村治理现代化。

(四)确立以农民为中心理念

保护和发挥农民的积极性,是推进社会主义现代化建设事业顺利进行的必要条件,推动农村治理,需要调动广大农民的积极性,而"调动农民的积极性,核心是保障农民的物质利益,尊重农民的民主权利"①。这就要确立以农

---

① 《十五大以来重要文献选编》(上),北京:人民出版社 2000 年版,第 556 页。

民为中心的理念,尊重农民的利益,就要维护好、实践好、发展好农民的利益,而最紧要、最迫切的就是要进一步加快实现城乡基本公共服务均等化,在推进农村工作的具体事务中满足、实现好农民的利益诉求。

坚持以农民为中心理念,首先,就是要解决广大农民最关心、最现实、最迫切的问题,如农民的教育问题,就要关注如何进一步拓宽农民受教育的途径,积极开展各类职业与技术教育等,拓宽农民就业渠道和就业能力,从而为全面建设社会主义现代化国家、为乡村振兴提供有力可持续发展的人力资源支持。其次,大力推动城乡基本公共服务均等化。正如习近平总书记所指出的,全面建成小康社会"不容一个人掉队",通过"五个坚持""六个精准","形成了跨地区、跨部门、跨单位、全社会共同参与的多元主体的社会扶贫体系",[①]为农民提供基本而有保障的公共服务。面对实现全面建设社会主义现代化国家的目标和任务,面对乡村治理体系现代化的需要,迫切需要推进城乡基本服务均等化。

三、逻辑统领:乡村基层党组织建设

中国特色社会主义的最本质特征就是中国共产党的领导。新时代乡村治理面临新形势、新任务、新机遇、新挑战;新时代乡村基层组织建设在推动乡村治理体系现代化的伟大实践中,同样面临着新挑战、新机遇、新形势、新任务,适应乡村治理体系现代化这一时代变化的需要,就必须夯实乡村基层党组织建设,把乡村基层党组织建设成为推动乡村治理体系现代化的坚强战斗堡垒和核心领导。

实践中,对乡村基层组织如何发挥其领导核心作用给予了高度重视,并努力推进实现制度化、常态化。《中国共产党章程》对此作了相应规定。第三十三条规定:街道、乡、镇党的基层委员会和村、社区党组织,领导本地区的工作

---

① 习近平:《携手消除贫困 促进共同发展:在 2015 减贫与发展高层论坛的主旨演讲》,北京:人民出版社 2015 年版,第 4 页。

和基层社会治理,支持和保证行政组织、经济组织和群众自治组织充分行使职权。第三十四条规定:党支部是党的基础组织,担负直接教育党员、管理党员、监督党员和组织群众、宣传群众、凝聚群众、服务群众的职责。《中国共产党农村基层组织工作条例》《中华人民共和国村民委员会组织法》(简称《村组法》)对乡村基层党组织的地位和作用也有相应的明确规定。特别是对乡镇党委、政府与"两委"这四个主体间的职责、关系和具体运行机制等做了明确的规范和统一的要求:一是明确基层组织作为联系群众的桥梁和纽带,是党在农村全部工作和战斗力的堡垒和基础。在组织设置上,设立乡镇党的基层委员会、村支部。二是明确在实际运行中,乡镇政府和村委会的关系,二者是指导与被指导的关系。《中华人民共和国村民委员会组织法》也做了具体明确规定:乡、民族乡、镇的人民政府对村民委员会给予指导、支持和帮助,但不得干预村民自治范围内的事项。当然,村党支部和村委会,二者的关系是各负其责、相互配合。

党的十九届四中全会高瞻远瞩,对未来一段时期的发展又做了进一步的细化:"到我们党成立 100 年时,在各方面制度更加成熟更加定型上取得明显成效;到 2035 年,各方面制度更加完善,基本实现国家治理体系和治理能力现代化;到新中国成立 100 年时,全面实现国家治理体系和治理能力现代化,使中国特色社会主义制度更加巩固、优越性充分展现。"[①]无疑,这一任务并非轻轻松松敲锣打鼓就能实现,需要坚持党的领导,夯实乡村基层党组织建设。

四、逻辑主题:"三位一体"的乡村治理新体系

百里不同风,千里不同俗。推动乡村治理现代化就需要勇于创新乡村治理新体系,中国特色乡村治理体系现代化就是要建构涵盖自治、法治和德治"三位一体"在内的现代乡村治理新体系,这一体系是推进乡村治理现代化的

---

① 《习近平新时代中国特色社会主义思想基本问题》,北京:人民出版社、中共中央党校出版社 2020 年版,第 164 页。

逻辑主题,也是推动乡村治理现代化的根本依托和具体体现。

(一)村民自治体系的创新

村民自治是乡村治理体系现代化建设的重要内容之一。实践表明,由于村民自治本身的制度探索性,以及转型期农村利益关系调整和农民思想观念变化等复杂因素的影响,村民自治也不同程度地出现了秩序维护功能弱化、形式单一等问题。在当前推动乡村振兴的大背景下,立足新时代农民政治参与的新诉求,立足于如何充分发挥村民自治组织管理体系的基础作用,充分发挥其治理主体功能,对此,就需要创新村民自治管理体系,提升村民自治管理水平。具体可以从以下几个方面展开。

一是完善村民自治运行体系。作为联系政府与农民的纽带,村民自治组织的作用发挥,一方面既需要坚持农民治理主体地位,另一方面也需要对村民大会的有效运行模式进行不断地创新与探索,确保村民大会或村民代表大会的决策权、村委会的执行权、监委会的监督权能够得到有效落实,并且实现三者的有机统一。二是村民自治服务体系的创新与发展。特别是党的十九大以来,中央进一步明确了农村土地承包再延长 30 年不变,继续稳步推进农村土地"三权分置",推进农村经营主体多元化。对此,就需要根据农村各类经营主体,特别是小农户和新型农业经营主体的客观现状和发展需要,建立健全村民自治组织服务体系,更好地服务各类经营主体,盘活农村各类闲置资源,形成乡村振兴发展的合力。三是构建村民自治评价体系。目前,一些地方存在村干部"干好干坏一个样"现象,民主评议不规范、不科学、不准确现象并不少见。对此要建立以广大村民为主体的村级治理评价机制,以村民评价为约束和激励,推动村民自治组织的标准化、规范化和科学化发展。

(二)乡村治理法治体系的创新

创新乡村法治体系,必须在依法治国的基本方略指导下,遵循法治思维,把乡村治理纳入法治化轨道,这是乡村治理中最具根本性、全局性和长期性的问题。

首先,中国共产党的领导地位不是自封的,而是历史的选择、人民的选择,是中国人民历经长时间探索对比后的郑重选择,这一地位在宪法上也得以确认。习近平总书记指出:"全面推进依法治国是一个系统工程,是国家治理领域一场广泛而深刻的革命,必须加强党对法治工作的组织领导……要把全面推进依法治国的工作重点放在基层,发挥基层党组织在全面推进依法治国中的战斗堡垒作用,加强基层法治机构和法治队伍建设,教育引导基层广大党员、干部增强法治观念、提高依法办事能力,努力把全会提出的各项工作和举措落实到基层。"①无疑,这一重要论述实际上是旗帜鲜明地表达了一个重要思想:就是推动依法治国的深入发展,必须坚持党的领导,必须重视基层的基础地位,事实上,这一重要思想,为新时期推进依法治国走深走实提供了理论遵循、法治遵循和实践遵循,这就是在全面推进基层治理法治建设全过程中要自始至终重视并贯彻加强和改进党对基层法治工作的领导。习近平总书记在《中共中央关于全面推进依法治国若干重大问题的决定》的说明中对此做了特别说明:"全面推进依法治国这件大事能不能办好,最关键的是方向是不是正确、政治保证是不是坚强有力,具体讲就是要坚持党的领导,坚持中国特色社会主义制度,贯彻中国特色社会主义法治理论。"②

其次,通过法治教育、培训,把农村各项工作纳入法治化轨道。基层干部首先要加强自身法治建设,通过学习法律知识,准确把握中国特色社会主义法律体系,再辅以典型案例、具体事件的剖析学习,从而实现在实践工作中,能够做到时时处处遵纪守法,让法治思维融入到自己的思想上、行动中,使运用法治思维、法治方式推进农村各项工作成为一种自觉行动。近年来,农民上访、农村群体事件偶有发生,一方面,多数是由于暴力执法造成的;另一方面,由于农民的法治意识薄弱,很难拿起法律的武器来保护自身利益也是一个重要原因。

---

① 《习近平谈治国理政》(第二卷),北京:外文出版社2017年版,第124页。
② 《习近平关于社会主义政治建设论述摘编》,北京:中央文献出版社2017年版,第81页。

最后,创新培育法治意识,落实法治治理。"全面推进依法治国,基础在基层,工作重点也在基层""早日啃下这个硬骨头,才能为乡土中国迈向现代化奠定更坚实基础"①。俗话说打铁还需自身硬,用法首先得懂法,推进乡村治理现代化,首先,必须提高农村基层各治理主体的法治意识和依法治理能力。对此就要出台有力措施,强化学习教育。要通过法治教育、培训,把农村各项工作纳入法治化轨道。基层干部首先要加强自身法治建设,通过学习法律知识,准确把握中国特色社会主义法律体系,再辅以典型案例、具体事件的剖析学习,从而实现在实践工作中,能够做到时时处处遵纪守法,让法治思维融入到自己的思想上、行动中,使运用法治思维、法治方式推进农村各项工作成为一种自觉行动。其次,固化制度成果。及时总结法律实践中的成熟经验,条件成熟后,及时上升为制度和工作规范,予以固化,实现制度成果的与时俱进。当然,在具体工作实践中,还需要注意采取有力措施,加大基层工作所需法律人才的引进和培养,落实合法性审查机制,从源头上杜绝违法行为的发生;在决策上,做到程序合法、过程公开、内容合法,使党务、政务活动始终在党规法规内进行。

(三)乡村治理德治体系的创新

党的十九大提出乡村振兴的目标之一就是实现乡风文明。面对现代化浪潮的冲击与洗涤,改革开放进程中农村传统观念日益受到冲击,一些农村物质主义、拜金主义等不良思潮日益抬头,一些地方甚至出现了道德迷失和良知迷茫现象,个别地方甚至迷信盛行。显然,这与乡村治理现代化的目标是背道而驰的,不利于乡村治理现代化的实现,不利于全面建成社会主义现代化强国目标的实现。对此,要进一步聚焦农村社会主义核心价值观建设,聚焦乡风文明建设,聚焦农村公共文化建设,着力解决农村、农民思想道德领域方面的突出问题,需要大力弘扬真善美、贬斥假恶丑,着力推动构建崇德向善、见贤思齐的

---

① 李斌:《以治理法治化铲除村官腐败》,《人民日报》2014 年 11 月 5 日。

乡风。对此,就要大胆创新乡村德治,构建适合中国乡村实际具有中国乡村特色体现中国深厚传统文化的乡村德治新体系。具体主要从三个方面展开:

一是在广大农村要进一步加强培育和践行社会主义核心价值观。乡规民约中要充分体现社会主义核心价值观,让村民用自己制定的价值规范进行自我约束,并做到内化于心,外化于行。实践中,要根据农民实际和现实,日常教育中做到教育引导、文化熏陶、舆论宣传相结合,把培育践行社会主义核心价值观融入农民生活中。二是弘扬中华民族优秀传统美德。传统美德是乡村的精神寄托。特别是我国悠久的历史文化传统中富含丰富的传统美德,如不少家书家训是修身治家、为人处世的精华,是传统美德的重要载体。对此,要有效充分利用这些宝贵资源,通过"读家书、学家训"等活动,让村民在接受优秀传统文化中实现心灵净化。三是让农民开展自我教育,以自己身边的人、身边的事开展自我教育。如目前农村开展"星级文明户""爱亲睦邻户",以及"好媳妇、好婆婆"等身边模范的评选活动,推动文化乡村,鼓励乡村文化创新,以快板、小品、说唱等形式进行大力宣传,从而助力形成向善向好的乡风民风。

五、逻辑展开:乡村治理方式的创新

乡村治理体系现代化还体现在治理方式的创新与现代化上,这也是乡村治理现代化的逻辑展开,这既是乡村治理体系现代化的需要,也是乡村治理体系现代化的外在表现。对此,就需要创新党的乡村治理方式与手段,实现从单一到统筹、从管理到协同、从治标到治本的转变,这就需要更加注重统筹治理、更加注重协同治理、更加注重源头治理,从而稳步推进乡村治理体系现代化。

（一）更加注重统筹治理

更加注重统筹治理,就是要扎实做好三个统筹:

一是统筹党的领导与村民自治。2015 年,《关于深入推进农村社区建设试点工作的指导意见》指出:"农村社区建设要在党和政府的领导下……努力构建新型乡村治理体制机制。"从而也进一步明确了"坚持和发展农村社会治理有效方式,发挥农村居民首创精神,积极推进农村基层社会治理的理论创新、实践创新和制度创新。深化农村基层组织依法治理,发挥村规民约积极作用,推进农村社区治理法治化、规范化。"①对此,更需要统筹党的领导与村民自治,切实发挥好党和政府在农村社会治理中的主导作用,进一步做好《村委会组织法》的运行与落实,不断推进村民自治运行机制的进一步完善,尤其是村组法的在实践中运行细节的完善,目的在于通过这一制度抓手从而切实有力把农民群众动员起来、组织起来参与到乡村基层管理事务中来,使农民群众能够依法直接行使民主权利得到有力保证,使农民管理农村基层公共事务和公益事业的权利得到保障,从而使乡村治理及其现代化在实践中不断推进和发展。

二是统筹城乡融合发展,促进城乡基本公共服务均等化。统筹城乡融合发展,就要使城乡各种生产要素的双向流动渠道能够畅通无阻,使以工促农、以城带乡、工农互惠、城乡一体的新型工农、城乡关系在实践中得到检验和发展。统筹城乡融合发展,还要进一步完善和规范农村土地流转机制,推动农村集体土地所有权、承包权、经营权"三权分置"在实践中稳步健康推进,使农民在土地增值收益中的分配比例逐步得到体现,切实保障农民在土地问题上的收益权。

三是统筹单一管理与多元治理。就是要实现农村治理手段从单一的行政管理向行政、法律、经济、教育等多种手段的综合转变。要充分发挥信息化时代的优势,积极探索大数据时代如何运用信息网络技术服务农村治理。对此,就要尽快出台相关政策法规条例,加强对大数据领域的人力物力财力的投入;同时,广大党员领导干部要提高学习新科学技术的认识、热情和能力,以高瞻远瞩的政治智慧和高屋建瓴的气魄,充分运用大数据技术提高中国共产党农村治理能力。事实上,乡村多元治理极大地改变了原来政府单一的对农村社

---

① 《关于深入推进农村社区建设试点工作的指导意见》,http://www.gov.cn/xinwen/2015-05/31/content_2871051.htm。

会的控制与管理。事实证明,在公共服务供给、社会秩序维持、冲突矛盾化解、文明乡风构建等多个领域内,社会组织等各类社会治理主体的积极性、主动性和创造性能够得到更好的发挥。在这里,乡村治理实现由原来自上而下的行政指挥或命令转变为多方互动、相互协同、共同参与治理的过程,实现了对乡村的有效治理。

(二)更加注重协同治理

更加注重协同治理,就需要在三个方面发力。

一是要发挥党总揽全局,协同各方的优势。党的十八届四中全会指出:"坚持党的领导,是社会主义法治的根本要求……是全面推进依法治国的题中应有之义。"①历史已经证明,中国共产党的领导地位不是现成的,而是历史形成的。中国共产党领导全国各族人民历经革命、建设和改革的伟大实践,在这一进程中得到人民群众的衷心拥护和支持。乡村治理作为社会主义国家治理的重要组成部分,推进乡村治理体系现代化的发展同样离不开党的领导。毋庸置疑,始终坚持党的领导是推进协同治理健康发展的前提。

二是更加注重协同治理,就要在改革中注重协同推进。40多年的改革开放使我国农村发生了翻天覆地的变化,农村利益格局也出现新的调整与变化,加之改革涉及人员、财政、资金、税收、登记、社保、监管等众多领域和内容,推动各个领域和各类组织的创新和发展,不再是单打独斗,而是迫切需要各方分工合作,协同推进,迫切需要建立健全能够调动各方力量积极参与的长效机制,才能够克服各种阻力,切实"解决多头管理、分散管理、难以形成有效合力的问题"②。对此就需要进一步明晰协同内容、协同组织、协同制度、协同平台,以及如何落实协商结果,这些都需要通过制度化建设以保障协同的具体落实。在推进党的农村治理能力现代化进程中,坚持多元协同、形成合力,推动农村治理结构从传统的政府包揽的单一化治理结构向现代开放型治理结构转

---

① 《十八大以来重要文献选编》,北京:中央文献出版社2016年版,第157—158页。

② 马凯:《努力加强和创新社会管理》,《国家行政学院学报》2010年第5期。

变,从而开创农村治理工作的新局面。

三是更加注重协同治理,就要依法推动农民有序政治参与。就是要按照社会主义民主政治的发展要求,进一步扩大农民的有序政治参与和社会参与。尽快建立和完善农村社会治理多元主体共同参与的体制机制和法律法规,建立畅通有序的诉求表达、矛盾调处、心理干预、权益保障机制,深入开展立法方面的协商、行政方面的协商、参政议政方面的协商,更多地运用群众路线的方式,更多地运用民主的方式,更多地运用协商的方式,更多地运用疏导的方式,来及时化解矛盾、解决问题,使乡村各治理主体都能合法、有序地参与到乡村治理之中来,从而切实保证决策的民主化、科学化。

(三)更加注重源头治理

推动乡村治理体系现代化,需要更加注重源头治理。具体主要体现三个方面。

一是更加注重源头治理,首先是要实现决策的科学化。事实上,党的决策不仅关系到经济社会的发展,更关系到民生,关系到广大农民群众的切身利益。对此就要进一步完善乡村治理决策机制。对关系到广大农民群众切身利益的重大事项,对影响面广的重大政策或项目的决策,都要组织进行社会稳定风险评估。就要进一步建立健全维护广大农民群众权益的有效联动机制,建立健全农村社会矛盾调处机制,建立化解矛盾纠纷的各类平台,建立健全法律援助制度,从而切实保证群众的诉求表达、利益协调、权益保障渠道的畅通,确保矛盾产生后能够及时解决,防止其进一步扩大。就要进一步建立健全农村治理应急管理体制,包括农村社会应急管理法律和预案体系建设,切实实现党的农村应急处置能力的显著提高。

二是更加注重源头治理,还要构建保障乡村治理投入的长效机制,实现常态化、制度化、规范化。对此,这就要全面发力,特别是要切实加大中央对乡村治理的支持力度,从专项、综合等方面进一步加大中央对农村的一般转移支付,形成逐年增长的长效稳定机制。当前尤为突出的就是切实扩大农村基本公共服务的覆盖面,推进城乡基本公共服务均等化,坚持从政策导向、力量配置、经费保障等方面进一步整合优化提升乡村基层社会治理资源,坚持导向基层,导向乡村的基本导向,着力增强乡村基层活力和实力。

三是更加注重源头治理,就要切实将"创新、协调、绿色、开放、共享"新发展理念落实在推进乡村治理发展的始终,稳步推进乡村生态现代化建设。这就要坚持科技创新,大力发展生态科技,为乡村生态经济建设提供技术支撑。正如马克思所指出:"劳动生产力是随着科学和技术的不断进步而不断发展的,那么旧的机器、工具、器械等等就会被效率更高的、从功效来说更便宜的机器、工具和器械等等所代替。"①乡村生态现代化建设需要大量投资,坚持政府主导、社会参与、市场运作,从政策、经费、人才、科技等诸多方面实现对乡村生态文明建设的全流程支持,构建更加灵活多变富有成效的生态补偿机制,搭建起乡村生态现代化的制度保障;以政策激励、价值引领鼓励农民参与乡村生态现代化建设。

中国特色乡村治理体系现代化是一个系统工程,把握中国特色乡村治理体系现代化的逻辑理路是推动国家治理现代化的必然选择,这也关乎党在农村执政基础的巩固与否,关乎国家治理体系和治理能力现代化目标能否顺利实现。正如习近平总书记所指出的:"独特的文化传统,独特的历史命运,独特的基本国情,注定了我们必然要走适合自己特点的发展道路。"②在推动乡村治理体系现代化的伟大历史进程中,我们也注定要走出一条中国特色乡村治理体系现代化之路。

综上所述,乡村治理体系现代化作为一个系统工程,新时代中国特色乡村治理体系的基本框架涵盖了乡村治理组织体系、内容体系、运行体系、保障体系四个方面的主要内容,其中,乡村治理组织体系是关键,内容体系是重点和基础,运行体系是载体,保障体系是依托,四者不可分割,共同助推乡村治理体

---

① 《马克思恩格斯选集》(第2卷),北京:人民出版社2012年版,第271页。
② 《习近平谈治国理政》,北京:外文出版社2014年版,第156页。

系现代化。科学把握国家治理及其现代化的内涵及其有关要求,这是乡村治理体系现代化的逻辑依据;坚持治理理念先行,大胆创新乡村治理理念是其逻辑起点;坚持党的领导核心、勇于创新党的基层组织建设是其逻辑统领;建立健全自治、法治、德治"三位一体"的乡村治理新体系是其逻辑主题;而创新乡村治理方式则是其逻辑展开,五者相辅相成并统一于中国特色乡村治理体系现代化的伟大实践中,在这一历史进程中理论上实现了从革命、管理到治理的转换,实践上实现了从生存、发展到美好生活的转换,共同助推国家治理体系和治理能力现代化。

第四章　新时代乡村治理体系现代化的中国特色与基本经验

中国特色乡村治理体系现代化之路的伟大意义在于,为人类探索建立更好的社会发展制度提供了中国方案,使社会主义现代化摆脱了对西方发展模式的盲目崇拜和现实路径依赖,走出了一条由落后发展到现代化的新道路。新时代中国特色乡村治理体系现代化的实践正在如火如荼地推进中,在这一实践进程中,彰显了中国特色,同时也积累了丰富的经验。

第一节　新时代乡村治理体系现代化的中国特色

一路走来,中国共产党带领人民在坚持中发展,在发展中创新,在创新中前进,走出了一条具有鲜明中国特色的乡村治理体系现代化之路,为世界上广大发展中国家推动实现治理现代化提供了中国方案和中国智慧。

一、党的领导是核心

新时代中国特色乡村治理体系现代化的领导核心是党,这是中国乡村治理的典型特色之一。历史和现实一再证明:在中国,只有中国共产党的领导,才能把各族人民凝聚起来,才能领导中国人民把国家治理好,最终实现乡村治理体系现代化。中国共产党的领导是中国特色社会主义最本质特征,是扎实推进国家治理体系和治理能力现代化的根本保证。

毋庸置疑,坚持党管农村工作原则贯穿于中国乡村治理体系现代化的历史全过程,实践中,基层党组织在乡村治理中的领导核心作用得以充分彰显,特别是在培育人才、乡风塑造、生态维护方面更是较好地起到了主力军的作用,从而为乡村振兴战略的稳步推进、乡村治理体系现代化水平的不断提升,为推动乡村社会充满活力、和谐有序、健康发展提供了强大的政治保证。从新民主主义革命时期到新中国成立以后开展的农村集体化运动,还有改革开放后村民自治的推广,无一不是党发挥领导核心作用,主导推进完成的。在这一过程中,充分体现了乡村治理的政策、制度的制定及其落实,党切实发挥着领导核心作用。党管农村原则贯穿于乡村治理体系现代化的全过程,实践中,基层党组织在乡村治理中的领导核心作用也得到进一步彰显,在培育人才、乡风塑造、生态维护、生产发展等方面,农村基层党组织切实发挥了战斗堡垒作用,发挥了统筹领导、协同各方的主力军作用,从而推动了乡村振兴战略的落地落实,为推动乡村治理体系现代化提供了强有力的政治保障。

2019年6月,中央出台了《关于加强和改进乡村治理的指导意见》,对新时代推动乡村治理现代化主要任务、组织实施等作出了具体部署安排。正如《关于加强和改进乡村治理的指导意见》所指出的:"按照实施乡村振兴战略的总体要求,坚持和加强党对乡村治理的集中统一领导,坚持把夯实基层基础作为固本之策,坚持把治理体系和治理能力建设作为主攻方向,坚持把保障和改善农村民生、促进农村和谐稳定作为根本目的,建立健全党委领导、政府负责、社会协同、公众参与、法治保障、科技支撑的现代乡村社会治理体制,以自治增活力、以法治强保障、以德治扬正气,健全党组织领导的自治、法治、德治相结合的乡村治理体系,构建共建共治共享的社会治理格局,走中国特色社会主义乡村善治之路,建设充满活力、和谐有序的乡村社会,不断增强广大农民的获得感、幸福感、安全感。"①毋庸置疑，随着我国农村改革的持续深入和农村社会主义市场化程度的不断提升，农村基层党组织与农民群众的联结方式也在改革中有了新的变化与调适，这些变化也给农村基层党建工作带来了诸多新的挑战，如何确保党始终能够发挥总揽全局与协调各方的领导核心作用无疑尤为凸显。

二、人民中心是根本

新时代乡村治理体系现代化的又一特色就是在推动乡村治理创新的实践中，彰显了人民中心地位。乡村治理体系现代化的发展趋势之一表现就是治理主体的日益多元化，在这一进程中，基层党组织、村民自治组织、农民、社团组织、合作社组织，以及其他各类社会组织均是治理主体。为了群众、依靠群众、发动群众、服务群众，在推动乡村治理体系现代化进程中，始终凸显人民中心这个特色。

一是实践中践行全心全意为人民服务的根本宗旨。党的初心就是为人民谋幸福，为国家谋富强，这一初心贯穿于治国理政的方方面面。在推进乡村治理体系现代化的实践中，全心全意为人民服务的宗旨得以贯彻执行。人民群众是基层治理工作的最终评判员，乡村治理政绩考核机制的重要评价指标就是人民满意度，并把人民群众满意度的测评结果运用于干部考核机制。注意倾听人民群众的呼声，注意吸纳各类新的乡村治理主体参与基层治理，广泛听取其意见和建议，充分发挥各类社会治理主体的智慧和优势，从而实现了改进和发展。

二是在推进乡村治理体系现代化实践中，注重保障和改善民生。乡村治理体系现代化的目的在于改善民生，调动广大人民群众积极性主动性和创造性。俗话说，民生无小事，民生事关人民群众最关心最直接最现实的利益问

---

① 《关于加强和改进乡村治理的指导意见》，北京：人民出版社 2019 年版，第 2 页。

题,特别是针对基层权力运行的不公开和不透明的个别现象,针对基层村民自治实践中存在损害人民群众的知情权、表达权、参与权和监督权的个别现象,实践中,突出了两个重点:一个重点是坚持做好民生底线兜底工作,不断完善农村社会保障制度和救助体系,切实保障贫困人员的基本生活,守护好人民群众的安全生活底线;另一个重点,就是以现代信息网络技术为手段,改善和提升乡村公共服务水平,让信息多跑路,让群众少跑路。

三是突出人民群众的主体地位,优化乡村多元协商治理结构。从一定意义上来说,乡村基层治理属于社会自我管理范畴,其运行要求首先是要在基本的制度和法律框架范围内活动,政府进行合理引导和扶持,充分发挥人民群众的自我管理、自我教育,实现自我服务的过程。当然,在这一过程中,既包括对乡村基层治理自治权力的授予与运作,也包括对乡村基层治理自治权力的制约和监督,从而实现村民自觉规范自身行为,实现自我教育、自我管理、自我服务的目的。

乡村治理体系现代化是为了更好地为人民群众服务,目的在于实现美好生活这个需要。在革命战争时期是这样,在和平发展时期也是如此。特别是随着新时代的到来,人民日益增长的美好生活需要和不平衡不充分的发展之间的矛盾成为新时代中国社会的主要矛盾。如何解决这一矛盾呢?更好地满足人民群众对美好生活的需要,2018 年两会召开之际,在参加山东代表团的审议时,习近平总书记发表重要讲话,他强调指出:农业强不强、农村美不美、农民富不富,决定着全面小康社会的成色和社会主义现代化的质量。①

乡村治理最终是为了实现美好生活。无论是乡村厕所革命还是村规民约协同治理,无论是乡村环境整治还是红白喜事规范管理,乡村的事说到底还是老百姓自己的事,需要的是老百姓广泛参与、共治共建共享,乡村治理才能有

---

① 《直通两会 2018》,北京:人民出版社 2018 年版,第 76 页。

效推进。在改进和推进乡村治理和实施乡村振兴战略过程中,乡村治理效果怎样,成效几何?事实上,关键是老百姓说了才算数。实践中,尤其在事关群众公共事务、公益事业,事关基层民间纠纷,以及基层治安维护协助等方面,都离不开群众的支持和参与,实践中做到相信群众、依靠群众力量、团结群众力量,激发群众的内生动力,从而实现村民更多更好更有效的自治。

三、多元共治是趋势

乡村治理体系现代化还呈现出一个鲜明的特点就是多元共治。乡村治理所谓多元化,实质就是指乡村治理主体的多元化,这里的治理主体既包括政府在内,还包括各类社会组织,涵盖各种营利性组织和非营利性组织等,共同构成多元共治模式。客观来说,乡村治理的主体不单单囿于政府管理服务部门,只要是在乡村社会中积极活动,并且能够履行一定治理职能的相关组织机构及个人都可以成为乡村治理主体。新时代乡村治理的主体显然不再是单一的,而是呈现为多元化的;不是静态不变的,而是动态变化的,日益呈现出一个多元化的发展态势。今天看来,与传统的乡村治理主体相比,现代乡村治理主体的外延无疑有了进一步的扩大,在这里它不仅包括政府部门,还包括各种民间组织。具体表现在以下两个方面。

一是在多元共治的现代乡村治理新格局,呈现出一核多元治理主体协同格局,初步形成了乡村协同治理体制,即"党委领导、政府负责、社会协同、公众参与、法治保障"的体制。在这一协同治理体制中,国家、市场、社会等多方力量共同参与其中,各治理主体对乡村治理事务实现了各司其职、各负其责、合理分工、协同推进。农民当然是乡村治理主体不可或缺的组成部分,实践也证明:农民群众只有直接参与村社会治理,并且在乡村治理实践中经过历练,在乡村基层公共事务的管理中才能逐步提升自身的政治觉悟和认识,才能真正体现自身存在的价值,更好地主张自己的权利,实现人民当家作主,实现村民主自治的落地落实。当然,作为乡村治理主体的重要构成部分,社会组织的特殊作用也在日益凸显,这一治理主体客观上来自群众、依靠群众、服务群众,并且在打破传统社会"二元对立"格局过程中发挥了特殊作用,为搭建政府与群众之间的"连心桥"起到了特殊作用,客观上也进一步拉近了群众与政府之间的关系,另外,也可以实现对政府有关部门的社会监督,从而把存在的矛盾和问题搞清楚,推动了政府依法决策、依法行政,夯实了共建共治共享的乡村治理基础。

二是社会力量和社会组织深度参与乡村治理,乡村治理效率得到明显改变和提升。通过搭建社会组织发挥作用的各类平台,多元治理主体参与转型发展的氛围逐步形成,客观上,也使精准扶贫、乡村旅游、社会稳定、便民服务等有了新载体,实现了更大发展。乡村治理的组织化程度在实践中得到不断提高,包括退休回乡干部、爱心企业家、好企业主、工商业主、志愿者、原村"两委"优秀干部和劳模等日益成为乡村治理的不可或缺的主体,从而使在乡村治理结构上得到进一步的优化,推动了乡村治理体系现代化进程。

四、经济发展是保障

乡村治理是国家治理的最末端,也是服务群众的最前沿。推进乡村治理体系现代化,经济发展了才能为乡村治理体系现代化提供强大的物质保障。在推动乡村治理体系现代化的进程实践中,客观上,经济发展要素与乡村治理体系现代化之间彼此是相互支撑,不可分离的,现代化的各类经济资源要素为乡村治理体系现代化提供了"造血"功能,经济发展为推动乡村治理体系现代化的发展提供了坚实的物质基础,乡村治理体系现代化的发展反过来又服务于经济社会的发展。

乡村治理实践中尤为需要一套治理水平高、服务能力强而又长效稳定的新型乡村基层治理模式,各级党委和政府通过加强乡村治理人才队伍建设,进一步汇聚各类人力资源,增强乡村基层治理力量,为乡村治理体系现代化提供可靠的人力资源保障,而经济的发展为促进乡村治理人才培养提供了支持和保障。

加大经费投入保障,完善以财政投入为主的稳定的村级组织运转经费保障机制。在全面建设社会主义现代化国家的进程中,抓好乡村治理体系现代化的经济基础,才能破解单靠政府财政拨款难以为继的问题。对此,在推进乡村治理体系现代化进程中,高度重视发展农村经济,特别是注重加快发展壮大农村集体经济,对于夯实乡村基层治理物质基础具有重要的现实意义和紧迫性。发展壮大农村经济,让经济焕发生机,其着力点在于探索创新出符合新时代社会主义市场经济条件的有效实现形式,这是提高基层治理服务水平和治理能力的现实需要。

五、三治融合是典范

在推进乡村治理体系现代化的实践进程中,由自治、法治和德治三治融合构成的现代乡村治理新体系是推进乡村治理体系现代化的典范。

自治是基础。在推动新时代乡村治理体系现代化实践中,自治是基础。主要表现在三个方面:首先,村民自治作为我国当前基层民主的一种最普遍形式,通过这一载体把村民参与村庄公共事务管理的积极性、主动性调动起来,其成效也在不断取得实质性进展,自我管理、自我教育、自我服务日益呈现出良好的发展势头。其次,村级组织及乡村各类社会组织的发展势头良好,它们都是乡村基层多元治理主体的重要组成部分。村级组织是村庄公共事务管理的当然主体,虽然源于农民首创,但经过实践和不断发展完善,日益走向法治化、规范化、科学化的轨道,其自身建设越来越受到重视,而各类社会组织的日益发展则为乡村治理多元化增加了新鲜血液和活力。

法治是保障。在"三治合一"现代乡村治理新体系中,法治是自治基础上的法治化,在乡村治理新体系中发挥了其独特的法治保障作用。这种保障作用具体体现在这样几个方面:一是法治是村民自治权具体实现和实施的制度保障,为村民行使村庄公共事务的管理权、知情权、监督权和决策权提供法治支持,包括村民行使《村民委员会组织法》和国家其他法律所规定的全部权利都是如此。二是通过普法宣传教育,在乡村进一步营造出学法、懂法、用法的良好法治环境,使法治思维内化成为基层群众的一种自觉行为习惯。三是注重加强基层干部法治思维的培育,依法行政,依法开展各项公共服务,在服务中进一步凸显基层党组织在乡村治理体系中的合法领导地位。

德治是支撑。德治不是无源之水,而是建立在中华优秀传统文化的基础上,德治具有润物细无声的独特作用,在乡村治理新体系中,同样不可或缺。其主要体现在以下几个方面:一是德治推动注重加强社会主义核心价值观在基层社会的培育,使富强、民主、文明、和谐,自由、平等、公正、法治,爱国、敬业、诚信、友善成为群众的普遍信仰和共同价值追求;二是推动重视新时代村规民约的不断完善,进而使其成为乡村社会的一种习惯和风尚;三是重视发挥"新乡贤"的示范引领带动作用,使其在乡村社会治理实践中能够起到"润滑剂"和"调节器"的独特作用,特别是在面对乡村社会利益主体日益复杂化的客观实际,在尊重文化差异的基础上,因地制宜培育和发挥德治作用,将文明公约、村规民约等纳入其中,通过树立乡村道德模范典型人物,弘扬道德新风、培育淳朴民风。

实践中,"三治合一"的乡村治理新体系不是三者的各行其道、自行其是,也不是三者各自呆板僵化、彼此孤立的单一模式,而恰恰是三者的有机结合,三者之间是一种动态互补、彼此包容的协同关系,自治首先为法治和德治提供必要的前提和基础,并且在自治过程中将法治思维和德治融为一体贯穿始终,而法治则为自治提供法治保障,并为德治提供底线思维,而德治则贯穿于自治和法治的全过程,使社会主义核心价值观和中华优秀传统文化得以践行,为其提供润滑剂的作用。"三治合一",形成合力,共同助推乡村治理体系现代化。

第二节　新时代乡村治理体系
现代化的基本经验

历史与现实有着惊人的内在联系,回顾历史,汲取经验。回首百年发展历程,中国特色社会主义是实现中华民族伟大复兴的必由之路,乡村治理体系现代化是其中不可或缺的重要组成部分。乡村治理历经百年发展和变迁,始终坚持党对乡村治理的领导,坚持解放思想、与时俱进,注意理论创新,坚持人民主体地位,尊重农民的首创精神,运用法治理念,注重制度建设,创新乡村治理方式,把它与时代主题紧密结合起来,服务服从于时代主题的变化,不断推动乡村治理的创新发展,走出了一条具有鲜明中国特色的乡村治理体系现代化道路,为广大发展中国家推动乡村治理现代化提供了新的实践样本和经验。

一、坚持以理论创新引领乡村治理实践

中国共产党成立 100 年来,中国乡村治理实践的每一次发展进步和取得的显著成绩,无疑其根本原因都在于我们党能够坚持解放思想、实事求是、与时俱进,在于我们能够把马克思主义基本原理与中国具体实际相结合、与中华优秀传统文化相结合,并不断推动理论创新。从改革开放之初,邓小平开创中国特色社会主义理论为开端,到历经国内外各类风险和考验,捍卫了中国特色社会主义,进而把科学社会主义推进到 21 世纪,而形成的"三个代表"重要思想,到适应国内外形势发展需要,继续推动中国特色社会主义的发展而形成的科学发展观,到中国特色社会主义进入新时代,创立习近平新时代中国特色社会主义思想,这些中国化马克思主义的最新理论为乡村治理体系现代化提供了强大的思想武器和行动指南。

实践充分证明一点:党的乡村治理行动与乡村治理理念两者之间密切相关,理念决定行动,与之相应,也就产生与之相匹配的治理效果。历史上,每一

次乡村治理理念的调整与变化,都会给乡村治理带来前所未有的改变。改革开放以来,我国的乡村基层治理在改革方面所取得的成就无疑是显著的,推动了全过程人民民主在基层的落地落实,这些成绩的取得,无疑得益于我们不断解放思想,得益于坚持推进党的社会治理理论创新,特别是摒弃了许多陈旧的社会治理理论等传统观念的束缚,实际工作中普遍存在的经济建设"一手硬"、社会建设"一手软"的问题在实践中实现了不断纠正和完善。面对新形势新任务新挑战,解放思想、实事求是至关重要的。

在新民主主义革命时期,面对中国革命的特殊时期与阶段,面对国民党右派对革命的叛变,毛泽东通过自己的实践与实地调研,及时对实践经验进行了总结,认为中国革命不同于西方国家的社会革命。在中国,敌人的统治力量主要集中在若干大中小城市,而在广大落后的农村及偏远地区则是其统治力量的薄弱环节,由此也造成了中国革命的特殊性,"使一小块或若干小块的共产党领导的红色区域,能够在四围白色政权包围的中间发生和坚持下来"。① 基于此,中国的革命道路必然与西方革命道路有所不同,必须走"以工农武装割据走农村包围城市"的道路,在《反对本本主义》一文中,毛泽东明确谈道:"中国革命斗争的胜利要靠中国同志了解中国情况。"②也正是如此,使土地革命的面貌焕然一新,建立了农村革命根据地,实现了星星之火,可以燎原,并随着抗日民族统一战线的建立,乃至解放战争的胜利,实现了中国新民主主义革命的伟大胜利。再如,新中国成立后,囿于我们缺乏建设社会主义的经验,面对人们的期待,面对社会主义建设这个新生事物来说,我们面临的任务是实现国家富强、人民幸福。正是基于这种摆脱落后现状的强烈愿望和现实经验的不足,也就有了对社会主义建设进行超常规的探索与实践,既有"鼓足干劲,力

---

① 《毛泽东选集》(第一卷),北京:人民出版社 1991 年版,第 49 页。
② 《毛泽东选集》(第一卷),北京:人民出版社 1991 年版,第 115 页。

争上游，多快好省地建设社会主义"的总路线①的开创，也就有了所谓单纯注重量的追求的"大跃进"，以及与之相适应的基层政权建设的变革，出现了"人民公社化运动"，最后发展到片面追求"一大二公"纯而又纯的无产阶级"文化大革命"。

当然，也正是因为在"文革"结束后的徘徊期，通过开展"实践是检验真理的唯一标准"②大讨论，才有了"解放思想、实事求是"③思想路线的重新确立，我们才迎来改革开放的巨大转折。随着改革开放的不断深入和发展，党的乡村治理观念也在不断创新和发展，从村民自治的首创到普遍建立，从农村税费改革的试点与开展，到全面开展社会主义新农村建设；从党的十七大对社会建设的关注，到党的十八大对社会治理创新的高度重视，再到十八届三中全会明确确立实现国家治理现代化的目标，在十八届四中全会上又对依法治国做了顶层设计和具体部署，党的乡村治理相关治国理念也在实践中实现了不断调整和优化。

乡村治理的创新与发展也再次证明：一种理论的应用和发展并具体运用到指导本国的实践，既需要解放思想、实事求是，更需要以开放、包容的心态去看待、去接纳、去认识、去学习。当然，更需要把相关的理论与中国改革实践相结合，在中国特色社会主义的伟大实践中实现与时俱进，其理论才能得到人们的认可和接受，才能在中国得到进一步的发展和壮大并充满生机。乡村治理的发展，迫切需要党适应国内外、党内外形势发展的新变化，做到与时俱进，主动提升自身的治理能力。中国共产党是中国革命、建设和改革事业的领导者，在推进乡村治理体系现代化的实践中，当然也处于领导地位。如何推进并实现十九届四中全会确定的实现国家治理体系和治理能力现代化的目标呢？当

---

① 《中共中央文件选集（一九四九年十月——一九六六年五月）》（第32册），北京：人民出版社2013年版，第52页。

② 《邓小平文选》（第三卷），北京：人民出版社1993年版，第28页。

③ 《十四大以来重要文献选编》（上），北京：人民出版社1996年版，第651页。

前,最为迫切的就是在推动乡村振兴的伟大实践中,确保党的乡村治理理论与实践的与时俱进,实现乡村治理理论的创新和发展,推动乡村治理实践的不断深入。事实上,只有这样才能为实现国家治理体系和治理能力现代化夯实坚实的基础。

二、坚持以人民为中心创新乡村治理发展

人民群众是社会物质财富和精神财富的创造者。中国共产党成立 100 年来,之所以在乡村治理现代化中取得一系列成绩,是因为我们党始终坚持人民立场,始终把人民的利益放在首位来对待和处理。我们党在推进乡村治理实践中,始终高度重视尊重农民的首创精神,始终高度重视农民在乡村治理中的主体地位。改革开放 40 多年来,我们农村改革和社会发展的许多成功实践,首先都是源于农民的首创,再由党按照从群众中来到群众中去的原则进行了系统的梳理总结,最后形成具有普惠性农村政策的落地和推广。

改革开放 40 多年的实践早已证明农民首创精神的魅力所在和强大生命力。在党的十五届三中全会上,江泽民对此曾有相应的总结并提出了具体要求:"必须充分尊重农民的首创精神,依靠群众推进改革的伟大事业。"①2008年 10 月,在党的十七届三中全会上,胡锦涛对此作了强调:"充分发挥农民主体作用和首创精神,紧紧依靠亿万农民建设社会主义新农村。"②

农民是促进农村经济社会发展的主体。在具体实践中,少数地方基层领导习惯了主角的身份,遇到新的情况和新的问题,既不想跟农民讨论,也不主动走进群众中去,而是代替农民作出决定,发出命令,在他们一些人眼中来看,农民群众仅仅是执行者。反观农村经济发展乏力和部分地方干部群众关系紧

---

① 《〈中共中央关于农业和农村工作若干重大问题的决定〉学习辅导讲座》,北京:人民出版社 1998 年版,第 312 页。
② 《中国共产党第十七届中央委员会第三次全体会议文件汇编》,北京:人民出版社 2008年版,第 9 页。

张的根本原因,就在于少数干部没有认清自己和农民的关系,没有摆正自己的位置,一些干部甚至认为农民水平低下,心胸狭窄,所以他们在作出决定和工作时不愿问计于民,并认为这是理所当然的。如果他们没有得到农民的认可和支持,他们通常并不会自省这是自己的问题,而是要怪罪于农民。实际上,农民生活在农村地区,在农村建设和发展中拥有最大的发言权。历史已经在这方面作出了正确回答:土地联产承包责任制,可谓是让中国农村大地发生翻天覆地变化的重大制度,这一制度创新不就是安徽小岗村农民创造的吗?

对农民主体地位的尊重,是具体的,而不是抽象的,体现在对农民利益的保护上。无疑,推动乡村治理体系现代化,尤其需要注意充分发挥农民的积极性、主动性和创造性,前提就是需要充分尊重农民的主体地位。例如,日本1961年通过的《农业基本法》就是为了保护农民的利益,再如韩国1961年通过的农协法,也是为了保护农民的利益。在推进农村治理中,必须发挥农民的主体作用。没有农民的参与和优势地位的发挥,就很难真正推进乡村治理体系的现代化,结果只会流于形式,最终会消亡。早在70年代末农村改革伊始,邓小平就掷地有声地指出:"农民没有积极性,国家就发展不起来。"①

三、坚持渐进性改革推进乡村治理体制机制创新

国际经验已经证明也将继续证明:社会建设滞后必然会带来一系列的连锁反应,着眼于长远,无疑最终会影响到整个社会的健康、和谐和可持续发展,乃至全面发展。此类案例可谓是举不胜举,如中南美洲的阿根廷、墨西哥等许多新兴发展中国家的改革发展与挫折就是一个典型。改革开放前,我国乡村治理客观来说经历了复杂的变迁,尤其是到了"文革"期间,这一时期乡村治理的变化巨大。在这一时期,党对农村的治理与服务,或者说党实现对乡村基层工作的领导,主要是通过人民公社这种基层政权形式来实现的。通过这一

---

① 《邓小平文选》(第三卷),北京:人民出版社1993年版,第213页。

形式实现了行政权力直接渗透到中国社会的最基层,虽然存在很多问题,但有一点值得注意,那就是较好地实现了国家政权与基层社会的充分对接。当然,我们也不否认这一体制并没有给中国的乡村治理带来现代化,实事求是地说,这一体制的形成很大程度上来说,也并不是社会发展尤其是生产力发展的内在要求和必然趋势。

适应改革开放 40 多年来我国农村翻天覆地的变化的客观需要,加强和创新社会治理,关键在于不断深化改革,创新基层治理的体制机制。随着农村基层公共服务体系建设快速发展,如何使基层政府职能和乡村基层治理能够更好地适应经济社会发展的现实需要,这就迫切需要推进乡村治理的体制机制创新,以此来调动乡村治理主体的积极性、主动性和创造性。具体表现在两个方面。

首先,党领导乡村治理的决策机制不断创新和完善。改革开放 40 多年的实践证明:一是推动乡村治理体系的发展,注重做好顶层设计工作。从改革开放之初,尊重农民的首创精神,到推广到全国的村民自治。随着农村社会发展和中国经济发展,根据形势的发展变化,特别是加入 WTO 之后,中央从战略全局的高度,进一步设计了各项强农惠农支农政策,提出了推动落实工业反哺农业、城市支持农村、多予少取的方针,提出了减税降费,直到免除农业税,推动城乡统筹发展、协调发展。二是注重发挥社会各方,尤其是充分发挥涵盖党、政府、高校、社会组织专家学者等各方的积极性,广泛听取各方意见。这些都是从完善决策机制入手,特别是在政策制定、工作部署、财力资源、干部配置等方面向乡村倾斜,向基层倾斜,真正体现"三农"问题是全党工作的重中之重的战略思想。

其次,党领导乡村治理协同机制在实践中得到不断创新和完善。实现乡村治理体系现代化无疑是一个系统工程,尤其需要各方协同。事实上,在改革开放 40 多年的发展历程中,党一直在探索并构建乡村治理协同机制。具体表现在:在乡村治理体系现代化实践中,注重发挥各级人大、政协,以及民主党派、人民团体,以及农村中各类民间社会组织等各类主体的协同作用,既注重各治理主体的各自独特优势的充分发挥,又注重彼此之间形成治理的合力,共同推动了乡村治理体系现代化的进程。如各级党委农村工作领导小组牵头,对重大决策或涉及公共利益的事务进行征求意见,从而充分调动了包括党委、政府、人大、政协,以及各类民间组织团体的参与和支持;再如依托省市县各级供销社组建的农村合作经济组织联合会,在党委、政府领导下,承担了指导、协调、带动农村专业合作经济组织发展的责任,较好地将政府行政部门中一些适宜转化为社会化的职能转移给农村合作经济组织联合会承担,有利于提高政府决策效率,也推动了政策制定与执行政策的科学分离,推动了监督与服务的科学分离,进一步构建了高效、有序、科学、可持续的农村社区共建共享机制。

四、坚持多种手段创新乡村治理方式

治理方式从一定程度上可以反映出治理行为及其运行的特点和规律。乡村治理方式与手段的创新就是乡村治理体系现代化的重要载体和现实表现形式。历经百年变迁,乡村治理也在探索中实现发展,在发展中进一步创新,中国特色乡村治理实践也日益凸显一种新的趋势,就是更加注重统筹治理、更加注重依法治理、更加注重协同治理、更加注重源头治理,乡村治理方式也在这一实践中实现了与时俱进,实现了从单一到统筹、从人治到法治、从管理到协同、从治标到治本的转变。

更加注重统筹治理。党的十八届三中全会决定指出,创新社会治理体制,推动乡村社会治理方式的改进与优化,其途径就是必须:"坚持系统治理,加强党委领导,发挥政府主导作用,鼓励和支持社会各方面参与,实现政府治理和社会自我调节、居民自治良性互动。"[1]要充分发挥信息化时代的优势,积极探索大数据时代如何运用信息网络技术服务农村治理。当今世界已经迈入了

---

① 《中共中央关于全面深化改革若干重大问题的决定》,《人民日报》2013 年 11 月 16 日。

大数据时代,新媒体已经成为人们日常交往、联系和获取信息的基本手段,特别是随着互联网在农村的日益普及,要求党的各级组织要积极适应新媒体时代的发展,提升运用信息技术加强农村社会治理的能力。

更加注重法治治理。推动乡村治理农村治理现代化需要以法治化为根本出路。"全面推进依法治国,基础在基层,工作重点也在基层。"①乡村治理理应上升到推进基层治理法治化的高度。"早日啃下这个硬骨头,才能为乡土中国迈向现代化奠定更坚实基础。"②乡村法治建设是依法治国在农村基层的具体实践,是依法治国的重要组成部分。正如邓小平曾指出推进社会主义建设"还是要靠法制""搞法制靠得住"③。农村治理也不例外,村民自治作为农村基层民主也应该走法治化之路。特别是党的十八届四中全会对如何依法治国作出了相应的顶层设计和总体部署。实现乡村治理体系现代化离不开法治的保障。

更加注重协同治理。注重发挥党总揽全局,协同各方的优势。党的十八届四中全会对此也有明确要求,那就是:"坚持党的领导,是社会主义法治的根本要求,……是全面推进依法治国的题中应有之义。"④作为社会主义法治国家建设的重要组成部分,推进乡村协同治理,切实调动社会参与各方的积极性、主动性和创造性,无疑需要在党的领导下,才能从根本上确保协同治理沿着正确的方向发展。

更加注重源头治理。事实上,党的决策不仅关系到经济社会的发展,更关系到民生,关系到广大农民群众的切身利益。完善了农村治理决策机制,特别是针对涉及广大农民利益的农村土地征用、房屋拆迁等焦点问题,在决策时更需谨慎,做到科学决策、民主决策,防止因决策失误而危害农民群众的利益。

---

① 邱春林:《农村治理法治化的实现路径》,《中国国情国力》2015 年第 4 期。
② 李斌:《以治理法治化铲除村官腐败》,《人民日报》2014 年 11 月 5 日。
③ 《邓小平文选》(第三卷),北京:人民出版社 1993 年版,第 379 页。
④ 《中共中央关于全面推进依法治国若干重大问题的决定》,北京:人民出版社 2014 年版,第 5 页。

建立健全维护广大农民群众权益的有效联动机制,建立健全农村社会矛盾调处机制,建立化解矛盾纠纷的各类平台,建立健全法律援助制度,从而切实保证群众的诉求表达、利益协调、权益保障渠道的畅通,确保矛盾产生后能够及时解决,防止其进一步扩大。建立健全了农村治理应急管理体制,包括农村社会应急管理法律和预案体系建设,切实实现党的农村应急处置能力的显著提高。

五、坚持党在乡村治理体系中的领导核心

中国共产党的领导是实现乡村治理体系现代化的根本保证。历史和现实一再证明:只有中国共产党才能有效地把各族人民凝聚起来团结起来,只有中国共产党才能领导人民把国家治理好,继而推动实现国家治理现代化。

在推动乡村治理体系现代化的进程中,注重发挥这一思想政治优势,坚持党的思想政治的独特优势,充分发挥党的基层组织的战斗堡垒作用。周恩来同志早在 1934 年 2 月,在全军政治工作会议上首次提出了"政治工作是红军的生命线"这一论断。在《反对主观主义和宗派主义》一文中,毛泽东则明确肯定:"掌握思想教育是我们第一等的业务。"[①]1949 年,新中国成立后,面对千疮百孔的旧中国的现实境况,很快就医治了战争创伤,并着手向社会主义过渡,特别是三大改造完成后,如何更好更快地推动农村社会主义建设,毛泽东进一步提出了"政治工作是一切经济工作的生命线"的命题。1981 年 6 月,党的十一届六中全会在北京成功举行,在这一次会议上,大会通过了《关于建国以来党的若干历史问题的决议》,决议对"思想政治工作是经济工作和其他一切工作的生命线"的论断做了重申和强调。1982 年,党的十二大胜利召开,大会把加强思想政治工作、建设社会主义精神文明提到一个新的高度,并且着重指出:是否坚持这个方针,关系到社会主义的兴衰和成败。在革命、建设和改

---

① 《毛泽东著作专题摘编》,北京:中央文献出版社 2003 年版,第 1477 页。

革的伟大实践中,在推进乡村治理体系现代化的进程中,关键是要坚持党的领导,切实发挥出党的领导的政治优势,切实把党的思想政治优势转化为推进乡村治理体系现代化的政治优势和政治保障。

历经百年沧桑,中国共产党从成立伊始就致力于实现民族独立、人民解放、国家富强、人民富裕的历史任务。在轰轰烈烈的革命大潮中,逐步认识到乡村、农民对于中国新民主主义革命的特殊与重大意义。从新民主主义革命时期探索农村包围城市武装夺取政权的革命道路,到建立劳动人民当家作主的新中国,再到改革开放,中国共产党始终致力于推进乡村治理现代化。在这一伟大历程进程中,中国共产党始终致力于让广大农民当家作主,致力于实现民族独立、人民解放、国家富强、人民富裕的历史任务。当代中国的乡村治理实践是中国人民的一个伟大开创,这种由国家安排的现代乡村治理制度,其主要特点就是实现了大众参与的民主治理体系,也实现了中国乡村治理制度的根本转变,体现了现代民主的基本精神,并成为满足当代中国政治主流思想和国家治理现代化要求的可靠治理模式。

中国共产党在推动乡村治理发展的伟大实践进程中,始终坚持为中国人民谋幸福,为中华民族谋复兴的初心使命,始终坚持围绕中心、服务大局,始终坚持党的群众路线,尊重群众利益和农民的首创精神,做到一切为了群众、一切依靠群众,从群众中来,到群众中去,在推动乡村治理实践中,实现了理论的与时俱进。从建党之初对乡村治理的懵懵懂懂,到毛泽东的"农民问题乃国民革命的中心问题""走农村包围城市,武装夺取政权"的新民主主义革命道路的实践,对农村革命根据地治理的初步探索;到邓小平的"尊重农民的首创精神",启动乡村治理改革,推动村民自治,实现工作重心的转移,得以在全国范围内对农村治理进行全新的实践;再到江泽民"依法治国"与"以德治国"的创新探索,到胡锦涛提出的"社会主义新农村"建设的实践,再到党的十八大以后,中国特色社会主义进入新时代,明确"推进国家治理体系和治理能力现代化"的目标,始终都是一以贯之,党始终致力于组织和引导农民群众参与基层治理,走出了一条具有鲜明中国特色的乡村治理体系现代化之路。可以说,这条中国式的乡村治理体系现代化之路,实现了从一元治理到多元治理的过渡和转变;这条中国式的乡村治理体系现代化之路,实现了从集权管治到多元治理参与的过渡和转变;这条中国式的乡村治理体系现代化之路,实现了从人治向法治的过渡和转变。这些都蕴含着党的初心、国家力量和农民智慧。

第五章　新时代中国特色乡村治理
体系现代化的实现路径

推动新时代乡村治理体系现代化是一项复杂的系统工程。实现新时代乡村治理体系现代化,必须立足新时代村民最新诉求和乡村振兴战略发展的现实需要,坚持党总揽全局、协调各方,建立健全涵盖乡村治理组织体系、内容(自治、法治、德治)体系、运行体系、保障体系四位一体的现代化乡村治理新体系,这是推动实现中国特色乡村治理体系现代化的现实路径。

第一节　新时代乡村治理组织
体系的完善与现代化

推动乡村治理组织体系现代化是实现乡村治理体系现代化的关键。乡村治理组织体系的优化与完善对推进新时代乡村治理尤为重要。客观来说,主导中国乡村发展的是县而不是乡镇,因此,要从整个县政层面考虑中国乡村治理体系的建构,要根据市场经济发展进程重新确定县级政府的功能,再确定乡、村组织的功能。因此,从理念创新与职能强化等方面发挥党的领导核心作用,抓好基层两委班子建设和能力提升是基础,只有这样,才能更好地推进新时代中国特色乡村治理组织体系完善和现代化,具体主要从以下几个方面着手。

一、强化顶层设计

顶层设计解决的是根本性和方向性的问题。新时代推进乡村治理组织体系的优化与现代化,首先就需要顺应农村经济社会结构、城乡利益格局和农民思想观念的不断发展变化的趋势,从战略高度加以重视,从顶层设计上加强组织体系的优化和现代化。对农村基层党建、农村基层民主政治建设、农村社会管理科学水平、乡村治理制度体系等予以重点关注。强化乡村治理组织体系的顶层设计,具体来说,需要把握这样几点。

一是明确总的原则就是坚持党管农村原则不动摇,切实加强党对乡村治理工作的政治领导。尤其队伍建设至关重要,着眼于建设一支"懂农业、爱农村、爱农民"的乡村基层干部队伍,把重视农村、关心农村、发展农村的工作要求落实到机构设置、干部配备、队伍建设上;落实到选优配强村级党组织班子上面,落实到进一步加大向软弱涣散村选派"第一书记"上来,确保农村党支部的领导核心和战斗堡垒作用在实践中得到充分发挥。二是实施"头雁"工程。对此,就要高度重视对农村治理发展带头人的选拔培养,从政策导向到制度支持,为愿意服务村民的农村致富能手、返乡创业人员、农民专业合作组织负责人、退伍军人等提供必要的政策引导和支持,鼓励和支持他们通过相应程序担任村干部,并做好对他们的后续教育培养、管理和使用等工作,不断提高他们在组织农民、带动农民、服务农民,推动乡村振兴、实现共同富裕等方面的工作能力。三是坚持创新驱动发展,不断推动村民自治的完善和创新,通过进一步加强基层群众自治组织建设,完善更为有效的村民代表会议制度,健全更为科学规范有效的村务公开制度,为实现乡村基层自治提供制度支持和保障。四是进一步精简优化乡镇机构和转变职能。要按照实现经济互补、交通便利、历史延续、基础设施共享等要求,划类定镇,合并机构。同时,进一步改革协调乡镇的事权、财权、人权关系,将上级部门派驻到乡镇为"三农"提供服务的事业机构及其人员全部下放到乡镇管理,把"乡政"真正建成统一效能的乡村基层社区政权组织。五是改革乡镇绩效管理,突出责任落实。由乡镇政府牵头,以县市政府宏观经济社会发展目标为指导,根据本乡镇实际情况和辖区内各村委会的意见,自主制定发展指标。在考核内容上,既要考虑经济社会发展的数字指标完成情况,又要考虑公共服务供给能力、社会培育水平和群众公认等各类因素。

二、创新乡村治理理念

实现基层组织体系的优化和现代化,需要坚持理念先行。首先,就要创新乡村治理理念,实践中,坚持以农村基层党组织为核心,切实落实系统治理、依法治理、综合治理和源头治理等新理念。对此,习近平总书记指出:"治理和管理一字之差,体现的是系统治理、依法治理、源头治理、综合施策。"①必须坚持人民中心地位理念,强化以农民为主体的意识,农民的主体地位予以充分尊重,切实加强民主制度建设,从制度上确保农民的主体地位,以制度激励调动广大农民参与乡村基层治理的积极性、主动性和创造性。诚如托克维尔所说:"不扩大人民的思想境界,不让人民摆脱陈规旧套,他们就参与不了公共事务。"②

一是坚持系统治理理念。所谓系统治理,其实质就是要把乡村治理作为一项系统工程来看待,对乡村治理相关事宜进行系统规划、综合部署、不断推进。基于此,基层党组织作为乡村治理的第一线、排头兵,必须树立全局观、系统观,综合利用法治治理、道德约束等来推动规范社会行为、协调各类利益关系、调动各方积极性,汇聚成推动乡村治理现代化的合力。

二是树立以人民为中心的理念。坚持以人民为中心,尊重农民的首创精神,始终把实现好、维护好和发展好最广大人民群众的根本利益作为我们工作

---

① 《习近平关于社会主义社会建设论述摘编》,北京:中央文献出版社 2017 年版,第142 页。

② [法]德·托克维尔:《论美国的民主》(上卷),北京:商务印书馆 1991 年版,第 279 页。

的出发点,尊重群众的主人翁地位,尊重农民的首创精神,乡镇政府要真正摒弃只追求经济增长的政治绩效观,把实现"产业兴旺、生态宜居、乡风文明、治理有效、生活富裕"①作为指导方针,把实现人民的全面发展作为政府的最高追求。

三是树立为人民群众服务的理念。在建设服务型乡镇政府的过程中,乡镇政府及其工作人员要切实摒弃"政府至上"的观念,坚持以人民为中心,牢记"为人民服务"的宗旨,努力奋斗,营造"为人民服务"工作氛围,转变工作思路,实现由管理向服务转变,把工作重心放在为经济社会保驾护航上,放在推动农村社会发展上,为推动乡村振兴、实施乡村建设行动,推动乡村治理体系现代化创造条件,彻底解决现实中建设服务型乡镇政府过程中的思想障碍。

四是树立依法行政理念。依法行政是建设服务型乡镇政府的必然要求。对此就要求乡镇政府及其工作人员摒弃人治观念,强化法治观念,尊重法律法规,严格依法依规行使权力,把政府行为纳入法治轨道,同时,乡镇政府要建立健全履职流程,减少政府行为的随意性,实现政府职能的科学化、规范化、流程化、人性化。

五是树立有限政府理念。乡镇政府是农村治理的重要参与者,是农村公共产品的主要供给者,但是,我们也必须认识到乡镇政府并不是万能的,特别是在社会主义市场经济不断完善的今天,乡镇政府更应该是一种"有限政府"。实践证明:在实际运行过程中,乡镇政府职能过多、控制过多,势必会造成越位、权力寻租等不良现象,导致社会缺乏生机等各种问题。因此,乡镇政府必须在法律允许的范围内履行职责,坚持有所作为,有所不为,才能真正建设为人民服务的乡镇政府。

三、夯实基层组织建设

基层党组织作为党在基层工作的基础和战斗堡垒,推进基层组织体系的

---

①　《习近平谈治国理政》(第三卷),北京:外文出版社2020年版,第258页。

优化和现代化,就要注重夯实基层组织建设。对此,在实践中,切实做到以基层党组织为核心,着力构建规范化、制度化、常态化的群众利益表达、保护和诉求的相应解决机制;着眼于乡村现状和治理现实需要,构建科学合理高效的现代乡村治理组织架构,确保乡村基层党组织发挥其总揽全局、协调各方的核心作用。在我国乡村治理实践中,乡村治理发展与完善都需要在党组织的领导下进行。我们党高度重视基层党组织的建设与发展,强化农村基层党组织的政治领导,推动农村基层党组织在乡村治理中真正发挥其领导核心作用。

随着经济发展和城镇化进程快速推进,大量农村劳动力和部分农村党员转移到城市,一些农村基层党组织面临弱化问题,必须根据新时代农村发展实际和乡村治理需要不断完善基层组织建设体系。《中国共产党章程》第三十二条规定:"街道、乡、镇党的基层委员会和村、社区党组织,领导本地区的工作,支持和保证行政组织、经济组织和群众自治组织充分行使职权。"①从中可以看出农村基层党组织在农村工作中发挥着领导作用,对农村社会事务起到了全面、直接的领导。基层组织是党在农村全部工作和战斗力的基础,肩负着推动科学发展、带领农民致富、维护农村安定团结、密切联系群众重要职责。因此从这个层面上讲,农村基层党组织是我国实现乡村治理体系现代化的战斗堡垒。

一是夯实农村基层党组织建设,发挥党在其中总揽全局、协调各方的领导核心作用。对此需要从以下几点方面予以重视:首先,加大包括新型农村经济社会组织中党的建设工作,使之坚持为农民服务的正确方向始终不变,实现集体经济的不断发展壮大,为实现治理体系现代化提供强大的物质基础;其次,选配好党支部书记,通过部署第一书记、驻村工作队,强化村党支部战斗堡垒作用,解决基层党组"软弱散弱"问题,解决好带头人的问题;最后,切实发挥基层党组织先锋模范作用,树立典范,推动亲身示范,发挥榜样的示范引领力

---

① 《党章党规学习辅导》,人民出版社2016年版,第20页。

量和作用。

二是适应新型农村社区建设要求，创新优化基层党组织设置。党的十九大再次强调"扩大基层党组织覆盖面"①的要求。对此，首先，建立和完善农村基层组织体系，充分发挥各类组织在乡村治理中的积极作用，随着农村经济和社会结构发生巨大变化，有的地方成立了农村经济合作社，党员从业的流动性增强。统筹加强村级组织配套建设，坚持以村党组织为核心，以村民自治组织、村务监督组织为基础，以村集体经济组织和农民合作组织为纽带，以各种经济社会服务组织为补充，互相配合，形成合力。其次，根据党员从业结构的变化和党员流动频繁的特点，探索"村企联建""合村共建""支部+协会""产业党支部"等党建模式，确保基层组织覆盖到农村各类经济和社会组织。既要改变借口维护党组织权威而削弱社会组织自治权力的做法，也绝不允许打着维护自治的旗号而削弱基层党组织的政治权威，廓清党组织与社会组织的关系及其各自的权力和责任边界，消除党的政治领导权与社会自治权相互"吸纳"的"二元悖论"局面。

三是强化农村基层党组织建设的责任与保障。首先，就要始终坚持贯彻落实好"一岗双责"②，推动全面从严治党向基层纵深发展和延伸。以严格落实各级党委特别是县委的主体责任、县乡纪委监督职责为抓手，在工作中严格落实一岗双责，切忌流于形式，走过场。其次，注重优化完善基层党建工作的考核体系，突出县乡党委书记一把手亲自抓，把巡视工作内容纳入班子综合考核和领导干部选拔任用的考核范围并作为重要参考。最后，做好重点整治，整体推进。实践中坚持以组织、队伍、制度、活动、安全建设等具体内容为抓手，做到以乡促村、全乡推进、全县提升，特别是对薄弱分散村的党组织建设切实

---

① 习近平：《决胜全面建成小康社会　夺取新时代中国特色社会主义伟大胜利》，北京：人民出版社 2017 年版，第 65 页。

② "一岗"就是一个领导干部的职务所对应的岗位；"双责"就是一个领导干部既要对所在岗位应当承担的具体业务工作负责，又要对所在岗位应当承担的党风廉政建设责任制负责；也就是一个单位的领导干部应当对这个单位的业务工作和党风廉政建设负双重责任。

做到持续抓、重点抓、一把手亲自抓,务求实效。

四是推进基层党组织制度和作风建设。具体来说,就是严肃党内政治生活,以"主题党日"为抓手,抓好"三会一课"、组织生活会、民主评议党员等基本制度的落地落实,务求实效,力戒形式主义,积极探索提升党的组织生活活力的有效途径和具体办法。落实好《中国共产党党务公开条例(试行)》,使党务村务财务公开推进,及时回应广大党员和群众对自身及集体利益的关切,坚持严格"四议两公开"的程序,对村级重大事项进行决策,确保村民对村级事务的知情权、管理权、监督权能够落到实地。此外,从落实好村干部小微权力清单、坐班值班、岗位目标责任制等日常事的制度常态化、制度化为切入点,做好落地落实工作。建立健全村干部经济责任审计、任期述职、责任追究等制度,实现村级事务的规范化运行。

五是创新农村基层党组织领导乡村治理的有效方式。结合乡村治理实际,不断创新党的组织形式和工作方法,更好地满足乡村治理体系现代化的客观需要。包括:建立与完善农村党员干部与群众有效联系的工作机制,做到党员就在群众身边,群众无小事,只要有问题,党员能够及时了解,并能够帮助解决难题;完善领导干部接待群众走访制度,要主动走入群众,去了解群众诉求和意见,深入群众,疏通乡村治理的创新源头;适应信息化时代发展的需要,加强乡村治理信息化、网络化建设,实现服务手段的现代化,提高乡村治理效率效能。对此就要充分利用"互联网+"等现代科技元素推动乡村治理方式的转型升级,创新和完善服务载体、服务方式、服务机制,使党员和党组织在加强党群联系的过程中,在服务群众的过程中赢得民心。

2019年,中共中央对农村基层工作条例作了新的修订。条例指出,乡村治理的目标:"打造充满活力、和谐有序的善治乡村,形成共建共治共享的乡村治理格局。"①实事求是地说,以习近平同志为核心的党中央对农村基层组

---

① 《党章党规党纪学习辅导(2019年版)》,北京:人民出版社2019年版,第140页。

织建设高度重视,下大力气建设农村基层党组织,把村党支部建设成为坚强的基层战斗堡垒,做到认真落实党要管党、全面从严治党等各项要求,效果显著。特别是在当下,脱贫攻坚取得了决定性胜利,成功实现了全面建成小康社会的伟大目标,并走上了全面建设社会主义现代化国家的新征程。面对乡村振兴战略的实施与乡村建设行动计划,面对满足农民群众日益增长的美好生活需要,党的农村基层组织建设的地位和重要性不容忽视,更需要在推动乡村建设行动、实施乡村振兴实践中发挥基层党组织战斗堡垒作用和党员先锋模范作用。

四、抓好基层党员队伍建设

党员队伍建设是党的组织建设的基础,对此就必须抓好基层党员队伍建设。基层党员队伍建设事关党的执政根基能够稳固,事关党的群众基础能够巩固。提高党的乡村治理能力的关键在人,关键在基层党员干部队伍。在推动乡村治理体系现代化的具体实践中,抓好基层党员队伍建设至关重要,也是实现乡村治理体系现代化的关键所在。具体如下。

一要加强基层党员队伍建设,必须准确完整贯彻党的选人用人制度,政治标准放在首位,注重新鲜血液的注入,积极在青年农民群体中吸收党员,以此带动农村党员整体素质的提高。在与乡村干部座谈时,习近平总书记指出:选好班子和带头人很重要,乡镇岗位锻炼人,你们要同乡亲们一起苦干实干,炼就金刚不坏之身。[1] 2017 年,在党的十九大上,习近平总书记再次明确了"培养造就一支懂农业、爱农村、爱农民的'三农'工作队伍"的特殊重要性。[2]

二要进一步优化党员发展,实现党员总量控制、结构优化与提高质量的有

---

[1] 《习近平视察河南:党员干部要用道德赢人心》,https://news. qq. com/a/20140511/000996.htm。

[2] 习近平:《决胜全面建成小康社会　夺取新时代中国特色社会主义伟大胜利》,北京:人民出版社 2017 年版,第 32 页。

机结合,优化党员构成结构,始终坚持民主、公开、公平的基本原则,积极吸纳农村优秀青年、致富带头人、返乡职工等新鲜血液加入党组织,推动农村党员结构的优化、党员素质的提升,夯实乡村治理的组织基础和人才保障。

三要加强对农村党员干部的教育管理。实事求是地说,一段时间内,农村基层党员教育确实存在制度不严、方法落后、内容单一等问题,没有及时跟上时代步伐,从而给推动乡村治理体系现代化带来一些困难。俗话说,"铁匠需要自己的硬件",对此,就要着力加强村干部教育培训,以组织培训为重点,加强党性教育、法治教育、公务员意识教育,推动"三会一课"、主题党日、谈心谈话、党员联系群众等日常制度的全面落地落实,确保务求实效;加大对干部的选拔和培养力度,激发基层干部活力,着力提升党员干部乡村治理综合能力和素质。利用大数据技术为农村党员建立远程教育网络终端,形成现代教育管理长效机制,开展定期教育培训,有效提高农村党员干部的治理能力和水平。

四要多渠道选拔干部,推动乡村治理干部队伍稳定健康可持续。坚持统筹城乡人才资源,拓宽选拔视野,积极探索优秀书记跨村兼职、政府脱岗任用等方式,以促进村党组织书记队伍的整体优化和完善;加大乡村急需人才选拔培养力度,重点从本村致富能手、外出务工经商人员、本乡本土大学毕业生等群体中发现人才,重点培养。针对各地实际,以解剖麻雀的方式逐一落实、逐村分析,调整优化村党组织书记的构成,推动县级备案管理的创新落实。积极探索并不断完善从优秀村党组织书记中选拔乡镇领导、招聘乡镇公务员等有关机制;着眼于促进农村基层党员干部素质的稳步提高,进一步加大农村干部教育程度和后备干部培养力度,提高村干部的综合素质和成才能力;通过人才招聘、定向培养等不同渠道,做好乡村治理后备干部的建设工作。

五要推动党员日常教育活动常态化。包括建立和实施农村党员定期培训制度,切实加强党的基本理论、基本路线、基本方略和党的宗旨、党的精神、党的纪律和党的基础知识教育,创新农村党员教育组织,加强党员知识技能培训,提升教育效果,建立健全党员创先争优长效机制,发挥党员的先锋模范作用,开展党员承诺、结对帮扶、志愿服务等活动,突出典型,增强党员意识,践行党员是一面旗帜,扩大和规范选拔优秀高校毕业生到基层工作,进一步优化完善第一书记和村工作队制度,全面派第一书记到贫困村、弱分散村和集体经济空壳下调整和充实村级工作队伍,推进村级精准帮扶。

综上所述,新时代乡村治理组织体系的优化与现代化是实现乡村治理体系现代化的关键。强化顶层设计旨在解决的前进方向和战略发展问题;理念决定行动的先导,在坚持以农村基层党组织为核心的基础上,进一步树立系统治理、依法治理、综合治理和源头治理等新的乡村治理理念,确立以人民为中心的理念、为人民群众服务的理念、法治理念、有限政府理念等。在此基础上,以基层党组织建设为抓手,夯实基层组织建设,强化党员队伍建设,从而把党的组织优势转化为推动乡村治理体系现代化的资源优势。

第二节　新时代乡村治理内容体系的完善与现代化

推动乡村治理内容体系的现代化是新时代乡村治理体系现代化的重点所在。新时代乡村治理内容体系涵盖了自治、法治和德治等诸多内容,涉及乡村经济、政治、文化、社会、生态文明和党的建设等不同领域。就其内容来说,无疑推动乡村治理内容体系现代化是一项系统工程。在这一体系中,自治是实行社会主义民主的基本要求,法治是推动国家治理现代化的基本要求,德治是传承中国传统文化的现实需要,"三治合一"形成中国特色乡村治理新体系。加强和完善自治、法治和德治"三治合一"的乡村治理现代化体系,也是新时代实施乡村振兴战略、推进国家治理现代化的现实需要。

一、乡村自治体系的优化与现代化

村民自治是中国特色社会主义民主政治的重要内容。村民自治也是当下乡村治理的基本载体,是我国基层民主政治的重要组成部分,是村民直接参与社会主义民主政治建设的主阵地和乡村治理的直接载体。作为国家治理体系与乡村治理体系建设的重要组成部分,村民自治经过 40 多年的实践探索与发展,村民自治逐步形成了决策权、执行权和监督权适度分离而又相互制约的结构体系,推动了农村基层政治生态的健康发展。

在庆祝中国共产党成立 100 周年大会上,习近平总书记庄严宣布:"在中华大地上全面建成了小康社会,历史性地解决了绝对贫困问题,正在意气风发向着全面建成社会主义现代化强国的第二个百年奋斗目标迈进。"[①]当然,鉴于中国特色社会主义进入新时代,特别是随着乡村基层社会政治经济社会结构都发生了历史性的深刻变化,乡村治理中的经济、政治、社会、生态等情况也出现新的重大变化。推动基层群众自治制度不断优化,进一步提高农民自我管理和自助服务水平,无疑尤为紧迫,对此就是要努力构建以政府为主导,公众、民间组织、事业单位和民间机构共同参与的多元民主协商治理机制。

首先,把村级党组织作为乡村自治体系的核心。对此,习近平同志指出,村民自治"是党的领导下的自治。村民自治不能脱离党组织的领导,不能把村民自治与党的领导对立起来。只有依靠党的领导,才能真正体现村民的意志,才能实现村民自治,才能保证村民自治沿着健康的轨道不断发展。"[②]对此,习近平总书记也为此给出了具体要求:要把农村基层党组织建设成为落实党的政策、带领农民致富、密切联系群众、维护农村稳定的坚强领导核心。[③]坚持党的领导,可以有效抑制农村社会的消极因素,保证农村社会的一体化进程的稳步推进,因此,坚持以党的领导为核心的基层群众自治制度不可

---

① 习近平:《在庆祝中国共产党成立 100 周年大会上的讲话》,北京:人民出版社 2021 年版,第 2 页。

② 习近平:《摆脱贫困》,福州:福建人民出版社 1992 年版,第 120—121、119—121 页。

③ 《加大推进新形势下农村改革力度 促进农业基础稳固农民安居乐业》,《人民日报》2016 年 4 月 29 日。

动摇。

其次,完善村民自治运行体系。作为联系政府与农民的纽带,村民自治组织的作用发挥,一方面,既需要坚持农民治理主体地位,另一方面,更要创新村民大会的具体运行体制机制,目的在于使村民大会或村民代表大会的决策权、村委会的执行权,以及监委会的监督权能够得到切实保证,并且确保三者的有机统一。具体来说,主要包括这样几个方面:一是创新村民自治服务体系。特别是党的十九大以来,中央进一步明确了农村土地承包再延长30年不变,继续稳步推进农村土地"三权分置",推进农村经营主体多元化。对此,就需要根据农村各类经营主体,特别是小农户和新型农业经营主体的客观现状和发展需要,建立健全村民自治组织服务体系,更好地服务各类经营主体,盘活农村各类闲置资源,汇聚形成乡村振兴发展的合力。二是构建村民自治评价体系。目前,一些地方客观上确实存在村干部"干好干坏一个样"的不良现象,民主评议不规范、不科学、不准确现象并不少见。对此要建立以广大村民为主体的村级治理评价机制,以村民评价为约束和激励,推动村民自治组织的标准化、规范化和科学化发展。

最后,加强农村基层自治组织的培育建设和服务。客观来说,一段时间内,我国农村面临着空心化、农民个体化、社会组织松散化不断加速的趋势,城乡二元差距一度不断扩大,乡村治理面临的人才压力日益凸显。对此,应高度重视农村基层社会组织的培育和服务管理,具体如下:一是重点培育农村社会自下而上的内生自治组织。通过加强自治组织的建设,重建农村社会团结,提高农村社会治理能力,二是注重激发社会组织活力,充分发挥社会组织在动员群众,特别是农村基础设施建设中的优势,使社会组织能够成为乡村基层政府的有力帮手;三是做好相关转化工作。切入点就是对现代村落和宗族组织进行有效整合,进一步巩固村民对乡村社会的认同感和归属感,推动乡村传统与现代的有机衔接,重构新时代乡村社会之伦理,推动乡村治理的和谐有序稳步发展。

综上所述,基层群众自治制度是基于自我管理、自我教育和自我服务的基础上,是实现全过程人民民主的基础和具体实践。不可否认,由于村民自治制度的探索性,以及转型期农村利益关系的调整、农民思想观念转变等复杂因素的影响,村民自治也遇到了问题,更需要在实践中发展完善,从而真正实现全过程人民民主在乡村的落地落实。

二、乡村法治体系的优化与现代化

如何实现乡村治理法治体系的优化与现代化呢?无疑,重点在于干部队伍的法治意识、村民法治宣传与教育、依法管理乡村事务等。具体主要从以下几个方面展开。

一是坚持党的领导,把党的领导贯彻落实到依法治国全过程和各方面。建党百年来,建国 70 多年来,特别是改革开放 40 多年的实践表明:只有坚持党的领导,才能最大限度地推进乡村治理体系现代化;只有坚持党的领导,才能保障乡村治理法治化;只有坚持党的领导,才能发挥党总揽全局、协调各方的作用,才能更好地调动各方积极性、主动性和创造性,投入到乡村治理法治化进程中去。

实现乡村治理法治化的前提是坚持党的领导。党的十八届四中全会对基层党组织作用的发挥提出了进一步的要求,在推进全面依法治国实践中,使基层党组织的战斗堡垒作用得到切实发挥,重点是对基层干部普遍深入开展依法治国理念教育,切实增强依法治国意识,提高依法办事能力。要牢牢把握依法治国的总体要求,真正把依法治国落到实处,就必须全面推进基层党组织建设,着力建立健全重心下移、力量下沉的法治工作机制,这样才能取得实际效果。党的十九大明确肯定,必须把党的领导贯彻到法治的全过程、各个环节,确认了全面依法治国是中国特色社会主义的本质要求和重要保障。正如习近平总书记所指出:"党的领导是中国特色社会主义最本质的特征,是社会主义法治最根本的保证。坚持中国特色社会主义法治道路,最根本的是坚持中国共产党的领导。"①

二是坚持法治思维,进一步完善村民自治法规体系。在依法治国基本方略指导下,遵循法治思维,将乡村治理纳入法治化的轨道,这是乡村治理中最根本、最全局、最长远的问题。党的十八届四中全会对此也明确了依法治国在实现国家治理体系和治理能力现代化进程中的地位和作用。历经十年试运行而最终正式通过的《中华人民共和国村民委员会组织法》②就是村民自治的科学规范运行的基本法律规范和依据,事实上,作为一种权力制衡的治理结构,农村村民自治并不能被村委会取代,村民代表大会和村务监督委员会的作用同样不容忽视。当然,在村民自治的发展过程中,也会出现一些普遍性的问题,这就要求国家和地方有关村民自治的立法需要与时俱进,通过进一步完善村民自治法律法规体系,明确村民代表会议、村委会、村务监督小组等治理主体之间的关系,并对各自的责任、权利等作出明确详细规定。在党的领导下,通过完善村民自治法规体系,从而实现村民代表会议、村民委员会、村务监督委员会各司其职、相互制衡、相互配合、协同治理的乡村治理新模式真正落地生效。

三是坚持培育法治意识,落实法治治理。"法治为国家治理注入良法的基本价值,提供善治的创新机制"③,必须提高农村基层各个治理主体的法治

---

① 习近平:《加快建设社会主义法治国家》,《求是》2015 年第 11 期。

② 《中华人民共和国村民委员会组织法》是为了保障农村村民实行自治,由村民群众依法办理自己的事情,发展农村基层民主,促进农村社会主义物质文明和精神文明建设,根据宪法制定的法规。由第九届全国人民代表大会常务委员会第五次会议于 1998 年 11 月 4 日修订通过,自 1998 年 11 月 4 日施行。2018 年 12 月 29 日,第十三届全国人民代表大会常务委员会第七次会议通过全国人民代表大会常务委员会关于修改《中华人民共和国村民委员会组织法》的决定。这部法律在很大程度上对村委会的产生、职责和运作做了最基本的规范和要求。村民委员会是村民自我管理、自我教育、自我服务的基层群众性自治组织,实行民主选举、民主决策、民主管理、民主监督。村民委员会向村民会议、村民代表会议负责并报告工作。我国的村民自治机制实际上是一个包括决策权、执行权、监督权在内的完整制度,当然,这也是一种包括村民代表会议、村委会、村务监督小组在内的权力制衡机制,围绕民主选举、民主管理、民主决策、民主监督四个方面,进一步推动村民自治制度化,努力形成保障村民自治健康发展的合力。

③ 张文显:《法治与国家治理现代化》,《中国法学》2014 年第 4 期。

意识和依法治理能力。对此就要出台有力措施,强化学习教育,要通过法治教育、培训,把农村各项工作纳入法治化轨道。基层干部首先要加强自身法治建设,通过学习法律知识,准确把握中国特色社会主义法律体系,再辅以典型案例、具体事件的剖析学习,从而实现在实践工作中,能够做到时时处处遵纪守法,让法治思维融入到自己的思想上、行动中去,使运用法治思维、法治方式推进农村各项工作成为一种自觉的行动。曾经有一段时间,农民上访、农村群体事件频发,究其原因,一方面,多数是由于暴力执法造成的;另一方面,由于农民的法治意识薄弱,很难拿起法律的武器来保护自身利益也是一个重要原因。习近平同志强调:"乡村法治需要农民的真正认同","农村法治宣传教育重在培育法治观念"①,"加强普法教育,特别要加强同保障农民群众切身利益紧密相关的法律法规的宣传教育,使农民群众增强法治意识和自觉履行义务的意识,积极引导农民群众以理性合法的形式表达利益诉求"。② 针对这一点,习近平同志指出:"要从农村的特点出发,创新载体,扩大覆盖,注重针对性和有效性,切实抓好法制教育。"③对此,在实践中,就必须将法治教育内化为村民生活的内容,使法治思维内化为他们日常生活的具体思维方式,这样才能减少村民使用法律以外的形式来表达其个性化诉求的空间,从而形成全民守法的良好氛围。

四是完善乡村法律服务体系。法治在保障村民自治权利、落实惩罚救济上的作用是其他工具所无法替代的。村民在法律范围内享有村庄公共事务和公益事业自主自治的权利,宪法与相关法律规范对此也有相应的明确规定,但也不否认当前涉及乡村治理的相应法律法规还存在规定相对宽泛、实操性不强的现象,这也正是造成治理主体失范行为的原因所在,如对村民会议的法律

---

① 习近平:《干在实处 走在前列》,北京:中共中央党校出版社 2006 年版,第 323—324 页。

② 习近平:《干在实处 走在前列》,北京:中共中央党校出版社 2006 年版,第 323 页。

③ 习近平:《干在实处 走在前列》,北京:中共中央党校出版社 2006 年版,第 181 页。

地位、村干部选举的规则流程、乡镇政府财政公开等事项的相关规定的实操性不强的问题，以及与之匹配的乡村法律教育、乡村司法体系，都亟须同步推进予以配套。对此，就要着力构建以乡村司法机构、民间调解机构为依托的社会纠纷解决机制。充分挖掘乡村司法机构、民间调解机构的纠纷解决功能，切实对农村的制度资源进行再整合，推动国家法律法规制度和乡村习惯二者之间形成有效良性互动，无疑这对村民改正陋习、遵守法律、形成法治理念将大有裨益。

固化制度成果。及时总结法律实践中的成熟经验，条件成熟后，及时上升为制度和工作规范予以固化，实现制度成果的与时俱进。当然，在具体工作实践中，还需要注意采取有力措施，加大基层工作所需法律人才的引进和培养，落实合法性审查机制，从源头上杜绝违法行为的发生；在决策上，做到程序合法、过程公开、内容合法，使党务、政务活动始终在党规法规内进行。

三、乡村德治体系的优化与现代化

一方面我们高度重视法治在推动乡村治理中的保障作用，但另一方面，我们也不能忽视道德在乡村治理中的特殊价值和作用。习近平总书记强调指出："要大力培育和弘扬社会主义核心价值体系和社会主义核心价值观，加快构建充分反映中国特色、民族特性、时代特征的价值体系。"[1]只有通过乡村德治来进一步涵养法治精神，真正的乡村法治才能够建立起来，否则，农村自治将成为无本之木、无源之水。在中国特色社会主义新时代，农村社会虽然正在发生转型，但仍具有熟人社会的基本特征，风俗习惯在人们行为的规范和评价中仍发挥着不可替代的作用。通过伦理上的约束和规范人们的行为，让人们自觉遵守和维护一定的社会秩序，最终以德实现善治，是我国千百年来乡村治理实践的精髓。

---

① 《习近平谈治国理政》，北京：外文出版社 2014 年版，第 106 页。

德治既是自治和法治的有益补充,又是乡村治理的重要手段。德治是灵魂,就需要大力加强乡村思想道德建设,培育社会主义核心价值观,融入时代元素和新的时代风尚,推进农村精神文明建设,不断丰富农村文化生活,推进德治建设,要充分挖掘和积极运用农村熟人社会所包含的伦理道德等非正式制度,建立和有效运用道德激励约束等机制,促进形成农村良好的道德风气和发展环境。德治是乡村治理体系实现现代化的价值支撑,没有农民道德意识的普遍提升,我们所言的乡村善治也只能是镜中花、水中月。

党的十九大提出乡村振兴的目标之一就是实现乡风文明。面对现代化浪潮的冲击与洗涤,改革开放进程中农村传统观念日益受到冲击,在一些地方,农村物质主义、拜金主义等不良思潮日益抬头,一些地方甚至出现了道德迷失和良知迷茫的现象,个别地方甚至迷信盛行。显然,这与乡村治理体系现代化的目标是背道而驰的,不利于乡村治理体系现代化的实现,不利于乡村振兴目标的实现。对此,在农村要进一步聚焦社会主义核心价值观建设,聚焦乡风文明建设,聚焦农村公共文化建设,着力解决农村、农民思想道德领域方面的突出问题,这就需要大力弘扬真善美、贬斥假恶丑,着力推动构建崇德向善、见贤思齐的乡风,特别是针对现实实践中存在的突出问题,切实发挥基层党组织的领导核心作用,坚持用自治去激发活力,靠法治去定分止争,用德治来实现春风化雨,加快形成自治为基、法治为本、德治为先的"三治"一体的乡村治理新格局。对此,就要大胆创新乡村德治实践,构建具有中国乡村特色、符合中国乡村实际、体现中国深厚传统文化的乡村德治新体系。

一是切实加大培育和践行社会主义核心价值观力度,推动新时代文明实践活动做到走深走实、务求实效。新时代对培育和弘扬社会主义核心价值观也提出了新的标准和要求,充分吸收传统村落中蕴含的乡村治理智慧,充分汲取地域文化蕴藏的乡村治理智慧,结合时代要求进行再创新,推动优秀传统文化的转化创新成为当务之急。乡规民约中要充分体现社会主义核心价值观,让村民用自己制定的价值规范进行自我约束,并做到内化于心、外化于行。实践中,要根据乡村实际和现实,在教育引导、文化熏陶、舆论宣传三者有机结合中,把培育践行社会主义核心价值观融入其中。

二是抓好农村传统文化教育,塑造新型农村伦理道德。把培育社会主义核心价值观与继承中华民族优秀传统两者结合起来。传统美德是乡村的精神寄托,特别是我国悠久的历史文化传统中富含丰富的传统美德,如不少家书家训是修身治家、为人处世的精华,是传统美德的重要载体。对此,要有效充分利用这些宝贵资源,通过"读家书、学家训"等活动,让村民在接受优秀传统文化中实现心灵净化。积极开展风俗改变行动,全面推进红色文化教育传承,深入宣传道德模范和身边好人的典型事迹,推动丰富的传统德育文化、红色文化和宝贵的文化遗产的互动互融,使之成为推动乡村治理体系现代化的新鲜资源,在互促共融发展中,融入社会主义核心价值观,写入村规民约,有效整合各类社会价值观,形成新的社会道德标准,做到以此自我约束、自我规范。

三是加强农村个人诚信体系建设。首先,明确一个基本原则,那就是坚持用正面引导和加大违约成本惩处相结合的方针,对信用良好、失信严重、严重失信的个人采取区别对待的政策,信用好则可享有更多的服务和便利,而严重失信构成违法必须承担相应的法律责任。其次,加强道德约束,注重典型引领、示范带动,营造良好的社会风气。坚持以正确的价值观取向和舆论导向为引导,深入开展模范评选实践活动,以榜样的力量、美德的力量鼓舞带动村民践行社会主义核心价值观,自我约束、自我规范。第三,推动农民开展自我教育,以自己身边的人、身边的事开展自我教育。如目前农村开展"星级文明户""爱亲睦邻户",以及"好媳妇　好婆婆"等身边模范的评选活动,推动文化乡村,鼓励乡村文化创新,以快板、小品、说唱等形式进行大力宣传,从而助力形成向善向好的乡风民风。

四是加强农村文化建设。将德治理念融入乡村治理实践中,形成村内共同的价值标准,塑造乡村精神共同体,重建村民之间的精神纽带,增强村民对村庄的认同感和归属感,维护正常和谐的村庄秩序,使乡村不仅在物质生活上实现富裕,而且使乡村群众在文化层面、精神层面同样享受到与物质生活相匹配的精神生活。对此,就要在推进乡村德治实践进程中,切实把社会主义核心价值观与地方传统实现紧密相结合、无缝对接,基于此形成广泛认同的乡村社会基本规范,以更好地促进德治工作的顺利推进。为实现这一目标,就要切实加强乡村道德文化建设,弘扬团结互助、勤俭节约、和谐共处等中华民族的传统美德,以社会主义核心价值观为指导推动乡村道德文化的建设,还要做到与科学、文明、民主、法治等现代观念相结合,利用好乡规民约等非正式制度,发挥道德教化作用,使德与法相辅相成、相得益彰,共同助推乡村文化建设。

综上所述,自治、法治、德治是一个有机的整体,共同构成三治合一的现代乡村治理新体系。德治是法治和自治的基础,法治是德治和自治的保障,自治是德治和法治的目标。健全自治、法治和德治相结合的现代乡村治理新体系,必须发挥基层党组织的领导核心作用,在完善以村党组织为主导的村民自治制度的基础上,进一步加强农村基层基础工作,健全村民自治制度。探索乡村治理新模式,还必须发挥各类社会人才、新乡贤等群体在乡村治理中的作用,完善村级自治组织,重建村级管理秩序;当然也需要加强乡村法治建设,引导广大农民自觉守法用法、用法维护权益;大力推进农村精神文明建设,弘扬优秀传统文化和文明时尚,依靠村规民约,表扬善行、谴责不道德行为、唱响主旋律、培育新时尚,三者相辅相成、相得益彰,形成合力,避免各自分开导致单一治理方式的单薄与内在不足。通过"三治"协同达到了治理效果倍增的复合效应,才能更好地推动实现乡村善治的现代乡村治理新体系。

第三节　新时代乡村治理运行
体系的完善与现代化

任何一场乡村治理的创新和变革同样需要有一定的制度支撑和保障。在政府职能、体制机制、具体运行制度等方面推动乡村治理运行体系的优化和现代化是新时代乡村治理体系现代化的具体载体。从乡村治理运行维度来看，乡村治理体系的运行维度连接着乡村治理主体维度和规范维度，也是从动态角度解决如何实现乡村治理体系现代化的问题，具体包括规范的制定、执行以及监督多个环节。具体地说，新时代乡村治理及其创新，其制度供给者主要是中央和地方党组织、权力机关和行政机关。换句话说，就是新时代中国乡村治理变迁的制度依据，首先源于顶层设计的全国性制度安排，其次源于地方政府的法规和政策，它们共同构成乡村治理运行的基本架构，这也是实现自治、法治和德治"三治合一"的现代乡村治理新体系的具体载体。推动新时代乡村治理运行体系的完善与现代化，具体从以下三个方面展开。

一、规范政府职能与设置

实现乡村治理体系现代化，无疑就需要实现各乡村治理主体具备相应的能力，而乡村治理主体之一就是政府。对此，对政府职能与设置尤其需要科学规划与设计，切实做到"授之有据、行之有规、错之有责"，把权力关进制度的笼子，规范国家权力进入乡村社会。推动乡村治理运行体系的完善和现代化，就要进一步规范政府职能设置，对此，就需要从以下几个方面着手。

一是优化精简乡镇机构，进一步推动其职能转变。首先，适时开展科学划类定镇，精简合并机构，提升办事效率，基本原则就是按照实现经济互补、交通便利、历史延续、基础设施共享等。其次，推动其职能转变，对乡镇的事权、财权、人权进行优化改革调整，实现事权、财权、人权的有机匹配，将上级部门派驻到乡镇为"三农"提供服务的事业机构及其人员全部划归乡镇直接管理，从而把"乡政"真正建成统一效能的乡村基层政权组织。

二是改革乡镇绩效管理。乡镇政府一方面以县市政府宏观经济社会发展目标为指导，另一方面还要具体分析本乡镇的实际情况，并听取吸收辖区内各村委会和广大群众的意见和建议，自主制定发展指标。在考核内容上，破除唯指标论，改革乡镇绩效管理评价指标体系，突出责任落实，既要考虑经济社会发展相关数字指标的完成情况，又要考虑公共服务供给能力和群众公论。

三是试点推行乡镇有限自治。以干部人事制度改革为切入点，在一些条件成熟具备有限自治的乡镇，进行试点，逐步推行乡镇长直接选举和乡镇党委书记推选方式的创新与改革，使乡镇享有更多更丰富的治理权、决策权，以便能够更好地履行公共安全、土地管理等最基本的社会公共事务功能。通过改革将属于市场和社会的有关功能进一步剥离，使乡村关系从以国家权力为主实现围绕农民和市场展开的转变，从根本上抑制乡镇政府对村庄社会等各类资源无偿占有的内在冲动与能力，减少行政执行的外溢性后果，真正还乡镇基层社会自我发育的一片"净土"。

四是主要包括赋予乡镇政府明确的行政执法权，明确、规范执行主体的职责和范围。制定基层政府在乡村（农村社区）治理方面的权责清单。以便民服务为宗旨，对公共服务和行政审批职责进一步整合与优化，推行线上线下服务相结合，落实"一门式办理""一站式服务"的综合服务平台与在村庄普遍建立网上服务站点相配套，打造科学合理规范有序充满温情的乡村便民服务体系；对服务性、公益性、互助性的农村社会组织给予大力支持和培育，拓展农村社会工作和志愿服务；落实农村基层减负工作，集中精力做好回归主业主课。

五是完善村级工作体系。明确村党组织和村委会的地位、职责和作用，完善议事规则，明确讨论决策的内容、程序和方式，完善村级事务决策制度，坚持"四议两公开"工作方式，落实村级资金、合同、账户、公章"四监管"制度，进一步明确财务资产管理内容和方式，规范财政支出以及集体资源资产的承包、租赁、参股、转让等手续；健全和完善党和村务财务公开制度，推进"阳光党务""阳光村务"和"阳光财经"，明确公开内容，规范公开程序，创新公开方式，提高村级事务透明度和群众参与度，涉及农民利益的重大问题和群众普遍关心的问题要及时公开。

二、创新多元协同治理运行机制

推进乡村治理运行体系的完善和现代化,必须构建多元协同治理运行机制,推动社会治理重心向基层下移,才能确保乡村治理体系现代化的成效与实现。特别是在新时代,面对工业化、城市化、市场化的加速推进,面对我国乡村治理出现的一系列新情况新问题,面对曾经一度加大的城乡二元化发展趋势,其后果是严重的,如"农村空心化"现象的出现并一度加速,这些都给新时代实现乡村治理体系现代化带来新的挑战,而且这与新时代推动国家治理体系和治理能力现代化的目标要求是背道而驰,必须妥善加以解决。构建起多元协同治理运行机制。对此,需要从以下几个方面着手。

一是创新多元协同治理运行机制,首要的就是要坚持党的领导,切实发挥好基层党组织在农村各类经济组织、社会组织中的领导核心作用;其次,在进行乡村治理时,必须充分发挥政府以外的包括乡村社区自治组织、民间组织、社会机构等在内的多元治理主体在公共事务治理方式方法上的优势,充分发挥它们"上情下达"和"下情上达"的特殊优势。通过这些组织,可以将农村各种力量吸纳到乡村治理体系中来,从而推动乡村治理主体的多元化,充分整合行政、经济、文化、法律等手段,在达成参与者共识、共同利益和公共认同的基础上进行立体联动,实现共赢目标,使乡村治理更加科学高效。

二是创新多元协同治理运行机制,就要以基层群众自治组织为抓手,着力提升治理成效。一般来说,通过组织化途径实现有效利益的表达,这是社会个体在多元化社会中的一种理性选择。对此,首先,就是要进一步创新并完善村民自治组织民主制度,着力构建规范有序、充满活力的乡村治理体制机制,强化基层自治体系建设,依法开展村民自治实践,探索村党组织领导的村民自治有效实现形式,深化农村社区建设试点工作,完善多元共治的乡村社区治理结构。其次,在充分发挥乡村社区作为基层群众性自治组织平台载体的基础上,着力构建矛盾化解体系建设、治安防控体系建设、社区服务体系建设三大体系的建设,提升治理成效和水平。最后,要充分利用乡村社会组织的发展及其所拥有的功能性社会资本的积极作用,使之在弥补公共服务供给危机、整合并增加有限的治理资源、提升村庄博弈能力、重建乡村秩序、促进社会融合等方面切实发挥其特殊的作用,使之成为推进乡村治理体系现代化的一个重要选项。

三是创新多元协同治理运行机制,优化并完善乡村综合治理机制。第一,加强乡村社区规范化建设,强化社区职能;第二,改革社区政务服务机构设置,探索推行"大部制",推进乡村社区综合服务中心建设,优化社区规模和服务空间;第三,加强对现有农村社会组织的改造,促使其形成法人治理体制。以章程为核心构建起多元、独立、自愿和民间的理事会治理框架,健全决策权、执行权和监督权分离并彼此协调的运行机制,形成边界清晰、分工合作、平衡互动的内部结构关系,增强其功能的延展性。第四,建立系统灵活的乡村社会组织整合协调机制。可以借鉴英国等监管社会组织的经验,成立国家民间组织监督管理委员会并垂直到县市,行大部制建制与职能,定位于以全社会全行业的视角对不同村镇具有同质化色彩的社会组织进行机构和功能整合,扶大做强,就要推动各类社会组织积极参与乡村治理。

三、完善乡村治理监督机制

民主监督是基层群众自治制度的重要内容。对于乡村治理体系现代化而言,民主监督是其中不可或缺的重要一环,也是民主选举、民主决策和民主管理有效运行的强有力保障。缺失了监督权的基层群众自治也是不完整的群众自治。推动乡村治理运行体系的完善和现代化,就要不断完善乡村治理监督机制。对此,就需要从以下几个方面着手。

一是强化民主监督制度自身建设。首先,适应城乡人口双向流动不断扩大的现实和趋势,推动民主议事制度的进一步完善,就需要积极探索户籍村民和非户籍常住村民如何参与基层民主管理的有效途径,确保其参与基层民主政治的合法权利。其次,进一步规范乡镇对村民自治的指导和监督。乡镇政府对村民委员会的指导和监督行为必须在相关法律的框架内依法进行,其关系是指导与被指导的关系,而不是领导与被领导的关系;实践中,依法确实需要委托村级组织开展相应工作的,就要在经费上切实给予保障。

二是完善村民监督委员会的有效运行机制。完善村民监督委员会,从人员组成、职责权限、监督内容、工作方式、管理考核、组织领导等方面进行细化完善,构建科学规范运转高效的村民监督委员会运行机制。主要包括:完善村级监督体系建设,按照"三治合一"总体思路,整合对内对外监督主体,依托国家监察体制的改革,加强对村民委员会、乡村其他自治组织的监督,在法律法规或政策中明确乡村自治组织的监督地位;强化制度规范,在村务管理方面,强调以制度规范行动,通过村务公开制度、民主评议制度等实行具体监督,建立多层次立体化的监督体系,构建群众、党员、村干部和乡镇领导四级监督机制;落实重点监督,进一步加强和规范村级财务管理,重点是村务公开和民主理财,加强对农村集体财务的审计与监督,对村干部落实任期和离任经济责任、村级债权债务等进行专项审计,重点审计村集体土地征收补偿、涉农财政资金等项目,在村级财务管理、村务运作方面尤其应当保证村民对其监督。具体说来,应由村两委中的不同成员分别掌握村级财务支出的审查、审核及审批权力,且允许村民群众随时查阅财务台账,重大支出及时公示,确保基层农民群众的决策权、参与权、知情权与监督权能够落到实处。

在体制机制方面要首先实现优化与现代化,对村两委的具体职责和界限予以厘清。在村民自治实践中,鉴于村党支部与村民委员会之间的责任与权限在实际运行中还缺少详细具有可操作性的法律条文予以明确细化,由此曾一度带来村两委之间的关系紧张,甚至个别地方一度出现村务管理陷入空转瘫痪之境地。对此,就必须在实践中明确村党支部的领导地位,对村委会的执行职能规范予以确认,构建职责明确、分工合理的村两委协同运行体系本就是村民自治的题中应有之义。

综上所述,新时代乡村治理运行体系的优化和现代化是实现乡村治理体系现代化的具体载体。乡村治理运行体系连接着乡村治理主体和客体,乡村治理运行体系也是从动态角度解决如何实现乡村治理体系现代化的关键所在,涵盖了治理规范的制定、执行以及监督等多个环节。既需要从顶层设计规范好政府职能设置,又需要推动构建多元协同治理运行与监督机制,构建起科学合理运转高效的乡村治理运行体系,从而为实现乡村治理体系现代化提供强大的制度支持和保障。

第四节　新时代乡村治理保障体系的完善与现代化

推进乡村治理保障体系的完善和现代化是新时代乡村治理体系现代化的依托和保障所在。新时代中国特色乡村治理保障体系主要从组织、体制机制、法治、财力、人力等方面予以保障,助推实现乡村治理体系的现代化。其中,基层组织保障是核心,制度保障是载体,法治保障是底线,经费保障是基础,人才保障是关键,几个方面相互衔接和补充,形成合力共同保障助推实现乡村治理体系的现代化。

一、乡村治理的组织保障

在推进乡村治理保障体系的完善和现代化进程中,组织保障是核心。推动乡村治理保障体系的完善和现代化,就要坚持党的领导核心。对此,就需要从以下几个方面着手。

首先,强化乡村治理的组织保障,必须坚持党的全面领导,进一步完善乡镇人大代表、村民会议代表制度,强化以基层党组织为领导核心,以村民自治组织和村务监督组织为基础,以集体经济组织和农民合作组织为纽带,以其他经济社会组织为补充的乡村基层治理组织保障体系的建设,更好发挥好党在乡村治理中总揽全局、协调各方的作用。

其次,夯实乡村基层党组织建设,着力打造服务型党组织。通过这一举措,实现化基层党组织的组织资源优势为推动乡村治理体系现代化的现实资源优势,这是实现乡村治理体系现代化的政治保障。具体主要从以下几个方面入手:一是坚定人民立场。乡村治理也不例外,坚持问题导向,一切工作都要立足于急群众之所急、想群众之所想,破解群众关心的问题难题,解答群众的困惑,真正解决广大农民群众的日常操心事、烦心事、揪心事,做群众的贴心人。二是适应信息化时代的发展变化,借助网络、信息化平台等现代科技,推动农村基层综合服务的信息化、便利化,实现服务群众方式与手段的现代化,以信息化带动服务群众的提质增效,实践中把服务群众、做好群众工作的意识转化为做好服务群众工作的强大动力。三是创新乡村基层党组织建设,构建农村网格化治理新格局,实现农村基层党组织全覆盖。创新基层组织设置方式,实现支部、党员嵌入网格,以网格化治理为载体,以社会化服务为依托,落实党员联系服务群众工作机制,确保社情民意沟通渠道的畅通及时高效,从而真正把广大农民群众团结在党的周围。

二、乡村治理的制度保障

在推进乡村治理保障体系的完善和现代化进程中,制度保障是依托,也是载体。推动乡村治理保障体系的完善和现代化,就要重视推进乡村治理制度建设。对此,需要从以下几个方面着手。

首先,重视制度建设。正如邓小平所指出:"不是说个人没有责任,而是说领导制度、组织制度问题更带有根本性、全局性、稳定性和长期性。这种制度问题,关系到党和国家是否改变颜色,必须引起全党的高度重视。"①乡村治

---

① 《邓小平文选》(第二卷),北京:人民出版社 1994 年版,第 333 页。

理的发展也不例外,推动乡村治理体系现代化的重要保障就是要有制度保障。当然,我们说制度的变迁和实践是一个历史的过程,乡村治理的制度也经历了由不完善到逐步健全完善的过程。

其次,坚持基本制度。乡镇人民代表大会作为我国人大体系的基层机构,在保障基层农民群众当家作主权利、维护农民群众合法权益方面有着独特的优势和作用。具体可以从两方面加强:一是提高乡镇基层人大代表的代表性。加强人大代表同农民群众之间的联系,探索人大代表常驻基层联系群众制度,多倾听普通群众的声音。事实上,当前乡镇人大代表中不乏一些农村优秀分子。二是要提高乡镇人才代表中农民代表的比例。作为一个农民人口众多的国家,尤其是乡镇基层政权直接面对农村,直接与农民群众打交道。对此,通过提升农民代表的比例,可以更好地维护广大农民群众的民主权益,提升农民群众的政治参与的积极性和有序性。

最后,创新具体制度。新时代中国特色乡村治理体系现代化,首先在主体上对村民管理自身事务的主人翁地位给予法律上的认定,在方式、方法上明确了自治、法治和德治"三治"合一的具体路径。无疑,这一创新既适应全面依法治国,建设法治国家、法治政府和法治社会的时代要求,而且尊重了德治传统文化在中国乡村治理中延续的历史传统这一事实。乡村治理的制度保障涵盖了乡村治理过程的各个环节方面的制度,在坚持中实现创新,在创新中推动发展,如基层群众自治制度,通过优化村民自治的内部组织机制,激活村民自治的内生动力和治理效能,改变了自治单元过大导致的村民自治"无社会"问题,改变了基层组织弱化引发的村民自治"无组织"问题,改变了利益表达困境带来的村民自治"无主体"问题。再如关系到乡村基层群众利益的具体制度,如土地制度,要加快以土地为核心的确权进度,做到真正赋权于民。从包产到户到土地确权,中国乡村改革的实践已经证明:"三农"问题之根本,在于集体制下的农村土地产权再界定,这是核心和关键所在。此外,关于产权改革的行动方向,党的十八届三中全会对此高屋建瓴地指出:"产权是所有制的核心。健全归属清晰、权责明确、保护严格、流转顺畅的现代产权制度。"①党的十九大对此也做了进一步的明确,指出:"经济体制改革必须以完善产权制度和要素市场化配置为重点,实现产权有效激励、要素自由流动",并提出"完善承包地'三权'分置制度"②之具体改革思路。其最终结果就是要做到土地确权到户并长久不变,这一举措与创新实际就为更大规模的要素流动、转让、重组、再利用创造了前提条件。虽然这是包产到户改革的继续,但它是比包产到户更为深刻的改革③,从而回归到其提供公共产品与公共服务的本来属性。

三、乡村治理的法治保障

乡村治理保障体系中,法治保障不可或缺,也是底线。一般来说,乡村治理法治保障建设可以分为两个系统:软件系统和硬件系统。乡村治理法治保障之软件系统保障:软件系统主要包括农村基层法治文化建设、法律知识的教育学习,以及普法宣传等方面的工作。如何推动法治软件系统建设呢?笔者认为,应该主要从以下几个方面着手。

一是加大普法力度,引导干部群众自觉守法。无疑,传统乡村社会是作为熟人社会而存在发展的,对此,就需要针对农村干部群众的知识结构和认知特点,加大创新农村法治宣传教育,开展专项法治教育培训,鼓励村民积极参与基层司法、法律监督等法治建设。推动农村基层法治工作向纵深发展,突出以人为本,着力推动农民法律素养的稳步提高。实践中,在引导农民依法维权和信访过程中,注重对广大农民依法行使权利、履行义务的观念的养成,注重培养农民的契约精神,引导农民依法化解各类矛盾纠纷,学会在法律的范围内表达自己的正当利益诉求。提高乡村基层干部群众的法治意识,形成守法习惯

---

① 《中国共产党第十八届中央委员会第三次全体会议文件汇编》,北京:人民出版社 2013 年版,第 24 页。

② 习近平:《决胜全面建成小康社会　夺取新时代中国特色社会主义伟大胜利》,北京:人民出版社 2017 年版,第 32—33 页。

③ 周其仁:《城乡中国》(下),北京:中信出版社 2014 年版,第 21 页。

和法治思维。

二是推动基层政府和基层干部依法行政。要加强对农村基层政府和基层干部的法律约束,从村干部入手,提高他们依法办事的能力,依法行使职权,依法依规办事,加强对依法治村和处理农村各类问题的指导、预防和监督。推进平安村镇建设,开展突出治安问题专项整治,让广大农民感受到法律的力量,认识到法律的尊严,从而坚定法律信仰。

如何推动法治软件硬件建设呢?笔者认为,乡村治理法治保障之硬件系统,主要包括乡村法治机构的建设、专业人员的配备、财力物力的支持等物质性投入,也包括乡村基层法律制度体系的完善、法治工作机制改善等制度性保障。加快构建县、乡、村三级联动的法治网络,加大乡镇法律服务中心的工作覆盖面,强化乡村司法所、村民调解站等基层法制单位的建设,让农民在遇到法律问题时能找到相应的办事机构。具体来说,应该主要从以下几个方面着手:一方面加强基层组织建设,规范自治组织权力运行。应该承认,当前基层群众自治制度并不十分完善,还需要在实践中进一步完善,在实践中暴露出来的问题需要我们高度重视,如两委权力运行不规范、制约监督机制不到位、村民知情权得不到有效保障等问题,这也是导致基层干部群众关系紧张的根源之一。对此,就需要通过厘清基层自治组织的权责,规范乡村基层权力运行等举措来推动基层自治实现治理的法治化、规范化。基于此,就需要依据有关法律法规和政策规定,对村级自治组织的职权清单和责任清单进行梳理,科学规范和设计村级组织工作具体流程,厘清各项公共事务的办事程序和具体步骤,实现权力的规范运行,保障村民的知情权和监督权的真正落实。乡村社会组织作为乡村治理的治理主体之一,整合自身资源,引导农民在乡村法治建设过程中,通过对法治主流观念的理解,实现在整个法治社会的发展中取得进步,从而促进乡村治理法治化的发展。

二是着力构建纠纷解决机制,推动基层公共法律服务体系的不断完善。在当前社会急遽转型的时代背景下,乡村基层由于干群关系、土地问题、拆迁等问题集中,信访数量在一段时间内曾经迅速增加,但是面对这种情况,基层干部往往习惯于"堵",在处理这些纠纷中,缺乏常态化、有效的纠纷解决机制,这对于维护农村社会稳定来说显然是不利的,因此,要尽可能地把调解、司法、仲裁等各类法律资源充分利用起来形成合力,以便更好地服务于化解农村基层各类潜在的矛盾,实现矛盾不出村,就地化解,对此就必须加快完善乡村法律服务体系。就要加强乡村司法所、法律服务所、人民调解组织建设,推动法律援助进村、法律顾问进村,大幅度降低干部群众成本,引导群众要运用合法渠道、合法手段、理性态度,合理合法地解决冲突和纠纷。要教育广大干部带头遵纪守法、依法行政、依法办事;要拓宽农村社情民意表达渠道,完善矛盾化解机制。

三是完善人大立法权资源和程序保障,确保良法善治。乡村基层立法更要结合乡村实际,重视符合法律法规的"乡规民约"和民法作用,挖掘传统乡土社会乡绅治理的资源,并赋予其新的时代内涵。地方立法必须将国法与民法结合起来,避免两者之间的冲突,尽量协调好两者的关系,更好地为乡村基层所接受理解、学习和应用。在实践中,要考虑法治体制改革的现实,加强经济文化立法,协调法律、文化与农村经济发展的关系,以法治保障经济发展,经济发展巩固法治,形成良性循环。

应该说,法治保障的两个系统是相互作用、相互促进和共同发展的,软件系统是关键,硬件系统是基础。通过乡村法治保障,降低农村社会运行成本,努力走出一条乡村治理体系现代化的新路子。

四、乡村治理的经费保障

乡村治理保障体系中,经费保障无疑是基础所在。乡村治理体系现代化一定要避免空谈,尤其是避免不顾经济发展的无谓争执。客观来说,不少村庄改革开放四十年,至今还没有集体经济,这是不可能建成现代化和得到人民群众支持的。如甘肃省到 2018 年,还有 189 万贫困人口没有脱贫,仍有 52 个片区县、4 个县需要摘帽。相反,有的村庄集体经济获得巨大发展,少则数十万,多则数百万,有的甚至达到数千万,其乡村治理体系和治理能力建设也就有了可靠保障。客观来说,经济发展是决定社会共同体发展的根本动力,对于维护社会共同体的团结、促进村庄共同体建设起着决定性作用。在推动乡村治理发展中,要切实强化现代化资源要素保障,为乡村治理"造血"。对此,《中华人民共和国村民委员会组织法》第 37 条规定给予了明确:"人民政府对村民委员会协助政府开展工作应当提供必要的条件;人民政府有关部门委托村民委员会开展工作需要经费的,由委托部门承担。村民委员会办理本村公益事业所需的经费,由村民会议通过筹资筹劳解决;经费确有困难的,由地方人民政府给予适当支持。"①

一是加大投资保障力度,健全以财政投入为基础的稳定的村级组织运行资金保障机制,做好预算安排,确保资金到位。加快乡村社会治理资金多元化投入机制,将乡村治理建设纳入公共财政保障范围,构建乡村社区建设财政投入保障机制。加强资源整合,按照各地制定的乡村社区建设规划,部门资金要有序整合、捆绑使用,提高资金综合利用效率。每年在同级财政预算中安排充足的资金。同时,市财政局根据专项资金管理要求和国库集中支付的有关规定,及时将省、市、地方配套基层组织建设资金全部拨付到镇(街道)、个人确保各项配套资金到位。

二是制定政策文件,规范资金管理。先后制定文件,对资金补助标准和范围作了明确的规定。同时,还出台相应经费管理实施办法,指导各行政村制定《村党组织服务群众专项经费操作规程》,对经费进行专款专用、单独核算、专人管理,保证资金管理规范、安全。

三是强化监督管理,提高资金使用效益。加强对资金绩效目标落实情况的监控跟踪,完善绩效评价和信息公开,结合绩效结果优化资金安排,提高资

---

① 参见《中华人民共和国村民委员会组织法》(中华人民共和国主席令第三十七号,2010年 10 月 28 日)。

金使用效益,确保农村基层治理专项资金的投入达到预期目标要求,有效保障了一村一助理工程、"村改居"和村(社区)法律顾问等各项农村治理工作的顺利开展,稳步提高村(社区)干部补贴标准,充分调动和激发基层干部干事创业积极性。

五、乡村治理的人才保障

乡村治理保障体系中,人才保障是关键。对此,推动乡村治理人才保障,加强乡村治理人才队伍建设,汇聚各类人才资源,充实基层治理力量,确保实现乡村治理体系现代化的人才需求。对此,就要着眼乡村人才需求实际,着力加强人才培养,具体从以下几个方面着手。

首先,加快培养更多乡村治理急需人才。创新服务乡村人才培养模式,为乡村治理现代化培养提供更多知农、爱农、扎根乡村的人才。具体来说,有这样几点:一是加快高等院校的人才培养改革。进一步优化涉农学科专业设置,对急需紧缺涉农专业实行"提前批次"录取或推出类似免费师范生的定向招生就业等相关改革,推动高校应用型人才培养。二是加快推进新型职业农民培养。充分利用现有涉农相关的高校、科研院所、农业龙头企业等各类资源,构建满足农民、农村急需的教育培训体系,加大对新型职业农民、乡村科技人才等各类人才的后续教育培训力度。三是加大对乡村基层干部的可持续教育培训力度①。既重视其理论素养的提升与培训,又重视加大其致富技能的培训,以便更好地发挥其示范带动作用。四是实施乡村科技人才培育工程,

---

① 重点从以下五个方面进行:一是加强乡镇党政人才队伍建设。重点是选优配强乡镇领导班子特别是乡镇党委书记,以乡镇领导干部常态化机制建设为抓手,落实乡镇编制专编专用,落实乡镇工作补贴和艰苦边远地区津贴政策,调动乡镇基层工作人员的积极性、主动性。二是实施村党组织带头人队伍整体优化提升。突出政治标准,选拔培养好村党支部书记。三是实施"一村一名大学生"培育计划,吸引年轻人参与到乡村振兴实践中。四是实施农村社会工作人才队伍建设,推动社区服务人才数量与质量提升。五是加快培养农村经营管理人才队伍建设,特别是加强经济带头人建设。

加大对乡土科技人才的教育培训力度。特别是针对基层农技推广体系中的农业技术人员和农村各类实用技术人才,制定乡村人才培育规划,落实等同或者略高于公务员待遇政策,切实加快乡土科技人才培养的教育培训。五是加大乡村法律人才队伍建设力度。包括进一步扩大乡村法律顾问团队,切实完善政府法律购买服务,将具有执业律师资格证的现有从业人员、高校法学教师、退休法官、检察官,以及乡村法律能人、明白人等相关人员纳入顾问团队大名单;在面向大学生招聘中,扩大"三支一扶"中法学专业人才的招聘比例,并做好下沉服务;启动实行"赤脚律师"培养计划,加大培养乡村本土化法律服务人才。加强农业综合行政执法人才队伍建设,加大执法人员培训力度,完善工资待遇和职业保障政策,培养通专结合、一专多能执法人才。

其次,推动乡村治理人才的科学使用,落实县域内人才统筹使用制度。切实落实好县域内人才统筹使用制度。具体可以从以下几个方面统筹好县域内人才使用,主要包括:实施高层次人才支持专项计划,坚持政策导向,出台相关激励政策,吸引广大农村急需紧缺的高层次人才投身到乡村治理实践中;实施返乡创业行动计划,以优化营商环境为切入点,稳步推进"放管服"改革,出台更加优惠的政策、搭建更加实用的平台、提供更加优质的服务,努力营造外出务工人员返乡创业就业的良好氛围,支持有条件的县市设立返乡创业工作站,鼓励支持返乡人员发展特色农业、乡村旅游、农村电商等产业,打造区域性劳务品牌;实施高校毕业生返乡成长计划,鼓励高校毕业生到乡村从事支教、支农、支医等服务,将"三支一扶"计划与乡村振兴计划有机结合;实施乡村文化人才传承计划。支持农村非遗传承人、民间艺人收徒传艺,推动农村优秀戏曲曲艺、少数民族文化、民间文化的发展壮大;打通各界各类人才服务乡村的立体通道,有计划有组织推进科研人员、工程师等专业技术人才下乡开展专业服务,打通各类人才下乡的渠道,推动引导各类人才实现向乡村的集聚。

最后,制度先行,调动乡村各类人才的积极性主动性和创造性。调动各类人才的积极性主动性和创造性,激发人才扎根乡村、服务乡村的活力。对此,一是深入探索实施科技特派员制度,进一步发展壮大科技特派员队伍。从高校、农业研究院所等具有相关技术优势的单位,采取遴选、抽调等方式,选派一批科技特派员深入农业农村一线,开展技术支持与帮扶。二是提高农民工技能提升补贴标准。确保《保障农民工工资支付条例》落地与实施,进一步加大宣传力度,畅通维权渠道,强化信息监管,确保条例落地并取得实效。三是鼓励乡村基层根据需要增设乡村保洁员、生态护林员等公益性岗位。如在乡镇综合服务大厅、村便民服务中心等,增设法律顾问、法律志愿者等相应服务岗位,面向法学类在校生、律师从业人员定期招聘志愿者,开展志愿服务活动,确保群众法律咨询服务渠道畅通。四是开展农村创新创业带头人培育计划。扩大对返乡创业农民工创业补贴范围,在此基础上,重点培养一批创业带头人,发挥其示范带动作用,更好地带领群众致富。五是加强乡村医生队伍建设。在启动实施乡村全科医生培养基础上,对主动到中西部地区和艰苦边远地区乡村工作的医学类毕业生,给予包括学费减免、助学贷款代还等激励措施,目的旨在调动起各类乡土人才投身于全面建设社会主义现代化国家新征程上来。

综上所述,推动新时代中国特色乡村治理体系现代化,必须立足新时代村民最新诉求和乡村振兴战略发展的现实需要,坚持党总揽全局、协调各方,建立健全集乡村治理组织体系、内容(自治、法治、德治)体系、运行体系、保障体系在内的四位一体的现代化乡村治理新体系,这是推动实现中国特色乡村治理体系现代化的具体路径。从理念创新与职能规范强化、抓好基层组织建设等方面推动乡村治理组织体系的优化和现代化是实现新时代乡村治理体系现代化的关键所在,推动"三治合一"的现代乡村治理新体系建设是新时代乡村治理体系现代化的主体和重点所在,在政府职能、体制机制、具体运行制度等方面推动乡村治理运行体系的优化和现代化是新时代乡村治理体系现代化的有效载体,而从组织、制度、经费、人才等方面推进乡村治理保障体系的优化现代化则是新时代乡村治理体系现代化的依托和保障所在,四者共同汇聚在中国特色社会主义乡村治理体系现代化的伟大实践中,相互协同、相互配合、相互支持、形成合力,共同助推实现中国特色乡村治理体系现代化。

第六章　中国特色乡村治理
体系现代化之路

在推动新时代中国特色乡村治理体系现代化的伟大历史进程中，既需要治理理论的创新，又需要治理体系和治理方式的创新。

第一节　始终坚持以党的领导为本

党的领导是中国特色社会主义最本质的特征。从新民主主义革命的胜利到建立新中国，从四个现代化目标的确立，到找到中国特色社会主义道路，再到中国特色社会主义进入新时代，继而走上全面建设社会主义现代化国家新征程。历史与实践证明，"实现民族独立、人民解放和国家富强、人民幸福"①的主心骨是中国共产党。在当代中国，没有任何一个组织能够有中国共产党这样统筹谋划、引导推动现代化的能力。实现中华民族伟大复兴的中国梦，只能在中国共产党领导下才能顺利实现，这是历史的选择、人民的选择。正如习近平总书记所强调："党政军民学，东西南北中，党是领导一切的，是最高的政治领导力量。"②

① 《改革开放三十年重要文献选编》（下），北京：人民出版社 2008 年版，第 1098 页。
② 《习近平关于社会主义政治建设论述摘编》，北京：中央文献出版社 2017 年版，第 30 页。

党管农村工作原则贯穿了乡村治理体系现代化全过程。从新民主主义革命时期,到新中国成立后开展的农村集体化运动,从改革开放后村民自治的推广,皆是如此。在这一过程中,无一不是党发挥领导核心作用,主导推进完成的,在这一过程中,充分体现了乡村治理政策、制度的制定,及其落实,党发挥着领导核心作用。这条乡村治理体系现代化之路,党是作为乡村治理体系现代化的"主心骨",承担着思想引领者、发展带头者、组织协调者、权力监督者等重要角色。党的领导是中国特色社会主义最本质的特征。当然,随着农村改革的继续深入和农村社会主义市场经济的不断发展,农村基层党组织与农民群众的利益关系和联结方式也在发生着深刻的变化,更需要党在这一过程中发挥总揽全局与协调各方的领导核心作用。

第二节 始终坚持以农民为主体

新时代乡村治理体系现代化的又一特色就是在推动乡村治理创新的实践中彰显了人民中心地位,为了群众、依靠群众、发动群众、服务群众。在推动乡村治理体系现代化进程中,始终凸显人民中心特色。百年来,我们之所以能够在社会治理改革中取得一系列成绩,是因为我们党始终坚持人民立场,把人民利益放在首位来对待和处理。同时,广泛动员和组织人民依法管理国家和社会事务,一切为了群众服务,一切依靠群众,才能更好地推动乡村治理体系现代化。

我们党在推进乡村治理体系现代化的实践中,始终高度重视尊重农民的首创精神和农民在乡村治理中的主体地位。改革开放 40 多年来,我们农村改革和社会发展的许多成功实践,首先源于农民的首创,再由决策者系统梳理总结,最后推广到农村普惠性政策的制定。在改革开放 40 多年的实践中,农民的首创精神在实践中显示出强大的生命力。农民是促进农村经济社会发展的主体。尊重农民的主体地位,就要注重保护农民的利益。在推进农村治理中,必须发挥农民的主体作用,没有农民的参与和优势地位的发挥,就很难真正推进农村治理,结果只会流于形式,最终会消亡。早在农村改革伊始,邓小平就曾指出:"耕地少,人口多特别是农民多,这种情况不是很容易改变的。这就成为中国现代化建设必须考虑的特点。"①1987 年 3 月,邓小平在会见喀麦隆总统比亚时又指出:"我国百分之八十的人口是农民。农民没有积极性,国家就发展不起来。"②

第三节　始终坚持以理论创新为引领

百年来,中国乡村治理实践的每一次发展进步和取得显著成绩,其根本的原因都在于我们党能够坚持解放思想、实事求是、与时俱进,能够把马克思主义基本原理与中国具体实际相结合、与中华优秀传统文化相结合并不断进行理论创新的结果。对此,习近平总书记在党史学习教育动员大会上指出:"我们党的历史,就是一部不断推进马克思主义中国化的历史,就是一部不断推进理论创新、进行理论创造的历史。"③从邓小平理论开创中国特色社会主义道路开始,到"三个代表"重要思想对中国特色社会主义的捍卫,再到 21 世纪科学发展观对中国特色社会主义的最新发展。党的十八大以来,中国特色社会主义进入新时代,推动了马克思主义中国化的与时俱进,创立了习近平新时代中国特色社会主义思想,这既是对中国特色社会主义进入新时代最新实践经验的理论概括与总结,又为中国特色社会主义伟大实践提供了新的强大理论武器和行动指南。这些理论成果也有力彰显了马克思主义中国化理论的魅力和伟大历史作用。

面对新形势新任务新挑战,解放思想,实事求是至关重要的。在新民主主

---

① 《毛泽东选集》(第三卷),北京:人民出版社 1991 年版,第 164 页。
② 《邓小平文选》(第三卷),北京:人民出版社 1993 年版,第 213 页。
③ 习近平:《在党史学习教育动员大会上的讲话》,北京:人民出版社 2021 年版,第 12 页。

义革命中,特别是大革命失败后,中国革命的出路在哪里? 为了革命火种能够保留下来,为了实现中国革命的发展,顺利实现从城市到乡村的重心转移,以毛泽东同志为主要代表的中国共产党人坚持把马克思主义和中国革命实际相结合,也正是在这种指导思想的指导下,首先开辟了农村革命根据地,提出了"以工农武装包围城市"的道路,进一步打开了土地革命的局面,推动了抗日民族统一战线的兴起和发展,乃至解放战争的胜利。同样,新中国成立后,我们面临的任务是实现国家富强、人民幸福。为此,我们开始了"三大"改造①,囿于我们缺乏社会主义建设经验,导致探索社会主义建设的道路异常曲折。也正是因为恢复了"解放思想、实事求是"的思想路线,才使改革开放迎来新的春天,正是有了尊重农民的主体地位,尊重农民的首创精神,才有了统分结合的双层经营体制和村民自治的确立和发展。

适应治理时代发展的实际需要,党的乡村治理观念也在不断创新发展,从肯定村民自治到农村税费改革、启动新农村建设;从明确提出社会治理创新到确立国家治理体系和治理能力现代化的目标,从乡村振兴到正确处理政府与社会的关系,加快政府与社会分离,到培育各种社会组织的发展,着力培养和优先发展行业协会、商会,以及城乡社区服务社会组织将成长,推动治理多元化。乡村治理创新与发展也再次证明:一种理论的应用和发展并应用到指导本国的实践,既需要解放思想、实事求是,更需要以开放、包容的心态去看待、去接纳、去认识、去学习,更需要把相关的理论与中国实际、与中国特色社会主义的最新实践相结合,在中国特色社会主义建设的最新实践中实现中国化,其理论才能得到人们的认可和接受,才能在中国得到进一步的发展和壮大并充满生机。

---

① 是指中华人民共和国成立初期,中国共产党在全国范围内组织的对于农业、手工业和资本主义工商业进行的社会主义改造。中国的社会主义改造实现了把生产资料私有制转变为社会主义公有制的任务,丰富和发展了马克思列宁主义的科学社会主义理论。

第四节　始终坚持与时俱进，实现两个转变

这条中国式乡村治理体系现代化之路历经百年变迁，始终坚持治理方式的与时俱进，注重运用多种手段，不断创新乡村治理方式，实现了从单一到统筹、从人治到法治、从管理到协同、从治标到治本的转变。这条中国特色乡村治理体系现代化之路，实现了从集权管理到多元治理参与的过渡和转变，实现了从人治向法治的过渡和转变。

中国有几千年的封建传统治理，很大程度上表现封建专制，这一传统对农村和农民的影响是深刻的，是根深蒂固的。在改革之初，乡村治理的实际运作中，"一言堂"、"大民主"、主观随意、个人专断、官僚主义、家长制作风等违背民主、法治的现象也并不鲜见，呈现出典型的人治色彩。随着改革开放的不断深入发展，乡村治理改革也在实践中不断进步，从对村民自治制度的首创到推广全国，从重视民主制度建设到强调依法治国，从经济建设到政治建设的重视，再到"五个全面"总体布局和"四个全面"战略布局，从全面深化改革与确立治理体系和治理能力现代化的改革目标，到对"依法治国"的全面部署、"制度治村"。与此同时，一系列关于农村治理的法律法规和制度相继出台，特别是农村基层民主建设和村民自治的发展也在实践中进一步纳入法治化轨道，地方各级党政部门也因地制宜，进行了许多创新探索，助推乡村治理法治化、现代化进程，最终实现了从人治向法治的过渡和转变。

一言以蔽之，中国共产党推动乡村治理发展历经百年变迁，从建党之初对乡村治理的懵懵懂懂，到毛泽东提出"农民问题乃国民革命的中心问题""走农村包围城市，武装夺取政权"的新民主主义革命道路的实践，对农村革命根据地治理的初步探索；到邓小平的"尊重农民的首创精神"，启动乡村治理改革，推动村民自治，实现工作重心的转移，得以在全国范围内对农村治理进行全新的实践；到江泽民"依法治国"与"以德治国"的创新探索，到胡锦涛提出

的"社会主义新农村"建设的实践,再到党的十八大以来,习近平总书记提出的"推进国家治理体系和治理能力现代化",可以说是一以贯之,党始终致力于组织和引导农民群众参与基层治理。一路走来,中国共产党带领人民在坚持中发展,在发展中创新,在创新中前进,始终坚持党的领导核心,坚持与时俱进,坚持农民的主体地位,坚持渐进性改革,坚持围绕中心工作、服务大局,历经百年沧桑,历经各类风险和考验,走出了一条中国特色乡村治理体系现代化之路,在这一伟大历史进程中彰显了鲜明的中国特色,党的领导是核心,人民中心是根本,多元共治是基础,经济发展是保障,三治融合是典范,这条中国特色乡村治理体系现代化之路,为世界上广大发展中国家推进乡村治理现代化提供了中国智慧和中国方案。

附录：新时代中国特色乡村治理体系现代化调查问卷

您好！感谢您填写此份问卷调查表，此表是为了向您了解对于乡村治理现代化建设的意见和建议，请您仔细阅读此表，根据所列答案选择合适选项，或在_____处留下您的宝贵意见，感谢您对项目研究的支持与帮助，谢谢！

性别：　　年龄：

1. 您认为村民委员会是？单选题

    A. 乡镇政府的下级行政机关

    B. 农村经济组织

    C. 群众性自治组织

    D. 村党支部的执行机关

    E. 不知道

2. 您对现在村委会的工作满意吗？

    A. 很满意

    B. 一般

    C. 不满意

    D. 其他

3. 您认为所在村委综合治理的情况好坏主要跟哪些因素有关？

A. 村委会等社区机构的管理服务水平

B. 村民的素质和参与配合程度

C. 社会环境影响

4. 您所在的村庄社区在哪方面的治理工作卓有成效，让您感到满意？

A. 道德法治宣传教育

B. 环境卫生

C. 警务治安

D. 矛盾和纠纷化解

E. 医疗和养老等保障服务

5. 在您所在的村庄，法律和道德在村庄治理方面所起的实际作用如何？

A. 法律作用更大

B. 道德作用更大

C. 两者相配合，共同发挥作用

6. 对于德治与法治这两种治理手段，您更倾向于哪一种？

A. 德治

B. 法治

C. 两种相结合

7. 您认为您所在社区管理机构在处理矛盾和解决问题时的主要依据是什么？

A. 依法律政策和社会公德办事

B. 靠人情关系办事

C. 根据个人心情

D. 不清楚

8. 若您与邻里发生纠纷或遇到涉及自身或公共权益的问题，您首先会选择通过哪种途径解决？单选题

A. 打官司

B. 找村干部解决

C. 私下解决

D. 找村里有威望的老人解决

9. 请问您获得法律知识的最主要途径是什么？单选题

A. 政府部门的普法宣传

B. 电视媒体

C. 报纸杂志

D. 便民服务中心咨询

10. 您知道有"一村一法律顾问"这回事吗？单选题

A. 知道,且有一定的了解

B. 听说过但是不知道具体内容

C. 不知道,从未听说

11. 村里是否设便民服务中心(窗口)？单选题

A. 设置

B. 没有

12. 村(社区)是否设立司法行政工作室,设置公示栏和便民信箱？单选题

A. 设置

B. 没有

13. 您对公、检、法、司等政法队伍及其执法工作的评价？单选题

A. 满意

B. 基本满意

C. 不满意

14. 您的业余文化生活情况？

A. 聊天

B. 打牌或打麻将

C. 做礼拜

D. 看电视、听收音机

15. 您认为乡村治理中最需要解决的问题是（ ）？ 单选题

A. 村规民约的制定

B. 资金的保证

C. 规划的制定

D. 加强村党组织建设

E. 发展乡村社会组织

参 考 文 献

一、经典文献类

[1]《马克思恩格斯选集》(第 1、2、4、9 卷),北京:人民出版社 2012 年版。

[2]《马克思恩格斯文集》(第 1、2、3、5、7、9、10 卷),北京:人民出版社 2009 年版。

[3]《马克思恩格斯全集》(第 35 卷),北京:人民出版社 1971 年版。

[4]《列宁选集》(第 1、4 卷),北京:人民出版社 2012 年版。

[5]《列宁专题文集(论无产阶级政党)》,北京:人民出版社 2009 年版。

[6]《列宁专题文集(论社会主义)》,北京:人民出版社 2009 年版。

[7]《列宁全集》(第 2 卷),北京:人民出版社 1984 年版。

[8]《列宁全集》(第 36 卷),北京:人民出版社 1985 年版。

[9]《列宁全集》(第 38、42 卷),北京:人民出版社 1986 年版。

[10]《列宁全集》(第 43 卷),北京:人民出版社 1987 年版。

[11]《列宁全集》(第 14 卷),北京:人民出版社 1988 年版。

[12]《毛泽东选集》(第一至四卷),北京:人民出版社 1991 年版。

[13]《毛泽东文集》(第一、七卷),北京:人民出版社 1993 年版。

[14]《毛泽东著作专题摘编》,北京:中央文献出版社 2003 年版。

[15]中央文献编辑委员会编:《周恩来选集》(上卷),北京:人民出版社

1997 年版。

[16]《刘少奇选集》(上卷),北京:人民出版社 1981 年版。

[17]《邓小平文选》(第一、二卷),北京:人民出版社 1994 年版。

[18]《邓小平文选》(第三卷),北京:人民出版社 1993 年版。

[19]《彭真文选》,北京:人民出版社 1991 年版。

[20]《江泽民同志重要论述研究》,北京:人民出版社 2002 年版。

[21]《江泽民文选》(第一至三卷),北京:人民出版社 2006 年版。

[22]江泽民:《论社会主义市场经济》,北京:中央文献出版社 2006 年版。

[23]中共中央文献研究室:《江泽民论有中国特色社会主义(专题摘编)》,北京:中央文献出版社 2002 年版。

[24]中共中央文献研究室:《关于建国以来党的若干历史问题的决议(注释本)》,北京:人民出版社 1983 年版。

[25]《〈中共中央、国务院关于积极发展现代农业扎实推进社会主义新农村建设的若干意见〉学习读本》,北京:人民出版社 2007 年版。

[26]中共中央宣传部理论局:《六个为什么——对几个重大问题的回答》,北京:学习出版社 2013 年版。

[27]国务院发展研究中心:《新时期农业和农村工作重要文献选编》,北京:中央文献出版社 1992 年版。

[28]《中共中央文件选集》(第 4 册),北京:中共中央党校出版社 1989 年版。

[29]《中共中央、国务院关于"三农"工作的一号文件汇编》,北京:人民出版社 2014 年版。

[30]全国人大常委会:《中华人民共和国村民委员会组织法(试行)》(1987 年)。

[31]全国人大常委会:《中华人民共和国村民委员会组织法》(1998 年)。

[32]《建国以来重要文献选编》(第 9、13 册),北京:中央文献出版社

1994 年版。

[33]《十一届三中全会以来重要文献选读》(上),北京:人民出版社 1987 年版。

[34]《十二大以来重要文献选编》(下),北京:人民出版社 1988 年版。

[35]《十三大以来重要文献选编》(下),北京:人民出版社 1993 年版。

[36]《十四大以来重要文献选编》(上),北京:人民出版社 1996 年版。

[37]《十五大以来重要文献选编》(上),北京:人民出版社 2000 年版。

[38]《十六大以来党和国家重要文献选编》(上),北京:人民出版社 2005 年版。

[39]《十六大以来重要文献选编》(中),北京:中央文献出版社 2006 年版。

[40]《十六大以来重要文献选编》(下),北京:中央文献出版社 2008 年版。

[41]《十七大以来重要文献选编》(上),北京:中央文献出版社 2009 年版。

[42]《习近平谈治国理政》第一卷,北京:外文出版社 2018 年版。

[43]《习近平谈治国理政》第二卷,北京:外文出版社 2017 年版。

[44]《习近平谈治国理政》第三卷,北京:外文出版社 2020 年版。

[45]《十八大以来重要文献选编》上册,北京:中央文献出版社 2014 年版。

[46]《十八大以来重要文献选编》中册,北京:中央文献出版社 2016 年版。

[47]《十八大以来重要文献选编》下册,北京:中央文献出版社 2018 年版。

[48]《习近平新时代中国特色社会主义思想基本问题》,北京:人民出版社、中共中央党校出版社 2020 年版。

［49］《中国共产党简史》，北京：人民出版社 2021 年版。

［50］《习近平关于总体国家安全观论述摘编》，北京：中央文献出版社 2018 年版。

［51］《中国共产党第十九届中央委员会第五次全体会议文件汇编》，北京：人民出版社 2020 年版。

［52］《中国共产党第十九届中央委员会第四次全体会议文件汇编》，北京：人民出版社 2019 年版。

［53］习近平：《开放共创繁荣　创新引领未来——在博鳌亚洲论坛 2018 年年会开幕式上的主旨演讲》，北京：人民出版社 2018 年版。

［54］习近平：《在庆祝中国共产党成立 100 周年大会上的讲话》，北京：人民出版社 2021 年版。

［55］习近平：《在党史学习教育动员大会上的讲话》，北京：人民出版社 2021 年版。

二、著作类

［1］杜润生：《中国农村改革决策纪实》，北京：中央文献出版社 1999 年版。

［2］费孝通：《乡土重建》，长沙：岳麓书社 2012 年版。

［3］胡绳：《中国共产党的七十年》，北京：中共党史出版社 1991 年版。

［4］费孝通：《乡土中国》，北京：人民出版社 2008 年版。

［5］杜润生：《中国农村制度变迁》，成都：四川人民出版社 2003 年版。

［6］罗荣渠：《现代化新论——世界与中国的现代化进程》，北京：商务印书馆 2009 年版。

［7］王伟光：《建设社会主义新农村的理论与实践》，北京：中共中央党校出版社 2006 年版。

［8］陆学艺：《三农论：当代中国农业　农村　农民研究》，北京：中国社会

科学出版社 2002 年版。

[9]陆学艺:《中国农村现代化道路研究》,南宁:广西人民出版社 1998 年版。

[10]赵美玲:《马克思主义中国化与中国经济现代化》,天津:南开大学出版社 2012 年版。

[11]徐勇:《非均衡的中国政治:城市与乡村比较》,北京:中国广播电视出版社 1992 年版。

[12]徐勇:《乡村治理与中国政治》,北京:中国社会科学出版社 2003 年版。

[13]徐勇:《中国农村村民自治》,武汉:华中师范大学出版社 1997 年版。

[14]徐勇:《中国农村与农民问题前沿研究》,北京:经济科学出版社 2009 年版。

[15]贺雪峰:《三农中国》,武汉:湖北人民出版社 2006 年版。

[16]杜润生:《中国农村体制变革重大决策纪实》,北京:人民出版社 2005 年版。

[17]俞可平:《治理与善治》,北京:中国社会科学出版社 2000 年版。

[18]温铁军:《新农村建设理论探索》,北京:北京出版社 2006 年版。

[19]温铁军:《中国农村基本经济制度研究——"三农"问题的世纪反思》,北京:中国经济出版社 2000 年版。

[20]王浦劬:《政治学基础》,北京:北京大学出版社 1995 年版。

[21]陈锡文:《中国农村制度变迁 60 年》,北京:人民出版社 2009 年版。

[22]贺雪峰:《乡村治理的社会基础——转型期乡村社会性质研究》,北京:中国社会科学出版社 2003 年版。

[23]孙立平:《转型与断裂:改革以来中国社会结构的变迁》,北京:清华大学出版社 2004 年版。

[24]张厚安:《中国农村政治稳定与发展》,武汉:武汉出版社 1995 年版。

[25]张厚安:《中国农村基层政权》,成都:四川人民出版社1992年版。

[26]张厚安:《中国农村基层建制的历史演变》,成都:四川人民出版社1992年版。

[27]张静:《基层政权——乡村制度诸问题》,杭州:浙江人民出版社2000年版。

[28]毛寿龙:《西方政府的治道变革》,北京:中国人民大学出版社1998年版。

[29]孙占元:《中国共产党理论创新史》,济南:山东人民出版社2012年版。

[30]柯炳生:《工业反哺农业的理论与实践研究》,北京:人民出版社2008年版。

[31]张小劲、于晓虹:《推进国家治理体系和治理能力现代化》,北京:人民出版社2014年版。

[32]牛若峰等:《中国的三农问题 回顾与展望》,北京:中国社会科学出版社2004年版。

[33]马宝成:《村级治理 制度与绩效》,北京:中国社会科学出版社2005年版。

[34]吴理财:《从管治到服务乡镇政府职能转变研究》,北京:中国社会科学出版社2009年版。

[35]林绪武:《马克思主义中国化与中国共产党的现代化》,天津:南开大学出版社2013年版。

[36]李小红:《中国农村治理方式的演变与创新》,北京:中央编译局出版社2012年版。

[37]吴毅:《村治变迁中的权威与秩序》,北京:中国社会科学出版社2002年版。

[38]李成贵:《中国农业政策 理论框架与应用分析》,北京;社会科学文

献出版社 1999 年版。

[39]廖小军:《中国失地农民研究》,北京:中国社会科学出版社 2005 年版。

[40]许海洋:《国家治理体系和治理能力现代化》,北京:中共中央党校出版社 2013 年版。

[41]王海军:《改革开放以来中共理论创新基本经验》,北京:中共党史出版社 2011 年版。

[42]程瑞山、王秀华等:《制度安排与机制创新》,北京:中共中央党校出版社 2002 年版。

[43]孔祥智:《崛起与超越——中国农村改革的过程及机理分析》,北京:中国人民大学出版社 2008 年版。

[44]郑杭生:《社会运行导论——有中国特色的社会学基本理论的一种新探》,北京:中国人民大学出版社 1993 年版。

[45]何增科:《中国社会管理体制改革路线图》,北京:国家行政学院出版社 2009 年版。

[46]孙柏瑛:《当代地方治理——面向 21 世纪的挑战》,北京:中国人民大学出版社 2004 年版。

[47]解安:《"三农"工作机制创新——一条独特的路径》,北京:清华大学出版社 2013 年版。

[48]张乐天:《告别理想——人民公社制度研究》,上海:上海人民出版社 2005 年版。

[49]杨懋春:《一个中国村庄:山东台头》,南京:江苏人民出版社 2012 年版。

[50]武力、郑有贵:《解决三农问题之路——中国共产党三农思想政策史》,北京:中国经济出版社 2004 年版。

[51]郑有贵、李成贵:《一号文件与中国农村改革》,合肥:安徽人民出版

社 2008 年版。

[52]项继权:《外国农村基层建制》,武汉:华中师范大学出版社 1995 年版。

[53]杜鹰:《中国农村 50 年》,郑州:中原农民出版社 1999 年版。

[54]邓淑莲:《中国基础设施的公共政策》,上海:上海财经大学出版社 2001 年版。

[55]黄祖辉、林坚、张冬平:《农业现代化 理论 进程与途径》,北京:中国农业出版社 2003 年版。

[56]刘纯彬:《变迁的中国》,拉萨:西藏人民出版社 1999 年版。

[57]关锐捷:《中国农村改革二十年》,石家庄:河北科学技术出版社 1998 年版。

[58]魏继昆:《居安思危——中国共产党人的忧患意识》,北京:人民出版社 2009 年版。

[59]宋洪远:《中国农村改革三十年》,北京:中国农业出版社 2008 年版。

[60]赵阳:《中国农村改革 过去与未来》,北京:中国农业出版社 2008 年版。

[61]马宝成:《中国农村改革:过去与未来》,北京:中国农业出版社 2008 年版。

[62]陈丽凤:《中国共产党领导体制的历史考察 1921—2006》,上海:上海人民出版社 2008 年版。

[63]包心鉴、王振海主编:《乡村民主——中国农村自治组织形式研究》,北京:中国广播电视出版社 1991 年版。

[64]黄楚芳:《中国共产党与中国农民》,长沙:湖南人民出版社 2003 年版。

[65]赵晓呼:《中国共产党执政理论研究》,天津:天津人民出版社 2000 年版。

[66]王先胜:《中国农村基层政权体制》,长沙:湖南大学出版社 1988

年版。

[67]王世官:《新农村基本组织建设与管理》,上海:复旦大学出版社2011年版。

[68]朴振焕著,潘伟光等译:《韩国新村运动——20世纪70年代韩国农村现代化之路》,北京:中国农业出版社2005年版。

[69]刘奇:《三农问策:走出制度困局》,合肥:安徽人民出版社2005年版。

[70]王春光:《中国农村社会变迁》,昆明:云南人民出版社1996年版。

[71]张鸣:《乡土心路八十年:中国近代化过程中农民意识的变迁》,上海:上海三联书店1997年版。

[72]王长江:《政党现代化论》,南京:江苏人民出版社2004年版。

[73]刘杰:《执政策论·各国治国理政案例研究》,北京:时事出版社2005年版。

[74]王强:《政府治理的现代视野》,北京:中国时代经济出版社2010年版。

[75]王永成:《经济全球化与中国政府能力现代化》,北京:人民出版社2006年版。

[76]张翼之、黄华文、郑邦兴:《中国农村基层建制的历史演变》,成都:四川人民出版社1992年版。

[77]陈振明:《公共管理学》,北京:中国人民大学出版社2006年版。

[78]郭化若:《毛主席抗战时期光辉的哲学活动》,上海:上海三联书店1979年版。

[79]秦晖:《传统十论:本土社会的制度文化与其变革》,上海:复旦大学出版社2003年版。

[80]赵秀玲:《中国乡里制度》,北京:社会科学文献出版社1998年版。

[81]从翰香:《近代冀鲁豫乡村》,北京:中国社会科学出版社1995年版。

[82]白钢:《中国农民问题研究》,北京:人民出版社1993年版。

［83］侯外庐：《中国封建社会史论》，北京：人民出版社 1979 年版。

［84］韩俊：《中国农村改革（2002—2012）》，上海：远东出版社 2012 年版。

［85］刘亚伟：《无声的革命：村民直选的历史、现实和未来》，西安：西北大学出版社 2002 年版。

［86］赵美玲：《中国农业国际竞争力：理论与实证研究》，天津：天津社会科学出版社 2005 年版。

［87］顾亚林：《构建农村社区村级治理良性运行机制——对大口乡村民自治实践的个案研究》，苏州：苏州大学出版社 2005 年版。

［88］王伟光：《社会主义通史》（第 1 卷），北京：人民出版社 2011 年版。

［89］俞良早：《马克思主义东方学》，北京：人民出版社 2011 年版。

［90］崔开云：《国际制度环境下中国政府与非政府组织关系研究》，南京：南京师范大学出版社 2011 年版。

［91］中共中央党史研究室编：《中国共产党历史》（第 1 卷），北京：中共党史出版社 2002 年版。

［92］韦庆远：《中国政治制度史》，北京：中国人民大学出版社 1989 年版。

［93］林尚立：《中国共产党与国家建设》，天津：天津人民出版社 2009 年版。

［94］洪向华主编：《干部要提高七种能力》，北京：人民出版社 2020 年版。

三、论文类

［1］俞可平：《善治与治理——一种新的正值分析框架》，《新华文摘》2001 年第 12 期。

［2］白钢：《中国村民自治法治建设评议》，《中国社会科学》1998 年第 3 期。

［3］荣剑：《马克思的国家和社会理论》，《中国社会科学》2001 年第 3 期。

［4］张少农：《加强农村基层党组织执政能力建设的探索》，《求是》2004

年第 1 期。

［5］卢先福:《围绕提高五个方面能力,加强党的执政能力建设》,《求是》2004 年第 21 期。

［6］汪春翔、胡宜:《当前我国农村信访的主要趋向及对策分析》,《求实》2013 年第 4 期。

［7］郑杭生:《中国社会大转型》,《中国软科学》1994 年第 1 期。

［8］王培刚:《国际乡村治理模式视野下的中国乡村治理问题研究》,《中国软科学》2005 年第 6 期。

［9］项继权:《外国农村基层管理体制比较与借鉴》,《政治学研究》1996 年第 1 期。

［10］唐兴霖、马骏:《中国农村政治民主发展的前景及困难:制度角度的分析》,《政治学研究》1999 年第 1 期。

［11］《合则两利,分则两伤》,《党的文献》1995 年第 4 期。

［12］赵树凯:《乡村治理:组织和冲突》,《战略与管理》2003 年第 6 期。

［13］解安:《韩国新农村运动经验及其借鉴》,《中国社会科学院研究生院学报》2007 年第 4 期。

［14］俞可平:《治理与善治引论》,《马克思主义与现实》1999 年第 5 期。

［15］马宝成:《乡村治理结构与治理绩效研究》,《马克思主义与现实》2005 年第 2 期。

［16］邢艳琦:《列宁、斯大林关于农业和农民问题的基本观点述要》,《马克思主义与现实》2005 年第 5 期。

［17］何增科:《马克思、恩格斯关于农业和农民问题的基本观点述要》,《马克思主义与现实》2005 年第 5 期。

［18］田昌五:《中国封建社会前期地主阶级例析》,《历史研究》1983 年第 5 期。

［19］张诺夫:《中国共产党的政治方位与国家治理理念的创新》,《科学社

会主义》2014 年第 5 期。

[20]景跃进:《村民自治的空间拓展及其问题》,《教学与研究》2001 年第
5 期。

[21]党国英:《废除农业税条件下的乡村治理》,《科学社会主义》2006 年
第 1 期。

[22]景跃进:《两票制:组织技术与选举模式——"两委关系"与农村基层
政权建设》,《中国人民大学学报》2003 年第 3 期。

[23]孙百红:《中国农村经济转型现状与未来方向》,《人民论坛》2013 年
第 11 期。

[24]赵景来:《关于治理理论若干问题讨论综述》,《世界经济与政治》
2002 年第 3 期。

[25]沈延生:《村政的兴衰与重建》,《战略与管理》1998 年第 6 期。

[26]金太军:《村庄治理中三重权力互动的政治社会学分析》,《战略与管
理》2002 年第 2 期。

[27]张慧君:《全球化与转型国家治理模式重构》,《中共中央党校学报》
2011 年第 4 期。

[28]荣长海:《全面深化改革与坚持和发展中国特色社会主义》,《学习论
坛》2014 年第 2 期。

[29]徐增阳、任宝玉:《"一肩挑"真能解决"两委"冲突吗——村支部与
村委会冲突的三种类型及解决思路》,《中国农村观察》2002 年第 1 期。

[30]蔺雪春:《当代中国村民自治以来的乡村治理模式研究述评》,《中国
农村观察》2006 年第 1 期。

[31]俞可平:《农村民间组织与治理的变迁——以福建省漳浦县长桥镇
东升村为例》,《中国社会科学季刊》2000 年第 2 期。

[32]薛刚凌、王文英:《农村法治发展之思考》,《湖南社会科学》2002 年
第 2 期。

[33]王浦劬、李风华:《中国治理模式导言》,《湖南师范大学社会科学学报》2005 年第 5 期。

[34]徐勇:《由能人到法治中国农村基层治理模式转换》,《华东师范大学学报(哲社版)》1996 年第 4 期。

[35]郭正林:《乡村治理及其制度绩效评估:学理性案例分析》,《华中师范大学学报(人文社会科学版)》2004 年第 4 期。

[36]王金红:《"两委矛盾":经验分析与理论批评》,《华中师范大学学报(人文社会科学版)》2005 年第 5 期。

[37]黄辉祥:《民主下乡:国家对乡村社会的再整合——村民自治生成的历史与制度背景考察》,《华中师范大学学报(人文社会科学版)》2007 年第 5 期。

[38]俞可平:《中国治理变迁 30 年(1978—2008)》,《吉林大学社会科学学报》2008 年第 5 期。

[39]吴春梅:《民主与效率的关系基于社会治理模式变迁的考察》,《江汉论坛》2013 年第 4 期。

[40]唐鸣、赵鲲鹏、刘志鹏:《中国古代乡村治理的基本模式及其历史变迁》,《江汉论坛》2011 年第 3 期。

[41]贾建芳:《世界现代化进程的基本经验》,《江汉论坛》2003 年第 10 期。

[42]陈洪生:《传统乡村治理的历史视阈:政府主导与乡村社会力量的对垒》,《江西师范大学学报(哲学社会科学版)》2006 年第 3 期。

[43]俞可平、徐秀丽:《中国农村治理的历史与现状——以定县、邹平和江宁为例的比较分析》,《经济社会体制比较》2004 年第 2 期。

[44]刘承礼:《匈牙利乡村治理的模式解读与经验借鉴》,《经济社会体制比较》2006 年第 1 期。

[45]周秋琴:《对农村新型治理多元主体的探索》,《经济研究导刊》2010 年 8 期。

[46]杨湘艳:《新型城镇化进程中乡村治理面临的机遇和挑战》,《经济研究导刊》2014年第28期。

[47]苏敬媛:《从治理到乡村治理:乡村治理理论的提出、内涵及模式》,《经济与社会发展》2010年第9期。

[48]项继权:《中国乡村治理的层级及其变迁——兼论当前乡村体制的改革》,《开放时代》2008年第3期。

[49]《权威人士解读执政能力》,《半月谈》2004年第20期。

[50]赵树凯:《从十省(区)二十个乡镇的调查看残缺的乡政府政府权力体系(中)》,《科学决策》2005年第2期。

[51]何平:《中国乡村治理模式》,《理论参考》2012年第7期。

[52]薛欣国:《国外共产党执政实践对我国的启示》,《理论前沿》2004年第24期。

[53]张左己:《努力提高构建社会主义和谐社会的能力》,《理论前沿》2005年第6期。

[54]季丽新、张寒:《农村社会稳定视阈下的农村民主协商治理机制创新》,《中国行政管理》2015年第11期。

[55]戴燕军、李兴田:《论意识形态对加强党的执政能力的作用》,《理论前沿》2004年第23期。

[56]郝彭证:《要正确处理农村各类组织之间的关系》,《理论探索》2001年第4期。

[57]汪锦军:《农村公共事务治理:如何认识政府的作用》,《理论探讨》2008年第5期。

[58]彭智勇、王文龙:《新农村建设中的乡村治理机制探析》,《理论探讨》2006年第4期。

[59]张梅:《当前农村基层党组织建设存在的问题及对策分析》,《理论学刊》2007年第5期。

［60］肖立辉：《村民自治在中国的缘起和发展》，《理论与改革》1999 年第 4 期。

［61］张富、吴新叶：《农村基层治理：困境与出路——兼论农村自治性政治空间的生成和发育》，《兰州学刊》2004 年第 3 期。

［62］张新光：《20 世纪以来我国乡镇行政体制改革的回顾与展望》，《兰州学刊》2007 年第 1 期。

［63］宇海金：《试论马克思主义农村观对建设社会主义新农村的启示》，《兰州学刊》2007 年第 10 期。

［64］周玉蓉、陶维兵：《中国共产党执政方式的现代化转换：历史、依据及路径》，《理论月刊》2005 年第 11 期。

［65］徐勇等：《农村社区治理主体及其权力关系分析》，《理论月刊》2013 年第 1 期。

［66］王伟光：《加强党的执政能力的四个方面》，《瞭望》2004 年第 35 期。

［67］王斌等：《美国"乡镇自治"对中国农村治理的启示》，《领导科学》2011 年第 4 期。

［68］刘丽、刘屹、唐绍洪：《"多元主体"在乡村治理中的路径选择》，《领导科学》2009 年第 11 期。

［69］戴玉琴：《新中国成立以来农村治理模式变迁的路径影响和走向》，《毛泽东邓小平理论研究》2009 年第 4 期。

［70］何增科：《社会管理体制改革的总体思路：走向新的社会管理模式——中国社会管理体制改革与社会工作发展研究之二》，《毛泽东邓小平理论研究》2007 年第 9 期。

［71］铁锴：《协同复合治理：走出乡村治理困局》，《内蒙古社会科学（汉文版）》2014 年第 9 期。

［72］赵保国：《政治冷漠与农村民主政治发展》，《宁波市委党校学报》2004 年第 2 期。

[73]朱天奎:《中国农村治理模式的演变与重建》,《宁夏党校学报》2006年第3期。

[74]张艳娥:《关于乡村治理主体几个相关问题的分析》,《农村经济》2010年第1期。

[75]罗莹、余艳锋、戴天放等:《农村政策制定与执行中存在的问题及消解思路》,《农村经济》2009年第5期。

[76]魏华、李海涛:《加拿大促进欠发达农村发展的举措》,《农业经济学》2001年第12期。

[77]陈洪生:《村民自治:农村两委关系的解析视角》,《求实》2005年第12期。

[78]龚先庆:《党的现代化研究综述》,《求实》2005年第2期。

[79]徐勇、徐增阳:《中国农村和农民问题研究的百年回顾》《华中师范大学学报(人文社版)》1999年第6期。

[80]韩冰:《关于完善新农村建设中乡村治理问题的思考》,《山东师范大学学报(人文社会科学版)》2006年第5期。

[81]贺雪峰:《乡村治理研究的三大主题》,《社会科学战线》2005年第1期。

[82]党国英:《我国乡村治理改革回顾与展望》,《社会科学战线》2008年第12期。

[83]王春生:《现代化进程中农村党支部与村委会关系研究——中山市个案研究》,《社会主义研究》2000年第4期。

[84]姜裕富:《农村基层党组织与农民专业合作社的关系研究——基于资源依赖理论的视角》,《社会主义研究》2011年第5期。

[85]马宝成:《基层重建需要新的治理理念》,《探索与争鸣》2011年第7期。

[86]吴理财:《民主化与中国乡村社会转型》,《天津社会科学》1999年第

4 期。

[87]杨庆东:《中国农村地方治理中基层政府行为方式变革初探》,《云南行政学院学报》2002 年第 2 期。

[88]高广景:《新中国农村治理模式的经验与教训》,《新疆社科论坛》2011 年第 1 期。

[89]龙献忠等:《治理理论:起因、学术渊源与内涵分析》,《云南师范大学学报(哲学社会科学版)》2007 年第 4 期。

[90]于兴卫:《中国农村社会治理方式的变迁研究》,《中共福建省委党校学报》2002 年第 5 期。

[91]何增科、王海、舒耕德:《中国地方治理改革、政治参与和政治合法性初探》,《经济社会体制比较》2007 年第 4 期。

[92]李勋华、刘永华:《村级治理能力体系指标权重研究》,《湖南文理学院学报(社会科学版)》2008 年第 3 期。

[93]李正华:《新中国乡村治理的经验与启示》,《当代中国史研究》2011 年第 1 期。

[94]高民政、姜崇辉:《政党治理与政党现代化——中国共产党目标性治理方略的探索与前瞻》,《中国特色社会主义理论研究》2004 年第 2 期。

[95]赵美玲:《农村土地承包经营权流转:现状、问题与对策》,《长白学刊》2010 年第 6 期。

[96]孙占元:《努力提高党领导科学发展、和谐发展的能力》,《理论学刊》2007 年第 6 期。

[97]赵美玲:《中国共产党农村基层组织发挥经济服务功能的历史考察与现实启示》,《学术交流》2013 年第 1 期。

[98]赵美玲:《我国新型农业社会化服务组织发展现状与路径探析》,《广西社会科学》2013 年第 2 期。

[99]赵美玲:《基于战略视角的农村生态文明建设探析》,《理论学刊》

2013 年第 7 期。

[100]方正、金俊杰:《韩国基层治理经验及其借鉴意义》,《艺术文化交流》2003 年第 3 期。

[101]李锡炎:《党的独特优势与国家治理体系和治理能力现代化》,《长白学刊》2014 年第 4 期。

[102]罗许成:《无产阶级专政与马克思主义国家治理理论》,《浙江学刊》2009 年第 1 期。

[103]孙宏云:《中国"现代化"观念溯源——〈申报月刊〉的"中国现代化问题"讨论》,《郑州大学学报(哲学社会科学版)》2007 年第 2 期。

[104]熊文斌、熊舟:《美国乡村治理中农业互助组织的启示》,《三峡大学学报》2011 年第 2 期。

[105]中共山东省聊城市委组织部:《破解农村基层组织建设难题的有益探索》,《党建研究内参》2007 年第 3 期。

[106]《建设新农村的国际经验》,《中国报道》2006 年第 12 期。

[107]中共山西省委党校农村党的建设研究课题组:《加强村民自治条件下农村基层党组织建设的领导地位与作用》,《毛泽东邓小平理论研究》2001 年第 4 期。

[108]《党建专家详析中共加强执政能力为何日显重要》,《中国新闻周刊》2004 年第 25 期。

[109]石仲泉:《邓小平与国家治理现代化》,《中共中央党校学报》2014 年第 4 期。

[110]楼苏萍:《地方治理的能力挑战——治理能力的分析框架及其关键要素》,《中国行政管理》2010 年第 9 期。

[111]李巧玲:《村级组织农村治理能力的现状及其提升途径》,《现代经济信息》2014 年第 19 期。

[112]贺雪峰:《当前农村治理模式的形成与面临的挑战》,《福建论坛:经

济社会版》1998 年第 9 期。

[113]白钢:《农村治理结构与治理方式存在的问题与对策》,《红旗文稿》2000 年第 8 期。

[114]白钢:《农村治理结构与治理方式的变革——关于梨树、河曲、路南三县村务管理的调查》,《调研世界》2000 年第 7 期。

[115]曹普:《"关键少数"要发挥关键作用》,《前线》2015 年第 3 期。

[116]刘华安:《协商民主与农村治理:意义、限度及协调》,《宁波经济(三江论坛)》2011 年第 3 期。

[117]崔玉丽:《新形势下农村党员干部治理能力不强的原因分析》,《传承》2014 年第 7 期。

[118]王敬尧:《中国农村治理:理论与实践的对话——"农村社会发展国际学术研讨会"综述》,《社会主义研究》2001 年第 5 期。

[119]王国勤:《走向公共性的农村治理现代化——以浙江省为例》,《科学社会主义》2014 年第 5 期。

[120]胡鞍钢:《治理能力与社会机会——基于世界治理指标的实证研究》,《河北学刊》2009 年第 1 期。

[121]屠飞鹏:《政府治理能力与党的执政能力的关系浅析》,《法制与社会》2012 年第 8 期。

[122]刘兆鑫:《政府能力建设的四维要素论》,《河南社会科学》2011 年第 1 期。

[123]黄建洪:《现代化进程中的中国地方政府能力建设》,《理论与现代化》2009 年第 5 期。

[124]王彩云:《治理视阈下社区党组织的治理能力探析》,《济南大学学报(社会科学版)》2009 年第 1 期。

[125]聂爱云:《新农村建设视角下的地方政府能力建设》,《南昌大学学报(人文社会科学版)》2009 年第 4 期。

［126］王敬尧:《县级治理能力的制度基础:一个分析框架的尝试》,《政治学研究》2009 年第 3 期。

［127］王晶晶、郑小霞、王景军:《浅析"乡政村治"》,《甘肃农业》2005 年第 9 期。

［128］韩小凤:《从一元到多元:建国以来我国村级治理模式的变迁研究》,《中国行政管理》2014 年第 3 期。

［129］吴家庆、王毅:《中国与西方治理理论之比较》,《湖南师范大学学报(社会科学版)》2007 年第 2 期。

［130］党国英:《论取消农业税背景下的乡村治理》,《税务研究》2005 年第 6 期。

［131］陆学艺:《农村发展新阶段的新形势和新任务——关于开展以小城镇为中心的建设社会主义新农村的建议》,《中国农村经济》2000 年第 6 期。

［132］马玉华:《延安时期毛泽东执政思想研究》,《毛泽东思想研究》2005 年第 1 期。

［133］陈思、凌新:《参与式治理视阈下农村治理模式创新研究》,《理论月刊》2014 年第 9 期。

［134］魏继昆:《论精英与大众之互动——基于延安时期马克思主义大众化的探索》,《天津市委党校学报》2014 年第 3 期。

［135］［美］菲利普·施密特:《民主化、治理和政府能力》,《经济社会体制比较》2005 年第 5 期。

［136］黄丽华:《地方政府能力建设与公共治理创新》,《黑龙江社会科学》2005 年第 3 期。

［137］陈荣卓、唐鸣:《农村基层治理能力与农村民主管理》,《华中师范大学学报(人文社科版)》2014 年第 2 期。

［138］张艳国、尤琳:《农村基层治理能力现代化的构成要件及其实现路径》,《当代世界社会主义问题》2014 年第 2 期。

[139]倪承海:《社会主义新农村建设与提升地方政府能力》,《广西社会科学》2007 年第 5 期。

[140]秦兴洪:《中国共产党与中国农村的发展道路》,《理论与现代化》2002 年第 2 期。

[141]李朝阳、任亮:《论党的基层组织建设重心转移与基层党建的创新》,《晋阳学刊》2006 年第 1 期。

[142]杜受祜:《城乡一体化:统筹是关键、协调发展是目标》,《农村经济》2005 年第 12 期。

[143]丁俊萍、李华:《中国共产党执政能力建设的历史考察及其启示》,《教学与研究》2006 年第 6 期。

[144]罗光华:《城乡治理体系的现代化与乡村治理能力塑造》,《当代世界与社会主义》2014 年第 6 期。

[145]李安林、程建军:《从政党发展视角推进治理体系和治理能力现代化》,《学习论坛》2014 年第 11 期。

[146]郑长忠:《国家治理体系和治理能力现代化与党的建设制度发展》,《江西社会科学》2015 年第 4 期。

[147]郇雷:《构建中国式协商民主:中国共产党的理论与实践探索》,《科学社会主义》2014 年第 1 期。

[148]刘明:《中国共产党群众路线与国家治理能力现代化》,《东南学术》2015 年第 4 期。

[149]魏治勋:《善治——视野中的国家治理能力及其现代化》,《法学论坛》2014 年第 2 期。

[150]孙兰英、宁淑玲:《中国共产党关于发展理念的实践探索与创新》,《甘肃社会科学》2009 年第 1 期。

[151]曹海军:《中国共产党与国家建设:国家建设理论视角下的中国经验》,《中南大学学报(社会科学版)》2010 年第 6 期。

［152］董树彬：《推进中国协商民主法治化的路径》，《宁夏大学学报（人文社会科学版）》2015 年第 4 期。

［153］蓝蔚青：《中国共产党对国家治理的探索（下）》，《观察与思考》2015 年第 12 期。

［154］周其民：《豆选的民主意义》，《人大研究》2006 年第 12 期。

［155］高小平：《国家治理体系与治理能力现代化的实现路径》，《中国行政管理》2014 年第 1 期。

［156］高璐茜、吁帅彪：《大数据与中国共产党治理能力现代化》，《中共南昌市委党校学报》2015 年第 2 期。

［157］李增元、葛云霞：《动员式治理：当代农村社区建设逻辑及后果分析》，《中州学刊》2015 年第 2 期。

［158］刘素梅：《论角色定位转换中我国政府能力建设》，《中国青年政治学报》2009 年第 6 期。

［159］王利：《试论现代政府能力的构成与建设》，《理论研究》2007 年第 5 期。

［160］高怡欣：《基于"国家与社会"分析路径的中国农村治理变迁研究》，《黑河学刊》2014 年第 3 期。

［161］唐皇凤：《新中国 60 年国家治理体系的变迁及理性审视》，《经济社会体制比较》2009 年第 5 期。

［162］张德化：《马克思恩格斯反哺农业思想及当代价值》，《经济问题探索》2012 年第 6 期。

［163］冯莎、颜俊儒：《中国国家治理现代化面临的挑战及对策——以党的治理能力提升为视角》，《理论探讨》2014 年第 2 期。

［164］赵离军、张海洋：《论协同治理的价值及其在创新农村社会治理中的运用》，《洛阳理工学院学报》2015 年第 3 期。

［165］王飞：《治理与善治：新时期农村治理机制的实践创新》，《经济与社

会发展》2009 年第 12 期。

［166］李小妹:《农村社会协同治理运行机制的整合创新与逻辑建构》,《河南师范大学学报(哲学社会科学版)》2015 年第 1 期。

［167］邱春林:《中国共产党农村治理能力现代化的路径选择》,《理论学刊》2014 年第 11 期。

［168］卢艳齐:《"三治合一"的内部关联与治理目标探究》,《长春市委党校学报》2018 年第 3 期。

［169］夏红莉:《"新乡贤"与健全自治、法治、德治相结合的乡村治理体系》,《湖南省社会主义学院学报》2018 年第 3 期。

［170］邓大才:《走向善治之路:自治、法治与德治的选择与组合——以乡村治理体系为研究对象》,《社会科学研究》2018 年第 4 期。

［171］王俊程、胡红霞:《中国乡村治理的理论阐释与现实建构》,《重庆社会科学》2018 年第 6 期。

［172］朱新山:《中国乡村治理体系现代化研究》,《毛泽东邓小平理论研究》2018 年第 4 期。

［173］于水:《"有限主导——合作共治":未来农村社会治理模式的构想》,《江海学刊》2013 年第 3 期。

［174］郑晓华、沈旗峰:《德治、法治与自治:基于社会建设的地方治理创新》,《马克思主义与现实》2015 年第 4 期。

［175］胡洪彬:《乡镇社会治理中的"混合模式":突破与局限——来自浙江桐乡的"三治合一"案例》,《浙江社会科学》2017 年第 12 期。

［176］卢海燕:《论发展和完善地方治理体系——浙江省德清县"三治一体"的经验及其改进路径》,《中国行政管理》2017 年第 5 期。

责任编辑：洪　琼

图书在版编目（CIP）数据

新时代中国特色乡村治理体系现代化研究/邱春林 著. —北京：人民出版社，
　2023.11
ISBN 978－7－01－025069－4

Ⅰ.①新…　Ⅱ.①邱…　Ⅲ.①农村-群众自治-研究-中国　Ⅳ.①D638

中国版本图书馆 CIP 数据核字（2022）第 176275 号

新时代中国特色乡村治理体系现代化研究
XINSHIDAI ZHONGGUO TESE XIANGCUN ZHILI TIXI XIANDAIHUA YANJIU

邱春林　著

人民出版社 出版发行
（100706　北京市东城区隆福寺街 99 号）

北京中科印刷有限公司印刷　新华书店经销

2023 年 11 月第 1 版　2023 年 11 月北京第 1 次印刷
开本：710 毫米×1000 毫米 1/16　印张：16
字数：260 千字

ISBN 978－7－01－025069－4　定价：79.00 元

邮购地址 100706　北京市东城区隆福寺街 99 号
人民东方图书销售中心　电话（010）65250042　65289539